英语语言文学与文化理论研究

梁艺凡◎著

汕头大学出版社

图书在版编目（CIP）数据

英语语言文学与文化理论研究 / 梁艺凡著． -- 汕头：汕头大学出版社，2023.8
ISBN 978-7-5658-5117-9

Ⅰ．①英… Ⅱ．①梁… Ⅲ．①英语－语言学－研究②英语文学－文学研究 Ⅳ．①H31②I106

中国国家版本馆CIP数据核字(2023)第153580号

英语语言文学与文化理论研究
YINGYU YUYAN WENXUE YU WENHUA LILUN YANJIU

作　　者：	梁艺凡
责任编辑：	宋倩倩
责任技编：	黄东生
封面设计：	乐　乐

出版发行：汕头大学出版社
　　　　　广东省汕头市大学路243号汕头大学校园内　邮政编码：515063
电　　话：0754-82904613
印　　刷：廊坊市海涛印刷有限公司
开　　本：787mm×1092mm　1/16
印　　张：12
字　　数：200千字
版　　次：2023年8月第1版
印　　次：2024年4月第1次印刷
定　　价：68.00元

ISBN 978-7-5658-5117-9

版权所有，翻版必究
如发现印装质量问题，请与承印厂联系退换

前 言

  语言在人类日常生活和交往过程中具有重要作用。英语作为国际通用语种之一，在促进国际贸易发展、中外文化交流等方面扮演着至关重要的角色。为有效提升我国国际影响力和深化国际交流合作，需要加深对英语语言文学及其文化的研究和了解。

  本书是一本关于英语语言文学与文化理论研究的著作。全书首先对英语语言文化的概念与发展进行简要概述，介绍了英语语言及英语文学形式等内容，对英语语言学理论的相关问题进行了梳理和分析，包括图式与图式理论、建构主义理论及现代语言学的理论流派。对英语民族的文化心理、英语语言与文化发展、英美文学的价值意义也有一定的介绍，并在英美文学翻译及教学方面还进行了较深入的探讨。本书论述严谨，结构合理，条理清晰，能为当前的英语语言学相关理论的深入研究提供借鉴。

  在本书的策划和编写过程中，曾参阅了国内外有关的大量文献和资料，同时也得到了有关领导、同事、朋友及学生的大力支持与帮助，在此致以衷心的感谢。本书的选材和编写还有一些不尽如人意的地方，加上作者学识水平和时间所限，书中难免存在缺点，敬请同行专家及读者指正，以便进一步完善提高。

目录

第一章 英语语言文化概述 ... 1
- 第一节 语言文化及英语语言 ... 1
- 第二节 不同英语文学形式 ... 13
- 第三节 英语——"新世界语" ... 24

第二章 英语语言学相关理论 ... 28
- 第一节 图式与图式理论 ... 28
- 第二节 建构主义理论 ... 44
- 第三节 现代语言学的理论流派 ... 51

第三章 英语民族文化心理 ... 63
- 第一节 英语民族的宏大背景 ... 63
- 第二节 英语民族的思维模式 ... 65
- 第三节 英语民族的基本价值观 ... 68

第四章 英语语言与文化发展 ... 71
- 第一节 跨文化模式下的英语交际 ... 71
- 第二节 英语语言与文化的关系及语言文化意识 ... 77
- 第三节 双语标识译写中的文化表现 ... 81

第五章 英美文学的价值意义 ... 88
- 第一节 英美文学的语言审美性和艺术性 ... 88
- 第二节 英美文学的精神价值及现实意义 ... 92

第六章 英美文学与翻译 ... 111
- 第一节 修辞、意境、句法与节奏 ... 111
- 第二节 英美文学翻译的文本及历史文化情境 ... 127

| 第三节 | 英美文学翻译的艺术性、笔法与风格 | 134 |
| 第四节 | 英美文学翻译的语境适应及语篇理论 | 142 |

第七章　英美文学教学实践　152

第一节	多元智能理论与英美文学教学	152
第二节	建构主义与英美文学教学	166
第三节	信息化背景下英美文学多模态教学	176
第四节	英美文学教学改革	181

参考文献　185

第一章 英语语言文化概述

第一节 语言文化及英语语言

一、语言及语言文化

(一) 语言

1.语言的定义与特征

(1) 语言的定义

语言是人们交流思想的媒介，它必然会对政治、经济和社会、科技，乃至文化本身产生影响。语言是不断发展的，其现今的空间分布，也是过去扩散、变化和发展的结果。根据语音、语法和词汇等方面特征的共同之处与起源关系，把世界上的语言分成语系，每个语系包括数量不等的语种，这些语系与语种在地域上都有一定的分布区，很多文化特征都与此有密切的关系。语言是指人类由于沟通需要而制定的具有统一编码解码标准的声音信号。

语言是人们记录、传递、保持经验的主要形式，语言对人的信息加工也有很大的影响。所谓信息加工，就是对语言的信息加工，语言是人类区别于动物的主要标志，使用语言是人类所特有的高级认知能力。语言本身是一种社会现象，人们使用语言，包括理解别人的语言，这是人所特有的一种高级复杂的认知能力。

(2) 语言的特征

①任意性和线条性

语言的任意性是指语言符号和文字能指和所指之间是一种任意的连接关系，这种关系是不可论证的，即使有的可以论证，但是在普遍意义上来讲，还是不可论证的关系。这就是世界上的语言为什么各式各样的原因。语言的线条性是指语言的能指是依托声音来完成的，它只能在一维的声音的空间里传播，而不能突破声音的范围和能力，所以在分析语言的时候，语言能在横向上依照词语出现的先后顺序来完成，这也造就了语言使用和表达的局限，但是语言的声音性决定了语言的线条性是不可消除的必然结果。

②稳定性和变动性

语言是一个处在不断地运动变化发展之中的体系，这个体系中的各个要素既有一定的稳定性，也有一定的变动性，稳定性是语言系统已存在的前提，也是语言自身被大规模研习使用的必备条件，而变动性不仅仅是作为一个系统、语言内部的不断衍生、发展的规律所致，而且也是语言的传承性的表现。任何事物都是不断地运动变化发展的，新事物不断地产生，旧事物不断地消亡，语言也是这样。语言系统的变化虽然不是很明显，速度并不是很快，但是受到使用的推动以及社会、文化等很多因素的影响，语言本身在不断地向着经济、简练、实用以及包容力、表现力强的趋势发展。

语言内部的各个组成部分都有着不同方式、不同形态的变化，而且变化的多少快慢也是不一样的。在以往的研究中，我们逐渐掌握了越来越多的规律来解释、预测语言的变化。这不但体现了人们对于语言学的关注、探索取得了很多的成就，同时也昭示了语言学的变动性还是有据可依、有律可循的。

③符号性和系统性

语言是社会约定俗成地表达观念的符号，符号的本质是社会的。这是语言最主要的特征。它在某种程度上要逃避社会上某一些小集体、小圈子的意识。语言是一种社会契约，一个社会接受一种表达手段而排斥另一种表达手段其实都是社会上的集体意识的习惯。或者可以说，没有好坏之分，关键是使用哪一种表达方式。

语言符号是一种包含着两面性的实体：一方面语言是要表示事物的名称的，所以任何语言都是概念的映像，即具有所指性；另一方面语言要依托声音这种媒介来表达所指，所以语言也是声音的映像，也就是说语言具有能指性。

④传承性和交际性

语言从某种意义上来看，是人类文化得以传承和储存的有效载体。因此，它在自身的发展当中，逐步体现出很强的传承性和交际性。所谓传承性，是指语言以自己的风格特色吸引或者促使人们在生活生产中自觉或者不自觉地通过语言这个工具直接或者间接影响着相关的人群，或者波及其他更广泛的区域，达到传承的效果。另外，语言在人类社会发展当中，不仅在人与人之间、古代人与现代人之间、中国人与外国人之间储存了文明的精华信息，承担文明发展的桥梁，同时，也由于语言本身的强大交际性功能，更显示出独特的交际功能，在丰富的交际中应对各种变化，产生了更加有表达力的语言，产生了更多的基于生活和生产实际的意义。

2. 语言的结构与功能

(1) 语言的结构

从内部结构的角度看，语言是一种符号系统，但其在信息量和结构、功能的复杂性方面远非其他符号系统如莫尔斯电码、旗语、灯光交通信号等所能比及的，后者对语言来说是第二性的。语言系统是一个复杂的整体，由各个分支系统或层次，如音位层次、词汇层次、语法层次等组成。语言成分由各种关系加以联结，成分和关系互相联系、互相制约，构成井然有序的系统。作为符号的语言单位具有两个重要方面：一是表现方面，即语音；二是内容方面，音和义的结合是约定俗成的，什么样的语音形式表达什么样的意义内容，什么样的意义内容用什么样的语音形式表现，最初是任意的。世界上之所以有多达几千种语言，就是人类创造语言时在选择语音形式、表达意义内容方面的不一致，因而形成了不同的语言。

一种语言的内部结构是一种语言区别另一种语言的关键所在。不了解一种语言的内部结构，就无法辨认语言的语音或书写的符号，并从中获取语义。没有掌握英语内部结构的人难以辨别26个字母不同排列组合后所表现的意思，不懂汉语的人也只会把汉字当成是奇形怪状的线条组合。然而，理解了语言的内部结构的符号系统并不意味着完全掌握了语言符号的意义，即语义。语义的表达或理解，除了要了解和掌握一种语言的内部结构外，还要了解和掌握语言的外部结构，即文化结构。一种语言的文化结构是使用语言的人或民族的生活方式的总和，包括地理环境、民间传说、社会历史发展、信仰、风俗习惯、价值观念、文学艺术和科学技术等。语言对物体或现象的指代是通过文化结构来实现的。生活在不同文化环境的人，对同一个语音或文字符号的理解是不同的。

(2) 语言的功能

从功能的角度看，语言具有多方面的功能，这里择其要点概述如下：①语言首先是交际的工具，供人们用来传递和交流信息。有些高级动物，如猿猴，也使用区别性的有声信号来传递信息，但这些信号都是不可切分的整体，也不能组合和替换，不能滋生更多的信息。②语言是思维的工具，供人们用来形成和表达思想。语言是思想的直接显示。语言的基本单位也与思维的基本范畴大致对应：词与概念相对应，句子与判断相对应。人们也可以用手势和动作等来表达一定的思想，但它们只能起辅助的作用，语言才是思想最完善、最有效的载体。③语言是积聚知识和信息的工具，它把人们思维活动和认识活动的成果用词和句子积聚并存储起来，保存和反映了前人全部的经验和智慧，而后人通过学习就能掌握前人积累下来的知识和信息。这些知识和信息正是特定民族（传统）文化的重要源泉。从这个意义上说，特定语言是特定文化的容器和载体。④语言是表达感情和影响别人的工具，它既传递信息，又是艺术表现的媒介。语言具有美学功能，它的创造性也正是通过艺术的媒介而得到充分的体现。

在上述功能中，交际功能是主导的。

俄裔美籍语言学家雅柯布逊把交际行为细分为六种，从而区分语言六种不同的功能：①从说话人的角度，语言具有表现功能，表示说话人对信息内容的关联、态度或对情境的直接反应；②从影响听话人的角度，具有指令功能，一般用呼语或命令口吻表示，以呼唤或祈使对方做出反应；③从上下文或情景出发，具有指称功能，即指称信息涉及的事物、需要传递和交流的内容和相应的事物及其特性、关系等；④从接触的角度，具有联系功能，意在保持或脱离接触，或者检查交际渠道是否畅通；⑤从代码的角度，有元语言的功能，如对某一事物的说明，这在儿童掌握语言和语言教学过程中常常发挥作用；⑥从信息的角度，具有诗歌功能，使语言具有更大的感染力，以满足人们的美学需要，在文艺作品中这一功能有很大作用，在日常生活中也有特定的作用。

英国语言学家韩礼德则认为，语言有表达概念的功能、进行交际的功能和构成话语的功能，由此形成其功能语法体系中语言的三个功能部分：①概念部分，即及物性、语态、情态意义；②人际部分，即语气、情态、语调；③语篇部分，即主位结构、信息理论、接应。韩礼德认为语言之所以是语言，就是因为它必须提供某种功能。换句话说，社会对语言的要求促使语言形成了自身的结构。韩礼德从功能观点出发来描述语言的发展，其系统功能理论在学界产生了极为深远的影响。

（二）文化

1. 文化的内涵

（1）文化的界定

关于文化，迄今为止国内外众说纷纭，有诸多定义。由于研究的视角不同，我们无法对各种不同的定义做出明确的是非判断。

有学者曾指出，"关于文化的定义现在已有几千种。不同的国家、不同的年代、不同的学科、不同的人都有不同的说法"。围绕文化概念的讨论多见于西方的文化人类学著作，如被誉为西方人类学之父的英国文化人类学家爱德华·泰勒就"文化"这一概念曾做出堪称经典的界定，即"从广义的人种论的意义上说，文化或文明是一个复杂的整体，它包括知识、信仰、艺术、道德、法律、风俗以及作为社会成员的人所具有的其他一切能力和习惯"。爱德华·泰勒的贡献在于最早指出文化所包含的种种因素乃为复杂关系的一个整体。英国学者马凌诺斯基则从功能主义人类学视角坦陈，"文化含有物质的和精神的两大主要成分——已改造的环境和已变更的人类有机体，真正能够传播与演化文化的真正要素乃是社会制度，即由一群能利用物质工具且固定生活于某一部分环境中的人们所推行的一套有组织的风俗及活动体系"。然而，解释人类学派创始人美国学者格尔兹却指出，"我所采纳的文化概念在本质上属于符号学的文化概念。人是悬挂在由他们自己编织的意义之网上的动物，我把文化看作这些网，因而认为文化的分析不是一种探索规律的实验科学，而是一种探索意义的阐释性科学"。

西方还有学者专门考察了文化概念的语境，认为"从有关文化的历史文献来看，与文化关联紧密的主要学科或门类大致有九个：哲学、文学和艺术、教育、历史、社会学、心理学、人类学、生态学和生物学。"因此文化的蕴涵与构成决定它不可能为任何一门学科所独有，任何一门学科都无法独自承担起文化概念的"统称"。"文化就是通过符号取得和传达的外露和内涵的行为方式，构成人类集团各不相同的成就，其中包括体现在创造物中的成就。文化的基础核心是传统观念，特别是依附于这些观念的价值标准。一方面可将文化系统看作是行动的产物，另一方面可将其视为采取进一步行动的条件因素"。据此可以认为现代有关文化的概念解读大体上倾向于将文化视为外在于个体且由不同文化成员所共有的一套思维理论系统——既可以是一套价值体系或意义体系，也可以是一套日常生活知识乃至人际交往规则。

我国学者围绕文化概念的解读往往不同于西方学者而颇具东方特色。观点一：突出了文化内涵中的生活意义，"所谓一家文化不过是一个民族生活的种种方面，总括起来不外三个方面：①精神生活方面，如信仰、哲学、科学、艺术等；②社会生活方面，我们对于周围的家族、朋友、社会、国家、世界之间的生活方法都属于社会生活方面，如社会组织、伦理习惯、政治制度及经济关系；③物质生活方面，如饮食、起居种种享用以及人类对于自然界的生存"。观点二：强调文化的存在方式和存在机制，认为"文化是人类用以满足需要的人为工具。文化是社会创造出来使人类可以共同生活来满足个别需要的手段，文化是以社会力量来维持的生活方法"。观点三：主张精神活动因素在文化中的作用，指出"所谓文化，乃是人文化，即为人类精神活动所影响、所支配、所产生的精神化或精神文明，其特征乃是征服人类的精神，使人的精神心悦诚服"。

中外学者诠释的文化概念大多与自己研究的切入点密切相关。研究的切入点不同，所诠释的文化概念就会有差异。从上面的文化概念分析可知，文化一般分为广义的和狭义的两种：广义的文化是指从精神到物质、从思想到行动、从学科知识体系到日常生活方式且与人相关的所有因素；狭义的文化是指与人类精神及思想有关联且反映一定地域、一定民族观念体系的方方面面。广义的文化概念过于宽泛，而狭义的文化概念恰恰适于本研究，因为这一概念外延可以触及文化、教育、体育三者之间的联系，内涵则能够深入理念或精神层面、制度层面和社会实践或器物层。

(2) 文化的结构

文化作为整体存在的"超有机体"，它的内在本体就是文化结构。文化结构是对有机整体性文化的内存关系的抽象，它包括两方面含义：一是可以自己说明自己，二是可以形式化。文化结构决定了文化的性质与功能，中国文化之体决定中国文化之用，二者密不可分。文化结构有表层文化结构与深层文化结构。文化心理结构是最具模式化的心理反应，鲁迅研究中国的"国民性"就是着眼于病态的文化心理结构。

当然，一个民族的整体文化或一个具体的文化特质，都有其层次结构。文化层次有"三层次说"和"四层次说"。三层次说是把文化看作一个三层次同心圆，表层为物质层面，中层为制度层面，深层为心理层面。四层次说包括物质文化、社会关系、风俗习惯与艺术文化、精神文化。余英时教授说："首先是物质层次，其次是制度层次，再其次是风俗习惯层次，最后是思想与价值层次。大体而言，物质的、有形的变迁较易，无形的、精神的变迁则甚难。"

(3) 文化的特征

①学习性

人的行为可以分为本能的和学习的。那些作为社会文化部分的行为是经过后天的训练而学到的，这构成了人类行为的大部分。所有的动物都有一定的学习能力，这对于物种的生存是非常重要的。但对于人类，学习的行为远远超过本能的行为。

从某种意义上来讲，人类天生不完善。一个人要成为社会中独立的一员，不仅需要一个长期的身体适应的时期，而且需要一个长期的学习如何思维和如何举动的训练时期，换句话说就是进行文化方面的训练。体质生态是人类行为的基础。一方面人类通过学习来满足自身的需要；另一方面我们的文化能力——说话的能力、抽象思维的能力、制订长远计划的能力等，则取决于因遗传而继承的体质特征，取决于复杂的大脑。但大多人类学家比较强调后天的文化学习对人的重要性，而先天的遗传仅是行为的基础。

②发展性

文化就其本质而言是不断发展变化的。19世纪的进化论人类学者认为，人类文化是由低级向高级、由简单到复杂不断进化的。从早期的茹毛饮血，到今天的文明生活，从早期的刀耕火种，到今天的自动化、信息化，这些都是文化发展的结果。没有文化的发展，人类至今还是猿猴的堂兄弟，也就没有现代社会和现代文明。以马林诺夫斯基为代表的功能学派认为，文化过程就是文化变迁。文化变迁是现存的社会秩序，包括组织、信仰、知识以及工具和消费者的目的，或多或少地发生改变的过程。总的来说，文化的稳定是相对的，变化发展是绝对的。

③时代性

在人类发展的历史进程中，每一个时代都有自己典型的文化类型。例如，以生产力和科技水平为标志的石器时代的文化、青铜器时代的文化、铁器时代的文化、蒸汽机时代的文化、电力时代的文化和信息时代的文化。又比如，作为文化的有机组成部分，赋、诗、词、曲分别成为我国汉、唐、宋、元各朝最具代表性的文学样式。时代的更迭必然导致文化类型的变异，新的类型取代旧的类型。但这并不否定文化的继承性，也并不意味着作为完整体系的文化发展的断裂。相反，人类演进的每一个新时代，都必须继承前人优秀的文化成果，将其纳入自己的社会体系，同时又创造出新的文化类型，作为这个时代的标志性特征。

④综合统一性

尽管人们对文化的概念难以取得一致意见，但对文化划分为物质、制度和精神文化的基本观点是认同的。任何一个文化系统中的子文化，都有它自身的一个完备文化体系，都是一个综合统一体。文化的要素和成分尽管是多种多样的，但它们不是简单的、孤立的要素和成分，不是杂乱无章地拼凑，相反，各要素和成分之间是相互整合而统一的。这种统一性常常通过共同的价值体系和行为模式表现出来。

⑤政治、经济性

政治、经济、文化是一个国家最基本的存在形态。一定的政治、经济决定一定的文化，文化反作用于一定的政治、经济。人是文化的主体。在阶级社会中，人是分为不同阶级的。不同阶级（包括阶层）的人对文化有着不同的需求。不同时代的物质生产水平由此形成各种经济关系，并影响文化的生存和发展。同时，文化生存的优劣，对政治文明和经济发展具有很强的促进或促退作用。开明的政治与文明的文化、发达的经济与先进的文化，专制的政治与专制的文化、落后的经济与落后的文化，都是相互依存和影响的客观存在。但是，文化的发展与经济的发展并不总是同步的。当今中国，早已消灭了剥削阶级，人民当家作主，把政治、经济、文化、社会管理、生态文明与党的建设"六大建设"并提，这是建设和谐社会、治国理政的英明抉择。

⑥普遍存在的具体性

文化是一种人类活动，是人类所取得的一切成果的结晶。有了人类就有了历史，有了历史就有了文化。每一个社会、国家、民族，人们都生活在一定的文化系统中。这种文化系统还具有一定的规则性，能依靠法律、制度、习俗、思维方式、价值系统等来引导或约束社会成员的个体行为，使他们的情感、思想与行为都纳入群体的价值目标与轨道。

⑦世代相传的连续性

人类文化随着物质生产和人口的生产与发展，具有历史连续性，是社会传承的结果，是超越个人而存在的。在文化的传承过程中，人们总是有批判、有选择地进行继承，并在继承中有所创新、有所发展，从而形成一定的文化传统。例如，中国文化五千多年绵延不断，它独自萌发，慢慢形成，历久弥坚，从未中断，成为世界文化史上的奇迹。即使近代受到强势的西方资本主义文化的挑战，它也未丧失自己的特性。文化的继承与创新相统一，是文化连续性的保证。继承是文化连续之源，创新是文化发展之动力。文化体现了创造的意志力量，它与本能的生物学遗传或先天性行为方式是不同的。

⑧民族性和世界性的辩证统一性

每个民族的文化都有着不同于其他民族文化的特点，这就是文化的民族性。任何形态的民族文化，都是适应本民族不同阶级阶层、职业、信仰和不同文化心理的人以及不同的社会环境和生产条件而形成、发展的。这一民族所共同具有的文化的历史渊源，承载着大体一致的文化积淀，从而形成本民族的文化特质并促进其发展，这是某一民族文化包容性的体现。一个多民族国家的文化，例如中华传统文化，便是包容了56个民族文化的特征，并有一种带有共同倾向的心理素质和文化特征，把各民族凝聚成一个整体。它是一种具有独特的中华民族性格和传统的文化形态。自然，在这个多民族的文化整体中，各个民族仍保持着那些具有自身传统和特色的文化因素，如本民族的语言文字、风俗习惯、信仰等。所以说，文化的民族性是一种多元的文化形态。文化是民族的，也是世界的，是民族性和世界性的辩证统一体，这是文化包容性最为突出的标志。

在当今世界上，任何一种成熟的文化，都是属于全人类的，纯粹独立的民族文化是不存在的。文化通过各种传播媒介在世界各国之间相互传播，发生交流与冲突、选择与融合，并导致各民族文化的发展或迁移。即使在交通落后、信息闭塞的古代，世界各个民族之间的文化交流，也始终在通过各种渠道（如战争、经商、人员往来等）进行着。同时任何一个民族所创造的文化，只有既具民族特色，又能积极融入世界文化之林，并汲取人类一切文明成果，才具有生命力。只有在世界文化中占有一定的份额，才能成为文化大国。

综上所述，文化是指人类历史实践过程中所创造的物质财富和精神财富的总和，是指社会意识以及与之相适应的制度和组织机构，是一定时期社会政治和经济的反映。从广义上讲，文化泛指人类在社会历史进程中所创造的物质财富和精神财富的总和。从狭义上讲，则特指精神财富。

2. 文化的成因

文化是如何产生的呢？这是个不易回答的问题。英国哲学家和数学家怀特海曾提出过一个很有意思的说法：自从人类出现在地球表面以后，曾历经过无数次的黄昏，直到有一天，有人对西天的晚霞喊出一声"啊"，人类文化从此产生。此说法给人以很大的想象空间，只是显得有些过于"诗意"了。

许多学者认为，地理环境对文化发展有决定性的作用。从古希腊的亚里士多德到法国启蒙思想家孟德斯鸠等均持此论。如孟德斯鸠在《论法的精神》中说："热带民族和老人一样胆怯；寒带民族则像青年一样勇敢。"近代美国地理学家亨廷顿尤其注重气候对文化产生的影响，他在20世纪初出版的《气候因素》《文明与气候》以及《文明的源头》等著作中指出，气候条件不良，太热、太干、太冷、太湿的地区如雨林地带、沙漠地带、北极圈等，很难有较先进的文化；适宜文化发展的气候，其温度应在3.3摄氏度至17.7摄氏度之间，湿度在75%左右。另外英国历史哲学家汤因比在《历史的研究》一书中，结合世界上26种文明的兴衰史，提出逆境及"挑战与反应"的理论，认为环境或条件的艰难构成挑战，而成功的反应会创造文化，但挑战如过于严酷，则不易有成功的反应。地理环境论者从一个侧面揭示了文化产生的原因。

要真正揭示文化的起源，我们必须从人类自身的生存和发展中寻找原因。诚如英国哲学家罗素所言，自古以来人类不论其属于任何民族，均不时要面临三种对手：自然、他人和自己。为了应付自然的挑战，发展出物质的或技术的文化；为了找出在群体中与他人的相处之道，乃有社群的文化，如各种典章制度；为了克服自己，乃有精神的或表意的文化，如音乐、美术、文学等。由此可见，文化是人类为适应环境并谋求生存发展所作的努力及其成果。这里的环境当然不只是地理（自然）环境，还包括社会（人文）环境。人类的生存发展需求逐渐由简单到复杂，由单一到多样化，在满足物质需求的同时，又产生出精神层面的更高需求。这就为人类文化的发展提供了动力。

（三）语言的文化属性

人类文化的发展在很大程度上有赖于语言。语言是文化中最重要的因素，也是使文化得以世代相传的最基本的工具。不少人类学家认为，一种语言往往代表着一种文化，或者说语言是一个国家或地区社会文化的缩影，它是人们思想观念的"直接现实"。例如英语中描述工商业活动的词汇非常丰富，这说明英美等国工商业很发达。而在许多工业化程度很低的国家，工商业词汇就很贫乏。语言反映着一个民族丰富多彩的文化现象和特征，一个民族的生活方式、思维方式、世界观均体现在该民族所使用的语言中。

　　人们在交际时,语言中的文化因素与人们头脑中的文化意识相互作用,由此完成交际的任务。文化与语言的这种关系在中英两种文化和中英两种语言的对比中得到了充分的体现。文化具有鲜明的民族性,中英两个民族的人们在风俗习惯、信仰、思想观念、历史背景、事物的象征意义等方面的差异会导致语言方面的差异;而此种语言差异亦反映了中英两个民族的文化差异。

　　语言作为一种人们共享的符号系统,是文化的产物,是文化的重要成分,所以从文化角度看,语言承担着重要的文化功能。

　　1.语言影响文化

　　(1)语言是文化的基础

　　语言是思想的直接体现,特别是词汇最能敏感地反映生活和人类思想的变化。因为语言或词汇受文化的影响,所以用于表达的语言或词汇也必定深深打上了该文化的烙印,附带有其文化的含义或引申意义。正是借助语言,文化的各个组成部分——政治法律、教育、风俗习惯、宇宙观、艺术创造、思维方式等才得以薪火相传,代代不息。

　　(2)语言促进文化的发展

　　文化是语言发展的动力,反过来语言的丰富和发达是整个文化发达的前提。我们可以设想,如果没有语言记载我们祖先的知识和经验,后代人一切都要从头做起,社会就会停滞,更谈不上文化的发展。我们还可以设想,如果没有语言作为桥梁,各个民族之间就无法交流。人类就不可能相互吸收先进的知识和经验,这同时也会影响社会的发展和文化的进步。

　　2.语言反映文化的差异

　　语言是文化的镜子,它直接反映文化的现实和内涵。一个文化的面貌可以在语言中得到体现。英国语言学家莱昂斯曾说过:"特定社会的语言是这个社会文化的组成部分,每一种语言在词语上的差异都会反映使用这种语言的社会的事物、习俗以及各种活动在文化方面的重要特征。"词汇是形式和意义的统一体,其意义主要有两大类:指示意义和引申意义。前者是指词汇的字面意义;后者是指词汇的隐含意义,也就是词语的文化内涵。前者较固定,后者则包括扩展意义或联想意义。语言词汇反映并受制于不同国家或民族的政治地理、价值观念、风俗习惯、文化心理和信仰等因素。

　　(1)语言反映不同的生存环境

　　文化的形成脱离不了自然地理环境的影响,特定的地理环境造就了特定文化,特定文化反映在语言中形成特定的表达。例如,爱斯基摩语中描写雪的词汇有很多,爱斯基摩人用不同的名词来表示"地上的雪""正在落的雪""正在堆积的雪"和"堆积的雪"等，这是因为他们居住在寒冷地带，不同形式的"雪"对他们的生活（旅行、狩猎、娱乐及其他活动）起着十分重要的作用。而英语中表述雪的词只有一个（snow），阿拉伯国家的语言中根本没有"雪"这个词，因为那儿不下雪，人们对雪是陌生的。再如，英语习语"sudden as April shower"的意思是"骤如四月阵雨，突如其来"。这在中国人听来一定会怀疑是七八月份的夏雨，而非四月份的春雨。

这两种对于四月雨截然不同的认知，是由于两国地理位置的差异造成的。中国和英国分别位于东、西半球，中国大部分地区深居内陆，主要是温带大陆性气候，而英国是四面环海的岛国，主要是温带海洋性气候。这就形成了中国的七月阵雨和英国的四月阵雨。

(2) 语言反映不同的风俗习惯

风俗习惯是一种社会文化现象，是社会群体经过长期的共同生活而共同创造、共同遵守的生活习惯和行为习惯。民间的风俗和习俗包括社会礼仪、习惯、生活方式、婚姻传统、信仰等。例如，英语习语"let ones hair down"意思是"放松"，来自英国早期的习俗：妇女不管在什么场合中，头发都得往上梳理整齐，只有单独一人时才能把头发放下来，所以"把头发放下来"意思是"放松一下"。

汉语中"礼尚往来""先来后到""人敬我一尺，我敬人一丈"等表现出中国人的处事态度和行为习惯。再如，中国传统文化崇尚人的社会性，认为人是社会中的一员，是群体中的一分子，人们在人际交往中应该互相关心、互相爱护、互相扶助。人们在见面、交往时常常会问："你去哪？""你在干什么呢？"等，以表示对别人的关心，而英国文化崇尚人的个性，强调自我意识，当被问到上述问题时，会觉得受到了冒犯，认为是干涉他们的"隐私"。

(3) 语言反映不同的民族心理

语言是民族文化的载体，体现民族心理，如伦理道德观念、价值观念等。如汉语中"嫂子"译成英文是"sister-in-law"，但是这两个词的词义不完全对等。

"嫂子"指哥哥的妻子，"sister-in-law"表示兄或弟的妻子。从形态特征来看，"嫂"的字源为"叟"，意思是长者，可见"嫂"字体现了中国人家庭伦理观中严格区分长幼尊卑、长兄为父、长嫂为母的等级制度。英语中的"sister-in-law"意思是"从法律角度来讲是姐妹"，体现了英语文化从法律角度看待婚姻亲属关系的民族心理。词汇中褒义词汇和贬义词汇也反映了该文化的民族心理。在英汉语言中，有些动物的象征意义截然不同。有些在中国人眼中很普通的动物，甚至令人厌恶的动物，对于西方人来说却是心爱的伙伴，甚至是神圣的生灵，反之亦然。例如，英语中的"dog"与汉语中的"狗"尽管它们的概念意义是相同的，但语义不一样。在汉语词汇中，由"狗"组成的词语大多含贬义，例如：狗急跳墙、狼心狗肺、狐朋狗友等。而英语中"dog"一词的中性用法很多，它常被用来泛指"人"，例如：a clever dog（聪明的人），a lucky dog（幸运儿），an old dog（年事已高的人或经验丰富的人），to help a lame dog over a stile（助人于危难）等。

综上所述，语言是文化的组成部分，语言记载文化、传承文化、反映文化，二者密切相关，相辅相成。语言是人类社会进行交际的重要工具，同时也是文化重要而突出的组成部分。不同民族的语言既受到本民族社会文化的制约，又反映各自特定的文化内容。如果某一民族的人们不了解某一特定民族的文化因素，则不可能进行有效与顺利的交际。

反之，文化影响语言的结构和含义，文化的动态特征导致语法和词汇意义的变化。随着社会的发展，时代的变迁，白话文运动、汉语拼音方案、简化字、标准普通话等运动使汉语发生了巨大的变化。新事物、新思潮的出现，外来文化的影响也使很多词语的意义发生巨大变化。

二、英语语言内涵

英语属印欧语系，源于与欧洲大陆隔海相望的英国。印欧语系是世界上最大的语系，包括欧洲、美洲和亚洲地区的大部分语言。世界总人口中，有一半以上的人讲印欧语系的某种语言。英语属于印欧语系的日耳曼语族。日耳曼语族是一个比较大的语族，分为三个语支：①东日耳曼语支，主要以现已绝迹的哥特语为代表；②北日耳曼语支，主要以古北欧语为代表，包括今日的挪威语、冰岛语、瑞典语和丹麦语等；③西日耳曼语支，包括低地德语、今日的荷兰语、高地德语、英语、弗里西亚语、佛兰芒语等。因此我们常说英语属于印欧语系的日耳曼语族的西日耳曼语支。

英语是联合国正式语言和工作语言之一，全世界说英语的人数仅次于说汉语普通话的人数。世界上讲英语的人数不仅仅局限于以英语为母语的人数，这个数目约为3亿，我们还应该把那些生活在世界各地的把英语当作跨地域交往语言工具的人计算在内，还应包括那些出于政治、商业、科学或其他目的而学习和使用英语的人。这三个群体加在一起，讲英语的人约为7亿到8亿。可以说，英语是当前事实上的国际交流语言之一。

由于在历史上曾和多种民族语言接触，它的词汇从一元变为多元，语法从"多屈折"变为"少屈折"，语音也发生了规律性的变化。由于英文的使用范围极为广泛，不可避免地出现了各种地区性变体。有的语言学家已经不再把伦敦或英国上层人士的英语作为唯一的标准英语，而把它作为地区英语之一来看待。除英国英语外，最值得注意的是美国英语（亦作"美式英语""美语"）。美国在18世纪建国之后，本土语言仍以英语为主，美国学者最初称它为"在美国的英语"。到了20世纪20年代之后，美国国力大增，就有学者提出"美国语"一说。在半个多世纪以前，英国人认为它不是纯正的英文，不能与英国英语相提并论。但到了20世纪50年代前后，"美国英语"的概念逐渐明确，只指在美国本土使用的"自成一派"的英语，不再刻意强调其与英国英语的渊源。现在英国学术界也终于承认美国英语有其独立地位。二者在语音上有相当明显的差别，拼写的差别则不是很大。在词汇方面，美国英语曾长期以英国英语为规范，由于20世纪50年代后美国的大众传播媒介迅速发展，美国英语已反过来对英国英语产生影响（特别是在新词新义方面），并且这种影响有日益扩大之势。在文学作品中，这两种英语的区别比较明显，但在学术、科技文章方面，两国作者使用的是一种中性的共同文体。一般人们以一些学术机构的辞书作为标准英语的参考依据，例如：被誉为"全世界拥有最多读者的英文词典"——《牛津英语词典》等。

  美国英语是美国"熔炉文化"的反映。操不同语言的移民从世界各地来到美国，这个新世界以英语作为唯一的官方语。正是这个强制性的官方语使美国文化成为熔炉性的多元文化，移民们被迫将自己的母语局限于家庭和社团使用而沦为方言，他们也被迫使用英语来谋求生存和发展。也就是说，移民们强制性地将自己的母语情结限定于社团感情的范围，而视英语情结为民族国家感情，于是美国英语就成了熔炉文化铸造"新世界的新人"的语言工具。

  除美国英语外，还有加拿大英语、澳大利亚英语、新西兰英语、南非英语等，它们也各有自己的地区性的词语和语法。其他像印度英语、东南亚英语、加勒比地区英语和非洲某些新兴国家的英语，也都各自具有语音和词汇上的特点。

第二节　不同英语文学形式

一、英语歧义现象研究

（一）英语歧义产生的原因

  歧义是任何语言都无法避免的一种普遍现象，它是指一个词语或一个句子在意义上的模棱两可,可以有两种或两种以上的解释,英语也不例外。由于英语多义词和同音异义词繁多,而且语法结构不甚严密,歧义现象显得特别严重。歧义造成误解,成为语言交往中的障碍。人们无论是说话还是写文章,总是希望能准确无误地表达自己的思想,但英语的某些特点又决定了歧义现象不可避免。歧义具体又可分为词汇歧义、结构歧义、指代歧义、话语歧义等。其中词汇歧义主要起因于一词多义或短语多义;结构歧义,又称句法歧义,它产生的主要原因是英语的许多句子结构不严谨。在日常交谈时,我们能够根据说话人的表情、手势、语调等澄清歧义。但是,在书面语言中,无法借助这些附加信息,如果脱离了具体的语言环境,就无法理解说话者的具体意图。因此,书面语言中出现了大量的歧义现象。

（二）英语歧义的种类

任何一种语言都存在歧义现象,英语也不例外。有限音素的错综交叉组合,同音词、同音词组势必大量存在;有限书写符号的组合搭配拼写出众多的字、词,一词多义、一义多词现象比比皆是;更为有限的语法规则、结构框架,呈现出种种短语、句子的结构关系,一语二解、模棱两可的现象在所难免。

1. 无意歧义

歧义句类型很多。无意造成的英语歧义句,可以分为语音歧义、词汇歧义和语法歧义三种。

（1）语音歧义

语音歧义指的是语音上的多义现象。两个不同的单词,无论其拼法是否相同,只要发音相同,就有可能产生句子的歧义。这种同音异义所造成的歧义又称为谐音歧义。例如在诗歌、述语、幽默小品以及文学作品当中都不乏此类例子,作者使用谐音歧义是为了给文章平添无穷的乐趣,同时也增强了文章的修辞效果。

（2）词汇歧义

词汇歧义主要是由于句子中的同一个词,有几种不同的意义或理解而引起的,这主要体现在同形异义词、多义词等几方面。英语中很多的同形异义词或多义词很容易引起歧义。一词多义,顾名思义,就是多义性。一个词在最初出现时作为某个特定事物、现象或行为名称,仅有一个意义。但随着语言的发展,该词被赋予的新义有多个。

英语是一种富有多义词的语言,所以一词多义是词汇歧义中最普遍的。同形异义是指不同词源的字词在长期演化过程中,碰巧变得形式相同而意义不同。这两类词都能引起词汇歧义。

(3) 语法歧义

语法歧义也叫句法歧义或结构歧义。在语言中，语句成分在整个句子中的作用是摇摆不定的，没有明确的修饰对象，因此形成了不同的句法功能。任何一个社会所接受的表达方式，都是以集体习惯或约定俗成为基础的，因此语言符号的编码形式具有社会性、规律性和相对稳定性。但在实际应用中，我们发现有些传统意义上的语法结构可以有多种解释，语法歧义相当普遍。

2. 有意歧义

英语歧义，有利有弊。它的"弊"就是句意模糊，使听者或读者不能正确地捕捉会话含义。在交际中，无意歧义应尽量避免或消除。而有时歧义这一现象则被有意地利用，为语言增添光彩，我们把它称为有意歧义。说话人积极地利用语言结构矛盾来制造歧义，或一语双关，或声东击西，使语言幽默风趣，以达到特定的交际目的。所以在实际中，充分利用歧义，不仅能加强表达效果，更是语言技巧和美感之所在。

(1) 产生幽默效果

有时歧义句可以用来达到幽默的目的。它使说话人含蓄地表达意愿，而且能消除尴尬，活跃气氛。

(2) 产生讽刺效果

在产生讽刺效果方面，利用语言歧义，可以说比刀剑还锋利。这是语言技巧的体现，让攻击更具智慧。

(3) 表达人物情感

在文学作品中，歧义常用来刻画人物性格、行为，并表达人物的情感。

(4) 语言生动，吸引注意

这种现象经常出现于广告用语和宣传语中，因为可以使用歧义让语言更加简洁，且过日不忘。总之，在英语交际中，蓄意歧义是对语言技巧的应用，是智慧的体现，而且能够理解和欣赏这种现象也需要智慧。歧义现象是一种很复杂的语言现象，是多种因素共同作用的结果，是语言表达不严谨的表现。

如果我们要准确无误地表达自己的思想或观点，达到语言交际的目的，就要努力消除和避免歧义。要消除英语中的歧义有许多方法，比如：添加或改变词语以设置语境；添加标点，改变语意；读出重音，稍作停顿；变换句式，调整词序；改变词序；补齐省略语；提供恰当的上下文语境；用谓词逻辑表达等。

总之，歧义现象是语言在交际过程中的一种自然现象。一方面，一语多义给人们思想的沟通带来一些困难和不便，从这个角度讲，应尽量避免歧义现象在话语中出现。另一方面，歧义现象并不总是消极的，人们可以利用这一现象达到某种语言效果，丰富人类的语言。

二、英语阅读与纵横谈

(一) 英语阅读中语言处理的方法

语言知识的学习应立足于语言实践活动。课堂上的绝大部分教学活动要以语言实践为基础，要杜绝单纯传授、讲解语言知识的做法。语言知识的归纳或总结的范围、深度、方法和时机要由听、说、读、写等语言实践和教学的需要来确定。实际的教学中，用灌输的方式直接呈现、讲解语言的课堂教学却屡见不鲜，这说明新课程倡导的自主、合作、探究的学习方式还没有真正成为教师的教学理念并转化为实际的教学行为，教学还未能摆脱传统地、静态地把语言知识结构划分为语音、语法和词汇三大块。

要改变活动单一、知识零碎及简单灌输的问题，发展学生综合语言运用能力，教育部考试中心指出需要依据现代语言教学理论，突破传统的语言知识划分，做到：①帮助学生建立新的语言知识结构，该知识结构强调交际功能、交际策略和语篇方面的知识项目，这需要按生活话题重新对文本的语言进行分类整理，按交际和语篇的需要重新估量语言知识学习的重点。②确保学生有充分的语言经验。充分的语言经验是建立在完整话语或文段的整体接受的基础之上的。③使学生具备良好的语言意识。良好的语言意识是建立在充分的语言经验基础之上，是学生对话语或文段背景和环境的体验和领悟。这就要求教师积极探索新的语言教学切入点，改变以例句讲解和练习为主的语言处理方式，让学生在完整的文本语段中感知探究语言，基于运用的需要整理语言，在完备的新情景中运用语言。简单机械地灌输不能保证学生获得充分的语言经验、形成良好的语言意识，只有改变学习方式，让学生充分利用文本进行自主感知、合作探究、整理成块，在此基础上超越文本大胆运用，才能丰富学生的语言经验，形成良好的语言意识，把语言知识转化为语言能力。

1.语言感知探究

语言感知就是对语言的感知觉。这是人们使用语言的一个前奏，因为要使用语言来进行交际，首先必须接触和感受语言的外部形式，包括它的声音和文字。但是我们又不是只注意这些外部形式，像绕口令和回文图那样。我们的注意力在于这些外部形式所传递的内容。语言感知包括口头语和书面语，前者是言语感知，后者是书面语感知。应该先有这么一个认识：心理语言学所观察的首先是口头语言，也就是言语，因为这是第一性的。因此，言语感知有时又称为言语听辨或言语辨认。

在英语阅读教学语言处理过程中，许多教师做了同样的事情，他们不是让学生自主去感知探究文本中的语言现象，体会语言的特色，而是把语言孤零零地从文本中抽取出来，然后直接告诉学生这些语言的各种意思和用法。这其实是把教学过程庸俗化到只要记忆、练习就能掌握教师所讲的知识。尽管有些教师也要求学生通过观察例句来理解语言现象、归纳用法，但是这种缺乏真实、恰当语境的语言呈现，剥夺了学生在这一环节主动探究的思维过程，学习的主动性没有得到足够的重视和激发。

学习是一个能动的过程，学习的发生必须以认知主体的积极参与、主动理解和建构为前提，企图从外部注入知识是难以奏效的。因此，在阅读的过程中教师通过多样化的教学活动，在转述、利用语境猜词、问题回答、交流互动中为学生提供认识、体验、实践语言的机会，在感知与探究中领悟语言规则，建构并完善语言知识结构。

2. 基于需求而学习语言

如果教师凭主观经验盲目地、一厢情愿地把一堆语言知识灌输给学生，难免会遇到老木匠同样的问题。虽然有些知识点教师讲了很多遍，学生仍没掌握，学习的兴趣也日渐减退。"人本主义"和"有效教学"都要求教师关注学生需求，只有了解学生需要什么，想要什么，才能激发学生的学习热情，提高教学效率。处理语言时，除考虑学生本人需求外，教师还要从语言学习目的出发，考虑学生在学完外语课程后能够用这门语言去做什么。

从以上两种需求出发有助于教师把握好阅读文本所需处理语言的重心，对文本中的语言加以整理，为语言的运用做好准备。较大的词汇构块——预制词块概念，认为预制词块可以减轻学生的记忆负担，使学生有可能成块地吸收语言，比脱离语境记单词更容易记住，而且词块的意义是置于特定的语境中的，因此可保证在新情境运用的过程中掌握语言，提高学习效率。因此在学习语言时可以从语块的角度加以学习。基于需求的语言教学一个重要的方面是知道学生真实的需求以消除教学中的盲目性，另外，在于学生所学的语言内容是否是外语学习中有必要或者说是最好应该掌握的语言内容。

3. 创设情境运用

教师应避免死记硬背、机械操练的教学倾向，应科学地设计教学过程。努力创设能启动学生思维的教学情境，以利于学生加速知识的内化，使他们能在综合的语言交际实践中灵活运用知识，变语言知识为实际的语言能力。

创设出更贴近学生生活实际的语境，让学生有更充分运用语言的机会，最后放手让学生就自己关心的话题自由表达。这样就把书本知识迁移到现实生活，将课堂情景转化为生活情景，学生就有机会用所学的语言进行真实的交际。基于学生所读文本又略超越文本，可以较好地把课文的内容拓展延伸到实际的社会、生活中去。这样的情景有助于提高学生实际运用英语的兴趣，提高学习效果。

（二）英语阅读中语言处理的视角

新的语言知识结构要求我们按生活话题重新对文本的语言进行分类整理，按交际和语篇的需要重新估量语言知识学习的重点，这为我们处理文本语言提供了新的思路。

1. 提高语言表达的丰富性

语言学习理论假定语言学习者在头脑中有一个语言习得装置，语言学习的过程就是这个装置对语言学习材料进行"输入—加工—输出"的过程。语言输入材料进入这个装置总是要"丢失"一些，但良好的语言组织形式可以有效减少"丢失"。以话题为中心组织语言具有特定的语境要素，能满足特定的交际需要，容易与学生的生活经验和情感体验有机结合，因而便于学生做到"整进整出"，留下深刻印象。

2. 确保语言运用的得体性

功能视角指以研究话语类型的功能为主要任务的方法。其代表人物包括斯威尔斯、马丁和"北美修辞学派"。

斯威尔斯的话语类型无特征强调的就是话语类型的功能性。这五特征阐释如下：①话语类型是一组交际事件。所谓交际事件，语言（和/或副语言）在其中必定起着重要的或不可或缺的作用。同时，交际事件也必定包括交际背景、交际参与者、交际目的、文化特征、思维方式等方面。②某种共享的交际目的是决定一组交际事件成为话语类型的基本特征。这里，目的起了很重要的作用。没有目的，就没有话语类型的存在。③话语类型的识别主要依据"交际目的"这一主要特征，另外，一些辅助特征如形式、结构和读者或观众的预期也必须考虑在内。④话语类型的理据制约着内容、位置和形式的使用。⑤话语类型离不开语篇。马丁的话语类型定义及分类也是建立在目的基础上的。斯威尔斯和马丁在界定话语类型、提出识别话语类型标准时都强调话语类型的目的，实际上也是强调话语类型功能的重要性。

然而，语言学习不能只关心语言知识而忽略语言的真正功用——交际功能。任何一个语篇总是为了完成某种交际目的，起到某种功能，语篇中的所有成分都应该直接或间接有助于完成那种功能。语言是社会的交际工具，语言用于人类生活有几种功能：①信息功能，用来传递信息，交流思想；②表情功能，用来表达情绪、抒发情感；③劝说功能，用来鼓动受话者赞同或反对某事；④社交功能，在一定的社会场合起到交际应酬的作用。不同功能的发挥都要求有相应的语言形式与之配合。从语篇的功能出发，教师可以引导学生去感知其相应的、特有的语言形式，并加以整理，这样就可以让学生不仅注重语言形式，更关注其功能，提高学生对语言功能的感知，领悟语言在具体语境中的得体性。

英语中常见的语篇语体有说明、劝说、论辩和描写以及叙述等。说明语篇的目的是解释，提供信息；劝说和论辩语篇的目的是使人能信服，往往使用情感诉说来引起态度、观点或情感的转变；描写语篇的目的是使受话者尽可能生动地感受到自己通过感官所感觉到的东西，使受话者对所描写的东西产生一种身临其境的感觉，被描写的东西可以是人们用感官感觉到的一切；叙述语篇的目的是向受话者展现一个事件——发生了什么，又是如何发生的，给人以动作的时间感，即给人以目睹一个动作的感受。不同的语篇形式有不同的功能，也有其特定的语言形式。利用这些特征我们可以有效指导学生感知、整理并运用这些语言形式，确保学生运用语言时做到语域恰当。

3. 关注语言运用的有效性

为了有效达成交际的目的，就要考虑如何有效地使用英语，这就是英语修辞学要解决的问题。英国修辞学大师乔治·坎贝用泥水匠和建筑师极其形象地区分了语法能力和修辞能力：语法与修辞两者的区别就像泥水匠和建筑师的区别。语法能力保证语言的准确性，词汇能力保证表达语义的丰富性，但修辞能力更多关注语言的美感，也就是语言的生动形象等。从修辞角度处理文本语言，有助于提高学生对语言修辞运用的感知，领悟文本中的语言艺术性，树立有效交际的意识。

修辞视角语言处理，就是在阅读教学中引导学生关注。

作者用词的恰当性、精确性和简洁性，关注句子的清晰性、连贯性和多样性，帮助学生认识到语言的有效使用，有效达成交际目的。葛文山认为这是小词巧用，最能体现出一个学生的写作功力，这是因为：①中国学生在用英语表达时缺乏使用形容词和副词的意识；②这种能力的养成基于在平时阅读中的大量积累，不是一两天一蹴而就的，而事实上这是个修辞问题，这种意识的缺乏源于教师很少从修辞视角去处理这些形容词或副词，只有当教师在平常的教学中有意识地引导学生去感知体验，才能让学生学会去积累。

三、英语诗歌赏析要略

诗歌这种文学体裁，通常指人们运用韵律语言富有想象地表达对世界的感受。诗歌创作起源于远古，当时采用的是原始诗行的形式，且用于早期的部落仪式。由于那时还没有出现书面文学，所有在部落仪式上朗诵的都是口头诗，诗行的划分是由朗诵时出现的停顿来提示的。此外，最早的诗歌还可以采取咏唱的方式，伴之以舞蹈。假如某一部落遇到自然灾害等特殊事件，便很自然地会用咏唱和舞蹈相结合的方式来保存这些史实。后来，在此基础上产生了民谣。民谣在初创时期仍保留了和舞蹈相伴及叙述史实的特点，而且其中绝大多数是在书面文学高度发展之前的时代创作的。

到了公元前9世纪至公元前8世纪，古希腊诗人荷马从民间广为流传的民谣中汲取了大量的素材，以历史和神话传说为依据创作了史诗《伊利亚特》和《奥德赛》。荷马史诗的出现，一方面使民谣这一古老、通俗的诗歌形式以固定的叙述诗的文学样式流传下来，另一方面极大地丰富和推动了民谣本身的创作，以致在中世纪的后期（公元14世纪前后），在欧洲形成了所谓"民谣传统"。与此同时，随着叙述诗的发展，其他诗歌类型也相继问世，如戏剧诗、抒情诗、田园诗等。

（一）诗歌的格律和韵律

格律指诗歌中重读音节和非重读音节的排列组合模式。它的基本单位叫作音步。以英诗为例最常见的音步有：①抑扬格，由一个非重读音节和一个重读音节组成；②扬抑格，由一个重读音节和一个非重读音节组成；③扬抑抑格，由一个重读音节和两个非重读音节组成；④抑抑扬格，由两个非重读音节和一个重读音节组成；⑤扬扬格，由两个重读音节组成；⑥抑抑格，由两个非重读音节组成（有些韵律学家否认这种音步，认为在音步中必须始终存在重读音节）。

诗行一般包含一个或一个以上的音步，常见的有单音步、双音步、三音步、四音步、五音步、六音步、七音步和八音步。格律涉及音步的种类和一行诗文中音步的数目这两种度量方法，因此它们常常可以合起来称呼。同时，诗歌可以押韵，也可以不押韵。押韵在诗歌中不仅仅是技巧性的，它还作用于人的感官而给人带来种美的享受。押韵能触动朗诵者（读者）或听者的情感，同时，使诗节显出和谐、统一和变化的特点。有时押韵还具有暗示意义。名副其实的押韵，不但要求重读音节中的元音及元音后的辅音发音相同，而且要求元音前的辅音发音相异。严格的韵律还要保持音节数量上的对等。

（二）诗体与诗类

1. 诗体

诗体是指诗歌的韵式或形式。韵式从单独的两行诗到精心编排的长诗变化不一，如偶句体是两行韵式诗体，其最常见的格律是四步抑扬格和五步抑扬格。五步抑扬格偶句诗体又称英雄偶句诗体，它通常每行含有十个音节。然而，直到16世纪和17世纪，这种诗体才得以固定下来。之后，它又成为诗剧最主要的诗体形式。但是，究竟是哪部诗剧最先运用这种诗体，历来存有争议。一种说法认为是奥雷的《亨利五世》，该剧本的诗句从头到尾采用英雄偶句诗体；另一种说法认为是艾思里吉的《滑稽的复仇》，剧中的诗句大部分采用英雄偶句诗体。这两个剧本都是在17世纪60年代写成的。在不同时期，许多诗人，如斯宾塞、莎士比亚、本·琼生、德莱顿、蒲柏等都在自己的诗作里采用英雄偶句诗体。不少批评家认为，德莱顿是"英雄体"的"蹄铁匠和工匠"，而蒲柏则是"银匠"，因为蒲柏使得这种诗体变得精致、典雅且充满微妙的诙谐与机智。在新古典主义时期，英雄体对偶句通常由两句各自意义完整的押韵对句组成，构成一个短诗节。由于采用诗行内停顿和句法上十分工整的对称结构，这种诗体带有警句的某些特点。

2. 诗类

诗歌还可以按内容、主题和表现手法来归类，其中叙事诗、抒情诗和戏剧诗被公认为诗歌的三大基本类型。

(1) 叙事诗

叙事诗，从广义上讲，是指用诗歌的形式讲述故事的作品，如民谣和传奇韵诗等；从狭义上讲，是指史诗这样比较固定的叙事诗形式。

史诗（epic）是用严谨、高雅、庄重的语言写成的叙事长诗，通常歌颂传奇中或历史上英雄人物的丰功伟绩。它是在传说和民谣的基础上发展起来的，主人公甚至也可以是一个半神式的人物，其行为将决定一个部落、一个民族、一个国家的命运。古希腊荷马的《伊利亚特》和《奥德赛》、盎格鲁·撒克逊史诗《贝奥武甫》被归入这一类诗歌。后来的诗人有意识地、创造性地模仿这一传统的写诗手法，如维吉尔创作了《伊尼特》，弥顿创作了《失乐园》，济慈写了未完成的史诗《赫比里昂》。在文艺复兴初期，史诗由于但丁《神曲》的问世而广为流传，它在16世纪和17世纪的英国产生了巨大的影响。新古典主义时期，出现了像蒲柏的《馨发遇劫记》这样的滑稽史诗。浪漫主义时期，讽刺史诗成为当时颇受欢迎的诗歌形式。到了20世纪，许多长诗都或多或少地继承了史诗的一些特点，其中庞德的《诗章》堪称典型。尽管由于审美趣味和其他原因，史诗中有时也掺杂着一些戏剧性和抒情性的段落或滑稽幽默的场面，但从整体上看，史诗的主要特点与目的和其他叙事诗一样，是讲述故事，不论所述的故事是长是短，情节是简单还是复杂。

叙事诗的另一主要形式是民谣。民谣原是一种吟咏或朗诵的诗歌形式。它的特点是，在简单的叙述形式中显出富有戏剧的动人情节。早期的民谣大多由民间集体创作，由吟游诗人及民歌手在民众中演唱。它常常以超自然的力量作为统摄故事情节的核心或歌颂传奇人物的英雄事迹和他们的爱情。后来，又出现了书面文字形式的民谣，比较著名的有沃特的《罗宾汉英雄事迹小唱》、司各特的《苏格兰边区歌谣集》等。民谣通常以四行诗为一节，韵律为 abcb 或 abab，其中第一行和第三行有四个重读音节，第二行和第四行有三个重读音节。诗行中，非重读音节的数量没有严格的规定，有时还会出现谐音、半谐音及叠句。

(2) 抒情诗

抒情诗是指一种相对短小的以抒发诗人情感为主的诗歌形式。它通常借助丰富的想象、优美动听的韵律以或潇洒奔放、或婉转曲折的情绪来感染和打动读者听者。最早的抒情诗或许是古埃及的国王颂歌以及众神赞美诗和葬礼歌。他们通常一边吟诵诗歌，一边跳舞。他们还将抒情诗与合唱诗区别开来：抒情诗指用竖琴伴奏，抒发咏唱者个人情感的诗；合唱诗指用合唱方式抒发集体情感的诗。到了中世纪，抒情诗在欧洲成了一种较为固定的典雅的艺术。

(3) 戏剧诗

戏剧诗的含义很宽泛，它既可以指运用某些戏剧技巧，如对话、独白等创作的诗歌（如托马斯·哈代的《在布店里》），又可以指只能供阅读而不适合演出的诗剧（如歌德的《浮士德》），还可以泛指任何剧本中出现的诗文。戏剧诗常常用无韵诗来写。

四、戏剧中的基本元素

(一) 情节

情节是构成戏剧结构的要件。剧作家通常将精心设计的情节（它可以是一个、若干个或一系列）纳入戏剧的总体框架（结构）之中，形成一种独立的或相关且延续的体系。戏剧的情节在广义上可分为展示部分、上升情节或矛盾纠葛、高潮、下降情节和纠结的解开。尽管在这里只有上升情节和下降情节使用了"情节"两字，但其余部分实际上也可以看作是情节的一种特殊的形式，特别是高潮和纠结的解开，其本身也是通过具体的情节展现于读者或观众面前的。换句话说，不存在没有情节的高潮，也不存在没有情节的纠结的解开。

(二) 结构

戏剧的结构是指按一定的逻辑规则和程式将戏剧情节或事件有序而完整地组合成一个戏剧作品的实体。一般说来，戏剧结构中的情节或事件的安排顺序与小说没有多大的区别，小说家也好，剧作家也好，都试图通过结构来达到控制读者期待的目的。但因戏剧在演出中要受到时间和场地的限制，所以情节的安排相对小说而言要简单和紧凑得多。传统的戏剧结构,单从外在的形式看,一般由幕和场景组成。

（三）人物

如果说结构是戏剧用来叙述故事的主体框架,那么处在这一框架中心的便是人物。人物使得戏剧变得生动,使它充满了生命力和感染力。在阅读或观看一部戏剧作品时,我们通常会自始至终地,甚至可以说是全心地,投入人物的外在世界和内在世界之中。我们很关心他们的言谈举止和思想情感,急切地想知道他们究竟属于哪类人、将来的命运如何等,与此同时,我们还会不知不觉地同情他们或者厌恶、憎恨他们。当然,舞台剧中的人物是由演员来扮演的。演员为了把剧中人演活,总是力图最大限度地把握人物的性格和他们的思想情感,甚至在演戏时投入"人物即自己,自己即人物"的境界。而我们中的一部分人往往会因演员们的出色表演而忘记了自己是在看一部戏,把戏剧中的人物当作现实生活中的人物,还有一部分人会与展现在眼前的人物保持一定的间距,即始终在用评判者的眼光看待他们。戏剧人物之间的各种微妙的关系以及他们之间的交往、误会和冲突等,实际上构成了戏剧中最为本质的东西,因为正是这些内容在展示人物自身形象的同时推动了剧情向前发展。

传统的戏剧理论一般认为,表现主人公内在思想和动机的最好、最自然的方式之一是在剧中设置陪衬人物,陪衬人物的主要作用是通过其与主人公的对白来增强主人公形象的塑造。当然,陪衬人物也可以通过其他方式（如他们的所作所为）来反衬出其所衬托对象的特殊品质。

（四）对白

美国现代派诗人庞德曾经把戏剧的人物描述为"在舞台上运用言语来交流的人",这种人物间的交流其实跟现实生活里人们之间的交流有着很大的区别,因为它带有戏剧的审美性质。戏剧人物之间的对白是经过剧作家精心设计的话语,读者或观众能通过这些话语了解人物的思想情感,把握他们的个性特征,找到自己所认同的或排斥的价值观。

一般来说,大部分戏剧的对白采用口语,即日常用语。其特点是,语言并不一定符合语法规则,常常会出现一些俗语、俚语甚至不完整的、断断续续的话语,其意义需要根据具体的语境才能弄明白。但也有一些戏剧（或戏剧中的某个片段）倾向于使用艺术化的语言来设计对白。尽管艺术化的语言不是人们平时说话时所采用的,但却很适合表达剧中人内心丰富的情感和他们带有诗性或哲理性的想象。伊丽莎白时期的戏剧尤其强调语言的艺术效果,韵文作为一种高度诗化的戏剧语言形式,几乎成为戏剧追求的完美境界。

当然，在戏剧中偶尔也会出现独白和旁白。独白，指一个人在舞台上单独道出的一段话语。有些人认为独白就是自语，但自语是戏剧场面的一个部分，是一个剧中人在单独地抒发自己的内心感受，而独白则是在对另外的人讲话，既可以是对读者或观众讲话，也可以是对想象中的第二个人物的讲话。有些独白仅仅是为了让人阅读的，而有些则是为舞台表演而写。前一类型通常被称为"活动着的灵魂"的抒情片段，堪称典范的有罗伯特·勃朗宁的《我最后的公爵夫人》和艾略特的《艾尔弗雷德·普鲁弗洛克的情歌》，后一类型的代表作有罗伯特·本奇利的《财政大臣的报告》。不过，剧中人在舞台上用独白的方式表述自己的内心感受和想法往往会暴露出很明显的人为的痕迹，因为人物往往必须完全中止自己的其他活动，专心致志地作一些琐细的有时甚至是冗长的叙述。但尽管如此，独白作为戏剧的一种传统的表现手法，一直被广泛地采用着。旁白是另一种表现剧中人物内心活动的方法。旁白一般指剧中角色在假定同台其他角色听不见的情况下念着自己的台词。旁白既可以用来直接跟观众交流，也可以是即兴的、漫不经心的自言自语。旁白的运用在非现实主义戏剧中相当普遍。在表现手法比较接近现实主义的戏剧中，旁白（如果有的话）一般都很简短，并往往带有讥讽的口吻。旁白通常是角色内心的表露，即向观众坦白自己的思想情感以及自己所作所为的真实意图。文艺复兴时期的戏剧和19世纪末的情节剧常采用这一手法。奥尼邻的《奇异的插曲》是一部成功运用旁白技巧的现代戏剧作品。可是，旁白有时会比独白更明显地带有人为的痕迹，因为它要求戏剧人物暂时地走出舞台情节，去直面自己的观众，而台上的其他人物装作什么也没有听见。

（五）剧本的上演

剧本的上演，按一些戏剧理论家的定义，是指除了对白等语言要素外的一切与演出相关的东西，如舞台场面调度设计、演员的动作与表情、舞台景物、服装与道具、灯光与音响效果等。

第三节　英语——"新世界语"

19世纪80年代中后期，波兰查门霍夫博士（Zamenhof）以超人的智慧和满腔热情发明了超越民族界线的"国际普通话"——世界语（Esperanto），旨在消除国际交往的语言障碍，让世界上的各民族能够"用一个声音说话"，实现和保持地球上各善良民族渴望的和平。一百多年过去了，世界语没有成为世界通用的语言，甚至被人遗忘。与此形成鲜明对照的是，曾经是民族国家的语言的英语却在世界上为越来越多的国家和人民所使用，现已成为"新世界语"。

一、英语的"世界性"

"英语——新世界语"，这是德国学者施杜里希所著《世界语言简史》一书英语部分的标题。当罗马帝国如日中天的时候，拉丁语被称作"世界语"；在亚历山大大帝后继者的时代，希腊语被称作"世界语"；从17世纪至19世纪，法语也曾经是欧洲宫廷、贵族和外交家的语言——100多年前歌德说，旅行者如果会法语，就可以到处旅行而不需要翻译。如今，"新世界语"的称呼落到了"英语"头上，可谓实至名归。毕竟，迄今为止，真正影响整个世界并得到广泛传播的只有英语。

今天，世界上以英语为母语的国家有10余个，它们是美国、加拿大、英国、爱尔兰、澳大利亚、新西兰、南非和几个加勒比地区的国家。以英语为官方语言的国家超过70个，其中包括尼日利亚、加纳、印度和新加坡等。

二、英语缘何成为世界通用语言

英语走向世界，始于17世纪英国国际贸易和开拓殖民地的活动。英语虽然不属于人类最古老的语言之列，并且它走向世界也仅仅400多年，可是它在全球化过程中的发展速度和对全世界的影响，是其他任何语言都望尘莫及的，其奥妙究竟何在，非常值得我们研究和探讨。

英语在短短400多年里能够一跃成为世界通用语言，原因是多方面的。依据牛道生先生在《英语与世界》一书的精辟分析，我们须注意从以下方面把握英语迅速崛起的真正原因。

（一）历史方面

1500多年前，盎格鲁·撒克逊民族抢占不列颠岛，在非常艰难的自然环境中，凭借本民族团结的力量，战胜外族，在广泛汲取欧洲古老文明成果的基础上，自力更生，力求创新，努力赶超欧洲大陆的老牌列强，从一个弱小的海岛民族发展成为欧洲乃至世界上的强盛民族，在16世纪以后短短的200年中就创造出独具特色的语言文化。

(二)经济方面

先前的英国,以及后来的美国,先后在经济上垄断国际贸易市场的许多重要领域,所以英语必然随这些领域的商品打入世界各国。如今,许多大的国际跨国集团仍然操纵在美、英两国手中,用英语作为蓝本语言的,并被美、英等西方国家所操纵或主导。

(三)科学技术方面

在人类近代自然科学技术方面,许多先进发明创造和尖端科学技术来自英、美两国的科学家,他们用英语写成的科研报告和资料,以及发行的英文学术期刊,必然受到世界各国科学家的青睐。为了获取英、美的先进科学技术,或参加国际学术交流,非英语国家的大批科学家不得不下苦功学习英语。

(四)外交方面

美、英两国以及许多国家把英语作为第一语言或官方语言,美、英又分别是联合国五个常任理事国之一,这使得英语在20世纪40年代末期联合国成立之日就成为联合国的工作语言之一,并且用英语制定的国际法在全世界普及面最广。为了有利于国际交往,世界其他国家的外交人员不得不学会英语。

(五)国际贸易和旅游产业方面

20世纪后期,经济全球化趋势发展迅速,为了占领国际贸易市场和旅游市场,国际竞争越来越激烈,英语成为推销本国商品和旅游资源的有力武器,各国相关公司在国际媒体用英语大做广告,千方百计为自己争夺客户。

(六)教育方面

因为美、英以及加拿大、澳大利亚等以英语为母语的国家都有许多世界一流的大学,各国为了培养一流科技人才,不得不派大批留学生或访问学者去美、英或其他英联邦国家大学留学或从事合作科研活动,英语自然成为年轻人梦寐以求的考入这些国家大学的"敲门砖"以及学者们进行学术交流的工具。另外,世界上高水平的大学教材和现代文学著作,绝大部分是用英语写成的,各国高等院校为了提高教学科研水平,与世界学术水平接轨,不得不选用或借鉴一些国家的大学英语教材和现代文学著作。

(七) 文化娱乐方面

美国人最早发明了电影，后来又发明了电视、录像。美国凭借高科技手段生产的大批影视音像制品，具有非常诱人的魅力，不但占领了英语国家娱乐市场的大部分份额，而且在非英语国家也十分畅销。其他国家为了使本国的影视产品能够打入国际娱乐市场，也将其翻译成英语在全世界发行。因此，英语必然随着美国或其他国家影视音像制品的全球广泛传播而引起世界亿万观众学习英语的兴趣。

(八) 民族语言文化方面

18 世纪以来，英、美一直先后处于世界近代史上全球先进生产力发展的顶峰。因此，根据经济基础决定上层建筑的马克思主义经典理论来看，英、美必然成为世界近代史上先进语言文化的主要代表者，英、美的语言文化在全世界的竞争力必然最强。

经过 1500 多年的变迁，英语从几个日耳曼部族的语言发展为今天具有重大国际影响的语言，这固然有上述政治、经济、社会等方面的原因，但英语语言本身的独特优势也同样不容忽视。词汇的开放性便是其优点之一，英语极善于吸收外来词。一方面英语属于日耳曼语族，有日耳曼语的共同词语，另一方面又长期与法语及其他罗曼语族语言联系密切，同时吸收了大量古典词语。可以说，英语把代表欧洲主要文化的词语兼收并蓄于一身，这在欧洲各语言中间是独特的。今天，每当出现了一种新的事物、设备或时尚，只要其他语言中已经提供了一个合适的词汇，英语就会心甘情愿地把它吸收进来。而且在吸收的过程中，往往词形不做任何改变。

从英语的整个历史来看，英语对其他语种的词语总是乐于采纳的。确实，人类各种语言都或多或少地借鉴了外界模式，但有理由可以认为，英语跟其他主要的语种相比更易于接受外来的影响。法国人确实成立了一个组织，他们希望靠此来阻止或多少能控制外国词语的流入。而对于大多数操英语的人来说，这是不可思议的，他们似乎主张一种语言上的自由贸易，他们说，如果一个外国词语是有用的话，那就应该采用，不论其来源如何。

从语法角度看，英语词尾变化简单，没有复杂的性数格变化。英语正在不断向分析性语言的方向发展，向简化的方向发展，英语的词序起的作用越来越大。这些特点也使英语同其他欧洲语言比较起来容易入门。在上述诸多因素的综合作用之下，英语在世界范围内被广泛使用也就不足为奇了。

第二章　英语语言学相关理论

第一节　图式与图式理论

一、图式的基本理论

图式（schema）的提法最早见于哲学家康德（Kant）的著作，现代心理学研究中英国心理学家巴特利特最早应用图式的概念。巴特利特在实验中向被试者呈现一些故事，其中的一个故事是北美印第安人的传说《鬼魂的战争》，呈现完毕以后，用不同的时间间隔叫被试者回忆故事。结果发现，回忆出来的故事与原文有较大的不同。①故事经过了重新组织。被试者对原文的事件次序做了调整，这种调整使得故事的意义更加连贯、合理。②故事被简化。实验中虽然要求被试者尽可能多地把故事的内容回忆出来，但是有些细节没有了，尤其是被试者不熟悉的内容往往被略去。③表达的方式概括化。被试者写出来的句子往往不再是原文句子的表达方式。④用熟悉的词代替不熟悉的词，如用"船"代替"独木舟"。

巴特利特在他的著作中写道，尽管回忆的时间间隔不同，但上述现象始终存在。相隔时间越长，这种倾向越明显。他用图式的概念来解释这种现象，认为图式是对先前反应或经验的一种积极组织，也就是说图式是由过去的经验组成的。回忆是一种建造过程，这种建造来自图式。图式会对获得的材料进行重建和改造，使人的认识受到先前经验的影响。

巴特利特提出图式的说法以后，很多年里并没有引起人们的重视，他本人也没有对图式做进一步的研究。直到20世纪70年代后期，图式的概念才再一次被提起并且发展成一种完整的理论。接过这个术语并且做了大量研究的主要人物之一是鲁梅哈特，他是美国人工智能专家而不是心理学家。这看来很奇怪，但绝不是偶然的。因为认知心理学兴起以后，心理学、计算机科学、语言学等相邻学科的交叉研究使得科学家对人类的认知心理过程有了比以前任何时候都深刻得多的认识，尤其是随着人工智能研究的深入，使得科学家认识到人工智能研究应该把人的智能活动作为模型，于是一大批人工智能专家投入人类认知方式的研究之中，他们是站在认知科学前沿的探索者。所以，由他们来发展图式理论并用来表征人类的知识就毫不奇怪了。在鲁梅哈特等发展图式理论的同时，其他人工智能专家对人的认知方式也做了大量的研究。

人工智能专家研究图式的目的是想了解智能系统需要什么样的知识，有关的知识应该怎样组织在一起等问题；心理学家研究图式是为了寻找一种能够解释人类记忆现象的理论。由此可见，现代的图式理论并不是专门针对阅读的，但它能够很好地解释阅读和理解的心理过程。

（一）什么是图式

经过重新解释以后的图式理论，已经与巴特利特当初的简单理论有所不同。20世纪70年代中后期，鲁梅哈特与奥特尼指出，图式至少有四个基本特征：①图式具有变量；②图式可以嵌套，一个图式可以包含在另一个图式之中；③图式表征的是抽象水平上的知识；④图式所表征的不是定义而是知识。

20世纪80年代鲁梅哈特又补充指出图式的另两个特点：①图式的活动是一种主动的过程；②图式是一种认知的单元，有了这种单元就能够评价所加工材料的匹配程度。这样的归纳太过抽象，我们必须做进一步解释。

1. 图式是知识的单位

人的记忆中储存着许多知识。所谓知识并不专指从书本获得的科学道理，也包括数量庞大的日常生活中极其平凡的司空见惯的经验。例如，早晨太阳出来时的情景，在人的记忆中会构成关于"日出"的知识。这样的知识是由经验积累起来的。当然，知识也可以是学习的结果，大到天体运行规律，小到字母的构成都是知识。知识反映人类的智慧，人工智能研究要以人类的智能为模型，就必须找到一种单位，用来表征人类记忆中那些庞杂的知识。有了这种单位，就能够对人类的知识进行更深入、更有条理的分析。图式就是他们找到的用以表征知识的单位。所以，可以说图式是人类头脑中存在的知识单位。"图式"这个术语比"框架"和"脚本"好的地方是，它更有伸缩性，"框架"和"脚本"总是使人想起大的结构，那些细小的知识（如字母A由两条斜线相交组成，斜线之间有一条短线相连）称之为"框架"或"脚本"显然很勉强。而图式有足够的灵活性，能够容纳各种知识，把关于字母A的知识称为"字母A的图式"显得很妥当。图式包括明斯基用"框架"来表征的那些知识，也包括尚克和艾贝尔森用"脚本"来表征的知识。

2. 图式具有变量

既然图式表示的是抽象的知识，那么图式中每一部分知识就都可以由不同的情景来填充。比如，餐馆图式中的"服务员"这个角色可以由不同的人来充当，男的或者女的、年轻的或年纪较大的、张三或者李四等，所以"服务员"就是一个变量。图式理论认为"服务员"这个角色在图式中是一个空位，填入这个空位去的张三或李四则是变量的价值。在餐馆图式中所有的知识从角色、场景到每一场的活动都是变量，都可以由不同的价值来填充。任何一个图式都由空位组成。空位的填充过程是图式具体化的过程，当有足够的具体价值填充到某一个图式的空位中去时，这个图式就被激活，认知就实现了。例如，我们走进一座房子，屋子比较大，放着几排桌椅，有些人坐在桌子前吃饭，有一个或几个穿制服的人从里面的门里出来，手里端着饭菜走向坐在桌子前的人，靠近门的地方有一个柜台，那里坐着一个人正在收钱等，这些情景使餐馆图式中的很多空位都被填充，因此我们知道这是一个饭馆。要认知一件事情，有时候并不需要填充那么多空位，如走进麦当劳快餐馆，看到麦当劳的招牌，整个图式就被激活了。

鲁梅哈特认为图式是认知的建筑构件，人类的认知依靠记忆中已经存在的图式。面对丰富多彩的世界、千差万别的个体，图式能够告诉人们这是什么，那是怎么回事。假如没有图式存在，人们将无法认知世界。

图式的变量是有约束的，并不是任何价值都可以填入某个特定的空位，图式中的变量会把价值约束在一定的范围。例如，"服务员"这个空位只能由人来填入，而不能由动物、植物等其他物体填入，而且不是所有的人都能够填入"服务员"这个空位，太老的或者太小的都不行。那么，多少岁以上或者多少岁以下不行呢？很难有一个绝对标准，只有一个模糊的界限。模糊性是变量约束的一个特点。变量约束的另一个特点是变量具有典型价值，即某一类价值填入空位是图式中这个变量最为典型的。

变量约束的界限常常很模糊，模糊到我们说不清楚。比如，"game"（运动、游戏）这个图式究竟有哪些必须特征？维特根斯坦（Wittgestein）认为"game"没有共同的必须特征。比赛可以是"game"，但"game"不一定是比赛，"game"通常有两个方面的人参加，但只有一个方面也可以玩"game"等等，我们说不清"game"的定义。不过，变量约束的模糊性并不影响我们的认知，图式表征的是知识而不是定义，定义虽然说不清，但知识仍然存在。我们虽然说不清什么是"game"，但知道什么是"game"，什么不是"game"，至少知道足球比赛是典型的"game"。

有些心理学家认为要说明大多数一般概念的必须特征是非常困难的。既然事物的一般特征概括不出来，那么我们的记忆中也许并没有储存抽象的知识。心理学家提出了"原型假说"。原型假说与图式理论并不矛盾。原型就是变量的典型价值。比如，麻雀、鸽子可以成为鸟的原型，足球比赛可以成为"game"的原型。他们认为概念（或图式）是以原型为核心的，其他成员按与原型的差异大小聚集在原型周围，差异越大,与原型的距离就越远,超过一定范围就不属于这个概念(或图式)。在原型假说中概念的范围也没有明确的临界值,边缘也是模糊的。当人们认知世界的时候是跟记忆中的原型做比较,符合某个原型就确认为"是",否则就加以拒绝。

原型假说有一定的道理,认知可能是跟图式中变量的典型价值进行比较的结果。典型价值也是一种抽象化了的知识。如果有人问你:"鸟是什么样的?"你可能先想到麻雀和鸽子,如果再有人问你:"鸡是不是鸟?"你可能会将鸡跟麻雀、鸽子进行比较,但对字母的认知更可能是从一般特征出发的,不是通过原型。人的大脑很复杂,认知活动中可能这两种情况同时存在,在一定的时候使用其中一种情况。当一般性特征很难概括的时候就通过与变量的典型价值进行比较的方法来认知。不能用明确的语言来说明一般性特征,并不等于我们不能感觉到一般性特征的存在:定义应是非常明确的,知识却可以是模糊的。图式理论中的抽象知识不能理解为定义。

变量的约束范围可以改变,这种改变是人们对客观世界认知的适应,反映了知识的发展。例如,"服务员"这个变量必须由人来填充,但随着科学技术的发展,机器也可能成为服务员,那么机器也能够填充那个空位。当机器人拿来菜单请人点菜时,人仍然能够激活饭馆的图式,不会以为自己到了工厂。当然,图式中变量约束范围的改变也不是任意的,它必须符合客观现实的可能性。变量约束对认知有重要的意义,正因为变量有所约束,空位的填充才有选择性,所以只有当客观世界的情景反映到我们的记忆中时才能只激活某个一定的图式,而不至于激活所有的图式。

(二)图式的层次性

图式是有层次的,大的图式包含小的图式,小的图式包含更小的图式。当然,小到一定程度可能就没有下一级图式,这些可以称为基本图式。面对复杂的世界,图式有各种各样的类型,大致可以做这样的分类。

1. 事件图式

事件图式相当于脚本。日常生活中,人们经历着各种各样的活动,这些活动会形成各种各样的图式,如上班、坐公共汽车、打电话、购物、在饭馆吃饭、去图书馆借书、向上级汇报、找下级谈话等。人们会按要求去做每一种活动,不会搞错。这是因为事件图式向人们提供了言行的规范,就像尚克和艾贝尔森描述的下餐馆脚本那样,餐馆应该是什么样子的,餐馆里会有哪些人,应该跟服务员说什么,应该怎样付钱等,在下餐馆图式中都有规定。所有的事件都有类似下餐馆的图式,都可以写出类似的脚本,人的行为好像按脚本演戏,不过这种脚本更概括化,演员有更大的主动性。

事件图式都有下一级图式,如下餐馆图式中有角色图式、场景图式、行为图式

(子事件）等。每一个下级图式还有更小的图式，如角色图式有顾客、服务员、厨师，场景图式有屋子、桌椅、餐具、食物，行为图式有进入、点菜、吃饭、付款、离去等。一个事件图式有两个方面的信息：一是清单性信息，即这一事件图式由哪些子图式构成，子图式又由哪些更小的子图式构成等；二是结构性信息，即各子事件之间有什么关系在事件图式中，子事件是按顺序相继发生的，具有时间上的连续性，如果这种顺序反映了事件之间的因果关系或条件关系，那么顺序是固定的，不可改变。例如，下餐馆图式中一定是先点菜后上菜，上了菜才能就餐。假如不构成条件关系，那么顺序也可能并不固定，如付款通常在就餐以后，但就餐与付款不构成条件关系，有的餐馆也许在点完菜后就要付款。

2. 场景图式

日常生活中的各种活动必然发生在一定的场合和地点，因此人们的记忆中就有了各种各样的场景图式，如餐馆的场景图式、图书馆的场景图式、公共汽车的场景图式等每一个场景都有与各自相称的道具。图书馆的场景包括一座楼，楼里有一些大的房间，有的房间里放满了一排排书架，书架上放满了书，那些房间外面有借书处，旁边还有一排排卡片箱或者是计算机等。场景图式跟情景记忆有关，一提到某一场景，人们的脑子里就会出现这一场景的形象。有时候这种形象是概括的，如公共汽车的场景图式，即使我们天天坐公共汽车，也很难记得具体的某一辆公共汽车是什么样的。但有时候场景的形象也许是具体的，如教室，如果天天在同一个教室上课，那么一谈到教室就会想起自己上课的那个教室。

场景图式也是等级层次结构。每一个场景可以分为不同的部分，每一个部分又有具体的道具，如图书馆的场景图式可分为书库、借书处、图书检索处、阅览室等部分 - 阅览室这部分里面有一排排长桌和椅子。场景图式中上下级层次之间构成部分与整体的关系。与事件图式中子事件按时间顺序连续发生的特点不同的是，场景图式中整体与部分之间是一种空间的包含关系，它们在同一时间同时呈现出来。不仅上下级层次之间存在着关系，同一层次内的各部分之间也存在空间关系。各个部分以及各种道具反映不同的功能，场景图式中内部结构是按空间和功能关系组织起来的。场景图式对认知有很重要的作用。

3. 角色图式

在社会生活中，人们都充当着一定的角色：教师、学生、售货员、警察、顾客等。每一种角色都有一定的活动范围，有他们要做的事。因此，在人们的脑子里就构成了不同的角色图式。一定的角色在特定的情境中会做什么说什么都可以做大致的预料，因为变量是受到约束的。比如，公共汽车售票员的工作，每到一站要报站名，车停以后开门，乘客上车以后关门，请刚上车的乘客买票，然后报下一站的站名等。角色图式中包含着每一个角色通常的活动知识。这样，我们身处复杂的世界中就知道对什么人应该说什么话，能够做什么。有时候，我们会发现搞不清对方的角色，因此就不知道是不是该说什么或做什么。遇到这种情况，人们往往宁愿先问一问，搞清对方的角色，总比冒冒失失地行事要好。比如，一个姑娘晕倒在路上，一个小伙子看见了，把她送到了医院。医生给她检查完了，想对小伙子说些什么，他先得问明白那小伙子是姑娘的什么人才好说话。为什么他必须了解小伙子的角色？因为角色图式能够告诉他对小伙子可以做什么样的要求，他应该负什么样的责任等。一个人可能扮演不同的角色，如一个警察上班时是警察，下了班回到家中是父亲和丈夫，去商店买东西时是顾客。不管他充当哪一种角色，都受到特定角色变量的约束。

事件、场景、角色在实际生活中往往是同时呈现的，也就是说事件图式往往包括场景图式和角色图式，比如下餐馆图式一定是既有场景又有角色的。所以，这些图式在人们的脑子里同时起作用。

4. 范畴图式

范畴图式是从概念的角度来归纳图式，它与事件图式、场景图式、角色图式可能有重合的地方。比如，桌子可以是一种范畴图式，也可以是场景图式中的道具；售票员可以是角色图式，也可以是范畴图式。但这并不是说桌子或者售票员各有两种不同的图式，只是一个图式归属两个系统罢了。

范畴图式有具体的，也有抽象的。"桌子""售票员"等在日常生活中常见，是具体的。"阴""阳""上火""相对论""深层结构"等都是抽象的。"上火"的图式是什么样的？很难说得清，牙痛可能是上火，嗓子痛也可能是上火，脸上长小包也说不定是上火。一说到"上火"，人们就会跟这些现象联系起来，这就是跟变量的典型价值做比较。抽象的概念显然也有图式，没有图式就不可能产生理解。

5. 故事图式

故事图式与事件图式不同。事件是指日常生活中的事情，故事则是用语言材料表达的一系列有联系的事情。故事当然会涉及各种事件，或者说故事是由事件构成的。这里说的故事图式是指故事的语篇结构图式。不同类型的故事内容可能差距很大，如童话故事与侦探小说相差很远，但作为上层水平的结构，图式是基本一致的。故事都有开头、结尾，中间有各种情节，情节之中又有情节，情节又有开始、发展、结局等。

6. 说明文图式

这也是语篇结构的图式。说明文的结构与故事不同，所以说明文另有自己的图式。有了这种图式，我们在动手写说明文时才知道应该怎么写。无论说明文图式还是故事图式,看起来概括得很简单,但它们对听读理解与说写表达都起指导作用。

(三)图式的心理现实性

人们头脑中真的存在各种图式吗?很多心理学家做过实验,实验的结果都表明人类的认知与图式有关。布鲁尔等的实验是把被试者逐个带进一个房间,每一次都告诉被试者这是他们的办公室,并且对被试者说他们要去看一看实验室里前一个被试者的实验做完了没有,请稍等一下。实际是让被试者有个单独观察这个房间的机会。35秒钟后把这个被试者带到另一个房间,要求他尽可能把看到的办公室里的东西都写在纸上。

布鲁尔等认为被试者的回忆会受到办公室图式的强烈影响。这表现在两个方面:被试者会把一般办公室有的而这个办公室没有的写进去,还会把这个办公室有的而一般办公室没有的东西遗漏掉。实验结果跟他们的预料一样。30名被试者中有29人记得房间里有一张桌子、一把椅子。只有8人记得里面有一块布告牌和一个头盖骨,这些东西是一般办公室所没有的,因此有22人遗漏。还有9人认为屋子里有书,而实际上没有。

如果材料与记忆中的图式不一致,图式常常会歪曲对材料的理解,因此回忆出来的内容就会走样。早在20世纪30年代就指出了这一点。这也为我们日常生活的经验所证实。图式也好,框架或者脚本也好,指的都是人们的记忆中已经储存的经验(或者说是知识)。人们的认知一定会受到已经储存在头脑中的知识的影响。假如要认知我们脑子里完全没有图式的某种知识,那就得建立一个新的图式,这当然比在原有图式基础上认知要困难得多。

二、图式与理解

(一)理解是图式具体化的过程

鲁梅哈特认为,理解就是选择能够说明输入信息的图式与变量约束的过程。如果我们发现了足以说明输入信息的一组图式,那么就可以说是理解了。这就是说阅读理解先是输入一定的信息,然后在记忆中寻找能够说明这些信息的图式,当足以说明这些信息的图式被找到以后,或者说将某些图式具体化,其中的空位被填充以后,我们就可以说产生了理解。无论是世界的构成还是各种各样的事件都有层次,这就使人类记忆中的图式也具有了层次性,而理解过程必然反映出层次。这就是对输入信息的不同水平的加工。在理解过程中,加工的层次是循序递进的,是从低层次图式具体化到高层次图式具体化的发展过程。

阅读理解先从认知字母开始，字母是最低层次，然后是字词。图式理论认为最低层次字母的某些特征填充了记忆中某个字母的空位，该字母图式就被激活。一个熟练的读者只要输入字母的部分特征就能激活该字母的图式，该图式又反过来对字母做自上而下的加工，从总体上去印证所输入的材料，这个过程弥补了输入信息的不足，填充了图式中未输入信息的空位。同时，由于字母图式之间的联系，一个字母图式的激活会引起另一个字母的激活。同样，对熟练的读者来说，识别一个词也不需要充分输入这个词的必须特征，一部分特征就能激活这个词的图式。当这个词的图式被激活以后，它反过来会促进它所包含的字母图式的激活。在词这个层次，上下文语境的作用更加明显，前面的词的意义能够激活更高层次的图式。阅读理解就是这样从低层次图式激活到高层次图式激活的过程，随着阅读行为的继续进行，更高层次的图式被激活，理解的循环就走向更高的水平，产生对句子的理解以及对语段与篇章的理解。对句子的理解通常涉及事件图式，但句子层次上通常是子事件，语段层次才构成完整的事件。

现代的传播媒介通过电视、电影、报纸使很多没有机会参加轮船下水典礼的人也能够建立起这一事件的图式，了解图式中的变量约束。比如，其中的角色图式必须是著名人士，所以议员、州长、国防部长、查尔斯王子等是适当的价值，而普通人（如清洁工人、服务员）则不能填充这个空位。比如，我们在报纸上读到这样的新闻："伊丽莎白女王昨天在苏格兰克莱底板克参加了一个拖延了很久的庆祝典礼。在克莱底板克曾经举行过长时间的罢工，现在虽然仍然存在着困难，但是当英国船皮纳福号滑入水中的时候，数以百计的船坞工人与著名人士一起欢呼起来。"

这条新闻的很多内容都符合轮船下水的图式：伊丽莎白女王能够填充著名人士的空位；克莱底板克是著名的造船的地方，符合场景空位；皮纳福是一条船的名字，能填充重要的道具空位；"船滑入水中"符合典礼在船入水之前举行的空位；还有造船工人们"欢呼起来"等。虽然新闻中并没有提到船坞，也没有提到香槟酒以及打破香槟酒瓶，但整个轮船下水典礼图式已经能够被激活，读者产生了理解。反过来，被激活的图式能够产生推论，使读者认为打破香槟酒瓶在这一事件中也是存在的。

假如读者读到这样的句子："当庆祝典礼在船上举行的时候，查尔斯王子痛饮瓶中的香槟酒"这句话中轮船下水典礼图式的很多变量也被涉及，其中有庆祝典礼、船、查尔斯王子、香槟酒。但轮船下水典礼的图式并不会被激活，因为句子中有的信息不符合轮船下水典礼图式的变量约束。首先是"庆祝典礼在船上举行"不符合"庆祝典礼在船坞中举行"的变量约束；其次是"查尔斯王子痛饮瓶中的香槟酒"不符合"在船头打破香槟酒瓶"的变量约束。轮船下水典礼图式中，著名人士并不痛饮香槟酒，那时的香槟酒并不是用来喝的。这两点只要其中一点就可以阻止轮船下水典礼图式的激活。当然，图式是可以改变的，如果有更详细的、进一步的信息，图式中的变量约束也可能会改变。但这个句子中并没有提供进一步的信息。

篇章层次通常是由若干事件按一定的关系组合起来的，构成一个主题，这个主题就是一个大图式，所以，对篇章是否理解的标志是能否找到主题的图式。

同一主题的事件连贯不一定严格按时间顺序，有时候可以把结果背在前面，这就是倒叙，连贯的主线是事件的发展过程。在语篇水平上，故事还可以包含作者对事件的评价，这种评价不一定要用文字直接说出，有时只要流露在字里行间就足够了。

（二）图式在理解过程中的作用

1. 预期作用

图式理论指出图式最重要的作用之一便是它在理解中的预期作用。在现实生活中，我们不需要去经历每一件事情就能够自信地指出很多事情的结果。鲁梅哈特举例说，天文学家在观察到冥王星以前，根据理论推测就能够断定它的存在并且指出其位置。同样，图式也能够使人们预料到输入信息中某些尚未观察到的东西。例如，如果我们肯定某种物体为电灯，那么就知道它一定有开关，即便我们实际上没有看到开关。如果有人和我们说某人去看电影了，通常我们就能够假设，他在进去看电影之前到电影院门旁的窗口买了票。能够做出这种假设是因为我们记忆中有电灯和看电影的图式。

图式之所以能够有预期作用，是因为世界上的事物以及各类事件都是定型的，虽然不能说千篇一律，但存在着普遍性，图式所表征的正是这种普遍的知识。因此，当某一图式被确定，就可以假定这个图式中的各种空位与本人头脑中的经验一致，预期一般说来都是有效的，但不一定每次都对。有时候，我们会发现因为想当然把事情搞错了，"想当然"就是一种预期，不过这是一种错误的预期，激活的是其他图式，原因是自下而上的信息不够充分，以至于恰当图式的空位没有得到足以激活的元素填充。随着事件的发展，恰当图式的空位被逐一填充，到一定程度就会恍然大悟。

图式的预期作用有两种范围。一种是预期本图式中各种空位的存在。例如，张三买了一个新台灯，一按开关，灯光就柔和地洒在桌子上。前面这一句只说到台灯，并没有说到开关，假如没有台灯的图式，没有图式的预期作用，后一句的"开关"就非常不好理解，就不知道"开关"与"台灯"有什么关系。我们自己的知识图式告诉我们，"开关"是"台灯"的一部分，所以理解才能平稳进行。像这样司空见惯的知识充满在人们的认知过程和阅读过程中,人们却从来没有觉察到。只有当没有产生预期作用或连接出现断裂时才会引起人们注意。例如,郁金香没有开,球根也烂坏了。在中国,人们很少见到郁金香,但都知道郁金香是一种花,即便见过,通常看见的都是郁金香地面上的那部分,地下那部分是怎么样的我们并不知道,所以很容易受其他花卉根部的影响,以为球根是郁金香以外的另一种东西。这种情况常常发生在外语阅读中,因为没有适当的图式,理解中不能产生预期,所以理解就会受阻。

图式预期作用的另一种范围是阅读中一个图式常常能够激活与之相关的下一个图式,如张三在电影院售票处买了票。这是买票图式。虽然只这么一句话,但我们知道张三给了售票员钱,并且告诉他买几张票,要什么时间、什么位置的票,然后售票员给了他票(找了他钱),这些是买票图式所必需的。这个图式同时能够使我们预期张三拿着票在电影院入口接受检票,进电影院里面找座位,坐下来,看电影,看完电影走出电影院,因为这一系列事件是看电影图式的子图式。买电影票不仅激活了买票图式,还激活了整个看电影图式,因此使看电影图式中的各个子图式也活动起来了。这个例子可以说明一个子图式能够通过其上层图式使其他子图式也活动起来,产生预期作用。但不相关的图式之间就没有这种预期作用。例如,张三从电影院出来以后要上哪儿去,我们就无法预期,因为看电影图式到走出电影院就完了,下面应该是别的图式。他可能去酒吧,那么接下来就是酒吧图式;他也可能走进了百货公司,那就是另一个图式了。

图式是层层嵌套的。看电影图式是比较小的,有的图式更大,能够预期更多的事件。比如,读到"魏老汉赶集路上看见一只受伤流血的猕猴",我们不能预期魏老汉会做些什么,但当读到"他立即把猕猴抱回了家"时,就能够使救护野生动物图式整个活动起来,预期他会给猕猴清洗伤口、上药、包扎、喂食,并在猕猴伤好以后,将它放回山里。"他立即把猕猴抱回了家"这个句子之所以会引起以后这些预期,关键是动词"抱",这是一种小心翼翼、充满爱护的行为图式。假如动词是"捉",那么就是一个侵犯性的、粗暴的行为图式,我们的预期会是另外一种样子。

2. 图式的选择作用

这是指在理解时对输入材料的加工有所选择。一般来说,有两种选择。

一是对图式所产生的预期做印证性选择。以阅读为例,当读到张三进了饭馆时,我们记忆中的下饭馆图式就会活动起来,包括张三找座位、坐下来、点菜、服务员上菜,张三吃饭、付款、离开。在接下来阅读时就不需要一个字一个字地读,只要找一找有没有跟上述子图式有关的词语,只要有其中一部分有关的词语映入眼帘,如,"吃饭""付款"等,我们就知道预期正确。这就是对预期的印证性选择这是阅读中的一种经济策略，能够节省我们很多能量。

但是预期不一定被印证或者不一定全部得到印证。当接下去阅读时，下饭馆图式中的那些主要子图式的词语没有映入我们的眼中，我们就会判定张三虽然进了饭馆但是没有吃饭，就会去寻找新的图式，去发现那些能够使有关图式活动起来的词语。假如继续阅读时下饭馆图式中的一部分子图式词语被找到，就可以使图式部分地得到印证。假如接下去读到的是"一群人""闯入""围住"等，我们就能够断定吃饭图式已经中止，接下去将要开始另一个图式。

二是对输入材料加工重点的选择。输入人们脑中的信息的重要性是呈等级状态分布的，有的处于中心地位，有的是围绕这个中心的附加部分。图式能够告诉人们哪些是重要的，哪些不太重要。这是因为图式是一种层次结构，处于结构上层的图式包含着更多的信息，在结构下层的图式则是细节的展示，细节在通常情况下是不重要的，不会引起太多的注意，在理解加工中常常被忽略当人们回忆某个事件或某个故事时，细节通常是借助图式进行推论和填充产生的。这就是洛夫托斯的实验中影片的画面上没有碎玻璃而不少被试者回忆中却出现了碎玻璃的原因。这一细节，他们在理解时实际上没有加工，是根据图式推论出来的。但是他们不能区分回忆中哪些是实际看到的，哪些是借助图式推论的。因为他们只对重要的信息做了加工，同时顺带了一些细节，然后就整合到原有的图式之中了。信息提取的时候，两者已经混在一起，不容易分清。

有些认知心理学家认为，人之所以要对被加工的信息进行选择，是因为来自外界的信息是大量的，而人的神经系统高级中枢的加工能力极其有限，于是就出现了瓶颈。为了避免系统超载，就需要对输入的信息进行选择。"注意"是人类的一种重要心理现象，是心理学研究的一个重要方面。注意的选择在总体上是由资源分配所决定的，人的期待作用很重要，凡是人所期待的信息就很容易受注意。有很多关于注意选择的实验，其中有一个实验是让中学生阅读一篇一千多个词的海洋学文章，在阅读之前把被试者分为两组。一组事先学习文章中的一些术语性概念，如海洋学家在观察海水颜色时，要把海水颜色与事先装在瓶子里的水的一系列颜色做比较。这一系列水的颜色叫作福雷尔（Forel）量表。在学习了 5~10 个这样的概念之后，开始阅读文章。实验结果表明，学习过有关概念的学生会把更多的时间花在加工与这些概念有关的句子上，而花较少的时间去阅读那些与这些概念无关的句子。这样做，使他们学到并记住了更多的与已学过的概念有关的信息。这是选择性注意的结果，事先学习使被试者对有关的知识引起了期待。

另外一个实验是：同样一个句子，在一个故事中是重要的，在另一个故事中是不重要的，他们测定在两种情况下被试者对这个句子的阅读时间。"He could no longer talk at all.（他再也不能说话。）"在一个女巫诅咒一个聪明国王的故事中是很重要的，而在另一个描述一个士兵听到如果他找到一枚珍贵的戒指就可以得到大笔奖赏的故事里是不重要的，实验结果显示，这个句子在第一个故事中被试者用了更多的时间去阅读。这个实验证实，重要性是注意选择的依据。

有时候，读者并不知道哪些地方是重要的。尤其是读侦探小说，故事的发展线索常常埋伏在先前的细节之中。这些细节在阅读时是不重要的，但随着情节的发展会显得越来越重要。这时，读者会去尽量回忆那些细节，用补救策略做重新加工，将细节层次的图式向上运动，使上层的图式活动起来。这样，细节与整个上层图式相联系，它的重要性也就显示出来了。如果他一点儿也不记得那些细节，就只好回过头去重读，但事实上重读的现象并不普遍。

3. 图式对记忆的组织作用

理解与记忆密切相关。一般来说，理解了的东西比较容易记住，而记得好、保持长久的通常是理解得好的信息。为什么理解得好的信息保持得好呢？图式心理学家认为那是因为人们根据记忆中已有的图式对新信息进行了重新组织，把它与已有的经验结合起来了。理解是由记忆中已有的知识系统所支撑的，在图式所提供的知识框架之中，人们才能获得对当前信息的理解。阅读中新信息的表层结构随着时间的推移被遗忘，而深层的意义已经融进原有的图式。新信息与原有图式不太符合的时候会出现两种情况：一种是弄明白新信息与原有图式的差异，修改原有图式或建立一个新的图式；另一种情况是新信息没有完全被理解，原有图式歪曲地整合了新信息。实际上后一种情况发生得更普遍。

不管当前的信息是什么样子的，人们都总是试图用自己原有的经验去解释。人们也只能这样做，不存在脱离过去经验的理解。学者做过一个实验，他们让被试者阅读两篇表达比较含糊的课文。一篇课文的内容可以解释为一个囚犯计划从狱中逃跑，也可以理解为一个摔跤运动员要从对手的抓握中挣脱出来。被试者有两种人：一种是学体育的学生，另一种是学音乐的学生。结果对这篇课文学体育的学生都解释为摔跤运动员要挣脱抓握，学音乐的学生则采取一般的解释：囚犯想逃跑。另一篇课文既可以解释为4个人在一起打扑克，也可以解释为每周的四重奏练习。对这篇课文，学体育的学生理解为打扑克，学音乐的学生则理解为四重奏。很明显，经验决定了被试者对材料的理解与组织。

图式对信息的组织程度取决于经验，也与新信息本身有关系。有两种现象是很显见的。首先是整体性材料比零散的材料容易记忆。整体性材料即使有不同的内容、不同的事件，且各种事件具有不同的图式，但因为材料的内容前后连贯，小的细节性图式与大的图式连成网络，大的图式又与更大的主题图式连成网络。材料经过这样的组织后记忆就显得牢固。回忆的时候从大的上层图式往下逐级检索，遗漏的比例就比较小，遗漏的通常是与上层图式联系不够紧密的细节。而零散的材料就很难组织成一个整体，因此记忆很困难。十个句子如果内容没有联系，虽然单个句子理解起来毫无困难，但是很难一下子记住。即使经过努力记住了，也保持不了多久。

另外一个实验，他们让被试者阅读一篇课文："由于抵押珍宝而得到资金上的支持，我们的主人公勇敢地蔑视所有妨碍他计划的嘲讽。他宣称，你们的眼睛欺骗了自己，能够正确形容这个尚未探索清楚的星球的是一个鸡蛋而不是一张桌子。于是，有三个健壮的同行要去寻找证据。他们勇往直前，有时要穿过茫茫的旷野，更多的时候要翻越险峻的山峰与河谷。很多怀疑者散布了关于星球边缘的吓人谣言，说那里一天等于一个星期，最后一位受欢迎的天使拍着翅膀从天而降，也就是说取得了巨大的成功。"

这篇课文中每一个句子都是很好懂的，能够形成句子层次的图式。但句子与句子之间缺乏联系，不能够形成一个上层图式，所以就不知道它的主题是什么，回忆起来就会觉得很困难。假如有一条线索能够把这些零碎的内容联系起来，那么不仅会回忆得好，对每个句子的理解也会加深。这条线索就是给课文加上一个题目：哥伦布发现美洲。实验是将被试者分为两组，一组给题目，另一组不给题目。结果发现：没有题目的那一组觉得这篇课文杂乱无章，不知道是说些什么；拿到题目的那一组一看到题目就想起了哥伦布探险故事，课文中的每一个句子都能与主题图式对上号。根据主题图式，他们把"茫茫的旷野"理解为"茫茫的大海"，把"险峻的山峰与河谷"理解为海上的"巨澜狂涛"，把"三个健壮的同行"理解为"三条结实的大船"，使原来看起来杂乱无章的句子形成了一个整体，理解和回忆都比没有看到题目的那一组强得多。

图式中各个部分之间存在着一定的关系，这种关系能够加深对读物的记忆和理解。所有的图式理论家都强调知识的非任意性，从全局中看到部分所具有的意义，是用图式理论的观点来解释理解的绝对必要条件。这就是说，如果不能从全局中来看部分所具有的意义，那么理解就一定会有问题。回想我们读不懂时的情况，能够理解句子，但不能理解整体意义的现象是很常见的。在外语阅读的时候，这种现象更为常见。事实上，我们在阅读的时候总是先寻找主题图式，即先看题目，这常常是一种无意识的行为，但这反映了我们的阅读策略：先寻找全局，然后从全局中去看部分所具有的意义。每一次阅读行为开始，我们总是试图把读到的内容向上做归纳，如果没有找到主题图式，那么读完每一个句子以后都会试图推出上层图式。假如已经看过题目，知道了主题图式，那么读完每一个句子后也会往上做归纳，去寻找这个句子的内容在主题图式中的位置。

无论小说、电影还是理论性文章，题目都是非常重要的，它归纳了整体内容。看懂了题目，理解文章就会比较容易，尤其是叙述性的内容，很多理解是根据图式推论出来的。假如连题目都看不懂，接下来的阅读就很困难。读报的时候，读了10分钟就敢说读完了一份报。实际上，只不过是读了其中大大小小的标题，因为天天读报，所以报上的有些标题能与前几天的新闻联系起来，某一天即使完全不读标题以下的文字，也能够知道大概的内容。

信息本身与理解的关系还有一种现象，就是具体的事情比抽象的理论容易理解和记忆。对这种现象，图式理论家研究得还不多。以个人的经验来分析，具体事情的叙述容易理解，是因为人们从小开始在日常生活经历中积累了大量具体事件、场景、角色等各种各样的图式。这些图式在以后各种场合又一再被激活提取，处在高使用频率状态，很多图式的活动都呈自动化，即对理解与记忆的组织都能在不知不觉中进行。对抽象理论的理解显然也需要图式，但理论图式的建立比较困难，如果先前缺乏理论方面的经验，那么就会更加困难，就要从建立基本图式开始。即使建立起来了，但因为理论图式提取频率低得多，所以图式不太容易活动起来。只有从事这方面研究的人，因为经常运用这些图式，对他们来说，理解这方面的理论才不困难。从个人经验来看，对具体事件的叙述比抽象理论好懂，关键在于图式的使用频率。假如抽象理论的图式也像具体事件那样有高频率使用，是不是也会达到自动化的程度？这有待实验证实。

（三）不能理解的原因

一个读者不能正确理解一篇文章的原因可能有三种情况：①读者没有具备与文章相适应的图式，在这种情况下就根本不能理解文章的内容。②读者虽然具备与文章有关的图式，但文章的作者未提供足够的线索，不能使读者的图式活动起来。在这种情况下，读者也不可能理解文章的意义。假如向读者提供更多的线索，他们对文章的理解就有了保证。③读者自以为读懂了文章，能够对文章做始终如一的解释，但这种解释并非作者的表达意图，这就是说读者误解了作者的意思。

这一归纳是对母语阅读而言，对外语阅读来说，读不懂还有另一个原因，即作者虽然提供了足够的理解线索，读者也具备有关的图式，但读者没有足够的语言知识（包括词语句法等知识），因此作者所提供的线索没有起作用，不能使读者的有关图式活动起来。

第一个原因"读者没有具备与文章相适应的图式"，这在外语阅读中很常见。图式是在经验中形成的，不同的社会有不同的经验，因此母语社会中人们的经验与外语社会中人们的经验存在着各种差别。外语读者很可能没有与文章相适应的图式，这是外语阅读感到困难的重要原因之一。

对于母语阅读来说，读者不具备某种图式的情况首先反映在理论与专门知识方面，这是最容易找到例证的。母语阅读中，我们也有看不懂的文章。俗话说："隔行如隔山"，每一个学科都有自己特有的知识，这些知识就是专门的图式，积累这些知识通常需要经过多年时间。外行没有这样的知识积累当然不可能产生理解。例如，"网络各单元的关系类似固体物理学的自旋玻璃模型，是一些彼此吸引的吸引子，遵从热力学基本规律。"如果读者既不知道"自旋玻璃模型"是什么，也不知道"吸引子"与"热力学基本规律"是什么，就不可能形成"网络各单元关系"的图式。

抽象的理论通常都比较难懂，作者为了使读者易于理解常常打比方、举例子。这是为了唤起读者的有关图式，以有关的具体图式来想象抽象的理论，这是一种很有效的方法。我们读理论书的时候对理论叙述完全不懂的时候并不多，常常是觉得模模糊糊的，但一读到作者举的例子就会豁然开朗："啊，原来是这个意思！"一下子加深了对理论的理解，借助具体实例的图式是理解理论的重要方法。例子虽然是为理论服务的，但有时候一个恰到好处的例子会使枯燥无味的理论变得生动，其作用甚至大于理论叙述本身，会给人以极深的印象。读者回忆时常常会先想到例子，再从例子去检索理论，所以有经验的作者决不会对例子掉以轻心，总是反复研究，使之恰当而没有破绽。

不能理解的第二个原因是"作者没有提供足以使有关图式活动起来的线索"。最典型的例子，在实验中给被试者阅读一篇文章，译成中文是这样的："程序实际上是非常简单的，首先要将东西按不同的类别加以整理。当然，也许把它们放在一起也可以，这取决于你有多少工作要做。如果缺少什么工具，你必须到别的地方去取；如果什么东西也不需要，准备工作就已经很好地完成了。重要的是不要干得过多，即一次干得少一点比干得太多要好。在短期的运转过程中，这一点看起来好像并不重要，但是复杂的情况很容易出现。一次错误的代价也可能是很大的。最初，整个的过程好像是很复杂的，但是很快它就将成为生活中的另一个侧面……在整个的过程完成之后，我们就可以将这些东西分成不同的类别。然后，就可以把它们放在适当的地方。最终，它们将再一次被使用，以上的过程也将被重复。然而，这正是我们生活的一部分。"

这篇文章的每一个句子都很好懂，但它们不能使我们头脑中的任何图式活动起来。看了第一句，我们也许会使计算机操作的图式活动起来，但看了第二句就会推翻这种理解。"将东西按不同的类别加以整理"可以适用很多图式，因为它太模糊，所以任何图式都活动不起来。结果被试者都不知道文章说的是什么。主动告诉他们这篇文章说的是"洗衣服"。虽然所有的被试者都有洗衣服的图式，洗衣服需要水、洗衣粉、洗衣机以及一些脏衣服，也知道洗衣服的过程，可是文章中没有任何一个词涉及这些。这个实验使我们理解了什么叫关键词：能够引起图式活动的词就是理解的关键词。假如隐去关键词就失去了理解的线索，所以说这篇文章写的是做别的事情也无不可。这个实验中有一个被试者是华盛顿的官员，他说自己理解这篇文章毫无困难，因为这是对他工作的最清楚的描述，说的是公文旅行。但是，我们也可以认为它说的是整理仓库或者管理图书。作为心理学实验，主试是想知道在没有关键词的情况下被试者怎样理解文章。在日常阅读中，我们有时也会遇到这种隐去关键词或者把关键词搞得深奥莫测的文章，把一件很容易懂的事说得绕来绕去，以示作者学识高深。当然，一篇文章向读者提供的理解线索不够，也可能是由于作者疏忽或者表达能力差造成的。

一篇文章从头到尾完全被误解的情况比较少见，因为人类生活的基本面是共同的，不大可能出现一篇文章整个系统的经验都不同的情况。但对文章主题误解的情况并不少见，尤其是对间接意义的理解。可能作者写作时并没有表达间接意义，读者阅读时却读出了间接意义。这样的例子很多，如清朝的文字狱就是这样造成的，写一句顺口溜"清风不识字，何必乱翻书"就有杀身之祸。实际上，这已经不是误解而是曲解。曲解通常是从读者的主观心态出发，是将读物中的事件与自己的敏感事件做类比的结果。所以，现在一些小说电影都声明"故事纯属虚构"等，期望能够避免不必要的麻烦。

外语学习者在外语阅读中主要的理解障碍是外语知识不足。最先遇到的问题是词语。如果读物中有些词不知道是什么意思，这时可能出现三种情况。一种是关键词基本掌握，因此图式基本上能够活动起来，但有些细节或局部理解得不好。第二种情况是只能读懂部分关键词，而不懂另一部分关键词，因此只有一部分图式活动起来，或者整个图式活动得不好。这是一种似是而非、模模糊糊的理解，读者自己对理解没有把握。学习外语几年后，很多人处在这种状态，如果再经过一定的努力就可以进入第二种状态。第三种情况是不认识的词太多，基本不能理解读物的内容，这时读者就会放弃阅读行为。

有时候，几个关键词就能让人产生理解。但情况并非总是这样，尤其是外语学习者的外语阅读，这种情况比较少，更多的时候需要进行语法分析。如果不能分析句子的语法关系，理解也会阻塞。在母语阅读中，人们很少用寻找主语、谓语等方法去分析语法，更多的是去寻找句子中词与词的语义关系，如施事、受事、工具、方式、结果、目标、处所等，他们依靠语感直接去寻找深层语义关系，建立命题。外语学习者没有母语读者那样的语感，因此就只好对语言的表层结构做分析，从形式与意义之间的关系中去获得理解。阅读理解中的语法障碍常常反映在长句中。在说明文中长句是很常见的，但语言学界对长句的研究不够，外语教学中阅读长句的训练也不够，长句是阅读理解中一个明显的障碍。

第二节 建构主义理论

一、建构主义理论概述

建构主义教育理念是行为主义发展到认知主义后的进一步发展，被誉为"当代教育心理学的革命"，最早由皮亚杰明确提出，后经心理学家和教育学家进一步丰富、发展并逐渐形成较为完整的体系。美国佐治亚大学教育学院组织的"教育中的新认识论"系列研讨会，尤其是其标志性成果《教育中的建构主义》的发行，使这一理念真正在全球传播开来。该教育理念坚持教师是教学活动的组织者、指导者、帮助者和促进者，利用情境、协作、会话等学习环境要素充分发挥学生的主动性、积极性和首创精神，最终使学生明确当前所学知识的意义。这一教育理念通过抛锚式教学与随机进入式教学等方式训练与培养学生思维品质与创新和元认知能力，颠覆了传统教学理念，在教育界掀起轩然大波，并成为我国《国家教育事业发展第十二个五年规划》的支柱理念。众多学者自21世纪初将其引入我国英语教学研究以来，并进行了全方位、多角度的探索与思考，极大地推进了我国英语教学研究思路向更加深广的层次发展。

现在探讨建构主义教学观，有着现实的指导意义，需要从理论层面对此进行深入的探究和分析。以建构主义为探讨视角，它认为在现实世界中，纯粹的理论不能成为绝对正确的唯一标准，也不可能成为永恒不变和世界通用的标准规范和真理。因为世界本身处于不断发展的永恒变化中，在此进程中不以人的意志为转移，同时人们现有的认识能力和认知水平有限，无论从深度的角度分析，还是从广度的层面探讨，理论上是难以达到永恒正确的认识结果的。在这一变化过程中，人们不断地发展完善或重构自身的认识体系和自身的认识能力，最终构建出新的经验体系，并应用于认识的实践中，这与客观事物或现象单纯地映射在人的主观思维方面有着本质的区别。可以这样理解，客观存在是主观认识的必要前提，但主观认识的方式以及主观的感悟体会则具有多元化、多领域、多层面的经验折射。如果不能拥有自我适应性的认识能力，则会极大地影响认识的效果，甚至可能产生认知的扭曲。所以，优秀的建构主义思想观，是人们认识世界的重要途径，有其尝试的必要性和研究的重要性的现实意义。既然建构主义是认识社会的一种模式，或者可以理解为认识事物的一种方式，那么建构主义就可以应用于现有的学科，这也是探讨欧美文学学习的全新尝试和教学实践方式的立论点。

建构主义学习理论的基本观点是，学习是学习者在自己原有经验、知识、概念、技能、信仰、习惯等因素的基础上，所进行的主动、积极的意义建构过程。它强调学习者在学习过程中的自主建构、自主探究和自主发现，并要求将这种自主学习与基于情境的合作学习和基于问题解决的研究性学习结合起来。因此，有助于学习者的创新意识、创新思维、创新能力和合作精神的培养。建构主义"学习环境理论"认为，学习者的知识是在一定情境下，借助于他人的帮助，如人与人之间的协作、交流及必要的利用信息等，通过意义的建构而获得的。理想的学习环境应当包括情境、协作、交流和意义建构四个部分。

（一）情境

学习环境中的情境必须有利于学习者对所学内容的意义建构。在教学设计中，创设有利于学习者建构意义的情境是最重要的环节，也是首要的环节。

（二）协作

协作应该贯穿于整个学习活动过程中。教师与学生之间、学生与学生之间、小组与小组之间的协作，对学习资料的收集与分析、假设的提出与验证、学习进程的自我反馈和学习结果的评价，以及意义的最终建构都有十分重要的作用。

（三）交流

交流是协作过程中基本的方式或环节。比如学习小组成员之间必须通过交流来商讨如何完成规定的学习任务，达到意义建构的目标；怎样更多地获得教师或他人的指导和帮助等。其实，协作学习的过程就是交流的过程，在这个过程中，每个学习者的想法都为整个学习群体所共享。交流对于推进每个学习者的学习进程，是至关重要的手段和方式。

（四）意义建构

意义建构是教学过程的最终目标。其建构的意义是指事物的本质、规律以及事物之间的内在联系。在学习过程中帮助学生建构意义就是要帮助学生对当前学习的内容所反映的事物的本质、规律以及该事物与其他事物之间的内在联系达到较为深刻的理解与把握。

综上所述，建构主义理论提倡在教师指导下，以学习者为中心的学习。它既强调学生的主体作用，又重视教师的指导作用，教师是意义建构的帮助者、促进者和引导者，而不是知识的传授者、灌输者和权威者。明确了教师与学生的这种地位关系，有助于在教学中更好地处理教师与学生的关系，更好地开展有效的、有针对性的教学活动。

二、建构主义理论对教学的启示

建构主义源于儿童认知发展理论，因为个体认知发展与学习过程紧密相关，所以，利用建构主义理论可以较好地说明人类在学习过程中的认知规律，即学习如何发生、意义怎样建构、概念如何形成，以及理想的学习环境怎样创设等。因此，一套行之有效的、新的认知学习理论与实践完全可以用建构主义思想作为指导。

（一）建构主义知识观

建构主义理论认为，知识并不能准确无误地概括世界规则，也不能提供对任何活动、任何问题都适用的解决办法。在具体问题的解决方案中，知识不可能做到随时适用，而是需要针对具体问题情境将原有知识、经验再加工、再创造。知识真正的理解只能靠学生基于自身经验背景建构起来，是取决于特定情境下的学习活动过程。知识只不过是人们对客观世界的一种解释、假设或假说，会随着人们认识程度的深入而不断地变革、升华甚至改写，以便出现新的解释或假设。在建构主义看来，课本知识是一种关于某些现象较为可靠的解释或假设，并不是解释现实世界的"绝对参照"。因此，教学不能把知识作为预先决定了的东西教给学生，不能以教师对知识的理解方式作为学生接受的理由，用社会的权威性去制约和压服学生。学生对知识的接受与理解，只能由学生自己去完成意义建构，以他们的自身经验为背景去分析知识的合理性、科学性和发展性。

（二）建构主义学习观

当代建构主义者认为，世界是客观存在的，是不以人的意志为转移的。但是每个人对世界的理解是独特的、千差万别的。因此，每个人都会以自己的经验、阅历为基础来建构现实，或者是解释现实，因为我们每个人的经验世界都是由自己头脑创建的，人们的经验以及对经验的信念不同，造成了人们对外部世界理解的差异。所以，学习不是教师把知识简单地传递给学生，而是学生自己建构知识的过程。学生主动地建构知识的意义，这种建构是他人无法代替的。

学习过程应包含两个方面的建构：一是对新知识的意义建构，二是对原有知识经验的改造与重组。这与皮亚杰关于同化和顺应实现的双向建构过程是一致的，只不过建构主义者更强调后一种建构，重视学生在学习过程中形成丰富的、有着经验背景的概念，从而在面临新的情境时，能够灵活地建构用于指导活动的"图式"，即培养学生建立知识关联的能力。

任何学科新知识的学习与理解都离不开学生原有的认知结构。学生在学习过程中总会以自身的经验来理解和建构新的知识与信息，即学习不是被动地接受信息，而是主动建构意义，根据自身的经验背景，对外部信息进行主动选择、加工、整合与处理，从中获得自己的意义。因此，学习不是行为主义理论所描述的"刺激—反应"那样，而是学生根据原有知识经验，建构自己的意义，根据自己的理解对新信息进行重新认识和编码。所以，建构主义强调以原有的学习经验、心理结构和信念为基础来建构知识。

（三）建构主义教学观

现代建构主义者强调学习的主动性、社会性和情境性，对学习活动提出许多新的见解和看法，给课堂教学带来了许多新的启示。

1. 明确新型师生关系

课堂教学中，在强调学生主体作用的同时，也不能忽视教师的主导作用，教学应该是在教师指导下以学生为中心的学习活动。教师的作用不仅是创设情境、呈现知识，还要重视学生对各种现象的解释，倾听他们的想法，寻找他们产生这些想法的原因，不断引导学生丰富、调整和完善自己的观点。教师的作用已经从传统的传递知识的权威转变为学生学习的高级伙伴或合作者。学生是学习信息加工的主体，是意义建构的主动者，而不是知识被动的接受者和被灌输的对象。

2. 关注原有知识经验

课堂教学中必须重视学生的原有知识经验。教师应当以学生原有知识经验作为新知识学习的出发点或切入点，引导学生从原有的知识经验中，生出新的知识经验。如果教师只是简单强硬地从外部对学生实施知识"灌输"，则会造成学生死记硬背、生搬硬套现象的发生，不能真正地理解知识、消化知识和迁移知识。因此，教学不是知识的简单传递，而是知识的自我处理与合理转换。

3. 提倡合作学习

合作学习于20世纪70年代初在美国兴起，并于70年代中期到80年代中期在理论与实践方面取得实质性进展，它是一种富有创意和实效的教学思想。它能改善课堂内的社会心理气氛，大面积提高学生的学业成绩，促进学生形成良好的非认知品质，很快引起世界各国的关注并成为当代主流的教学理论与策略之一。

人们对事物的意义建构，会因为每个人的不同建构方式而表现为千姿百态的建构模型。因此，教学中要增进学生之间的合作交流，使学生了解与自己不同的观点。通过合作能使学生获得更多、更全面地看待问题的视角，对事物的理解也会更加丰富与完善。这就是合作学习的理念。

4.倡导情境教学

建构主义理论认为，学生的知识学习是在一定的学习环境中进行的。在课堂教学中，教师要尽可能使学习在与现实情境相类似的情境中发生，以解决学生在现实生活中遇到的问题为目标。因此，教学内容应选择真实性任务，不能对它做过于简单的处理，不能使其远离现实的问题情境。教学过程要与现实的问题解决过程相类似，教师不需要将提前准备好的内容教给学生，而是提供解决问题的原型，并指导学生自己去探索。

5.应用发现学习法

发现学习的创始人并非是布鲁纳，早在古希腊的苏格拉底时期就已经提出了启发式学习法，杜威也提出"发现""探究"等观点，但布鲁纳的发现法更注重理论依据。布鲁纳认为，教学的目的在于帮助学生形成智慧或认知的生长，而教师的任务，就是要把知识转换成一种适应正在发展着的学生的形式，因此，他提出发现学习法。

三、建构主义理论在探究式教学中的意义

（一）突出以学生为中心，发挥学习的主动性

突出"以学生为中心"对探究式教学设计有着重要的指导意义，因为在探究式教学中，无论是问题发现、问题提出、方案制订还是最终的问题解决都要求学生自主完成或合作完成，教师是学习过程的指导者、帮助者和合作者。建构主义认为要体现以学生为中心，可以从以下三个方面来努力实现：①在教学过程中要充分发挥学生的主动性、积极性，突出学生的首创精神。教师要尽可能地创造条件让学生自己动手实践，从中获取经验和感悟，达到解决问题的目的。②教师要为学生提供多种机会，使学生在不同情境下去应用他们所学的知识，即将隐性知识显性化、内部知识外部化。③让学生能反复进行自我检测并根据检测结果调整自身的学习方案，以求更好、更扎实地掌握和应用知识。

以上三点，即发挥首创精神、将知识外化和实现自我反馈，是体现以学生为中心的三个要素。做到这三点，就可以有效地巩固学生的中心地位。

(二)研究知识背景,提倡情境教学

建构主义认为,学习活动是与一定的社会文化知识背景相联系的,在实际情境下进行学习,有助于学生利用自身原有认知结构中的有关经验去同化当前学习的新知识,从而建构起某种新意义。然而,当原有经验不能将新知识同化时,则会引起顺应过程,即对原有认知结构进行改造与重组。如果教师不能提供生动、丰富的实际情境,学生就很难对知识进行意义建构,新课程改革提倡情境教学的意义就在于此。

(三)重视协作交流,倡导合作学习

建构主义认为,学生与周围环境的交互作用对学习内容的理解起着关键作用。在课堂教学中,教师可以组织并引导学生发现问题、讨论问题、交流经验,共同建立起学习群体。在这个群体中,学生共同批判地考察各种问题,提出观点、信仰与假说,组织协调和交流活动,然后开展相互讨论。探究式教学中,提倡学生与学生、学生与教师之间的合作交流,离开了合作学习,探究式教学也无从谈起。

(四)注重信息收集,重视发现学习

学习环境是学生进行自由探索和自主学习的场所。在此环境中,信息资源(如文字材料、音像资料、多媒体课件以及网络信息等)是重要构件。这些信息资源不仅仅是为了辅助教师的讲解与演示,更重要的是为了更好地支持学生自主学习和开展协作式探究。教师应当注意在学生获取、应用信息资源的过程中为他们的发现学习提供帮助。在探究式教学中,教师要指导学生去搜集信息、梳理信息、分析信息和筛选信息,从而发现问题、提出问题,同时也能为解决问题提供辅证材料。

(五)关注学习过程,强调意义建构

建构主义学习环境强调学生是认知的主体,是意义的主动建构者,整个学习过程是为了实现学生对知识的意义建构这一目的。因此,教学设计通常是以如何创设有利于学生意义建构的情境为教学起点,整个教学过程也是围绕"意义建构"来展开的。建构主义理论特别强调学生在学习过程中的自主建构、自主探究和自主发现,因此,这样的教学非常有利于培养学生的创新意识、创新思维、创新能力和合作精神。

根据建构主义学习理论,在教学设计中,教师必须构建民主、平等的"共同参与、互助合作"的师生关系,尊重学生个性,倡导主动交往与平等对话,积极开展自主学习、合作学习和探究性学习的教学活动。由此可见，建构主义学习理论是探究式教学的重要依据，探究式教学模式是建构主义理论的践行者、创造者和发展者。

建构主义教学观念体现在学生要成为学习认知过程的主体，为此需要转变现有的教师教学观念，培养学生学习的主观能动性，提升学生自主思考的意识和学习的兴趣，强化学习的效率，增加学生个性化思维的发展，并将其变成学习进程中的重要依托和参考元素。选择建构主义教学理念，更是需要学生个体亲自去感受、体验真实的世界环境，将间接经验有效地"转变"为直接经验；学习的内容更多的是由内而外地体现出来，而不是硬性的知识灌输和学习。

根据以上相关内容的分析，要想真正地引入建构主义教学模式，需要转变教学理念、教学目的、教学主体及教学应用价值，不断拓宽学生学习的知识面和认识视野，并将其作为学习的内在驱动力，让学生成为学习的绝对主体。这也使得现今欧美文学教育具有更多的内涵和特色，体现整体集合的局部效能，更能充分发挥语言学文化素养的魅力和作用。

文学课教学应从学生个体出发，真正把学生主体能动性的发挥放在教学活动的首位，充分把阅读、欣赏、评论等自主权交给学生，改变以教师为中心的教学模式；注重培养学生对知识的理解和运用能力，训练其思维能力及研究能力；教师最大限度地为学生提供帮助，从而促进他们构建对优秀文学作品的理解和欣赏。建构主义强调学生已有知识和经验的作用，认为他们在走进课堂前，头脑中已形成丰富的经验，能依靠自己的认知能力，形成对问题的某种解释。文学教学不能无视学生的经验，而应把他们现有的知识经验作为新知识的生长点。教师不能把知识作为预先决定了的东西教给学生，不能用自己对知识正确性的强调作为让学生接受它的理由。学生对知识的"接受"只能靠他们自己的建构来完成，以他们的经验、信念为背景来分析知识的合理性。学生的学习不仅是对新知识的理解，而且是分析、检验和批判新知识的过程。在教学过程中，教师一方面应注重学生已有经验及知识对作品理解的影响，运用各种手段激活先前的知识，引导他们建立新旧知识之间的联系；另一方面，应充分认识到学生先前经验对其意义构建的影响，鼓励学生批判性地思考，培养他们多样化思维的能力。

第三节　现代语言学的理论流派

一、布拉格学派

（一）概述

布拉格学派的创立可以追溯到20世纪20年代布拉格语言学会召开的第一次会议上。该学派实践了一种独特的共时语言学研究风格，对语言学最重要的贡献就是从"功能"角度来看待语言。在布拉格学派的诸多观点中，有三点至关重要。第一，强调语言的共时研究，但也没有严格从理论上将之与历时语言研究分隔开来。第二，强调语言的系统性这一本质属性，指出语言系统中的任何成分，如果从孤立的观点去研究，都不会得到正确的分析和评价，只有明确该成分与同一语言中其他共存成分之间的关系，才能做出正确的评价。第三，认为语言是使用语言社团完成一系列基本功能和任务的工具。

（二）音位学和音位对立

布拉格学派最突出的贡献在于其音位学说以及对语音学和音位学的区分。最有影响的学者是特鲁别茨柯依，他最完整和权威的论述都集中，于《音位学原理》一书。他沿用索绪尔的理论，提出语音学属于"parole"，而音位学属于"langue"。在此基础上，他提出了"音位"概念，即语音系统中的一个抽象单位，其与实际发出的音有所不同。音位可被定义为区别性功能的总和。只要语音能区别意义，就是音位。

特鲁别茨柯依在给区别性的语音特征进行分类时，提出了三条标准：第一，它们与整个具有对立性质的系统之间的关系；第二，对立成分之间的关系；第三，区别力的大小。这些对立可以被概括为如下几点：①双边对立：两个音位所共有的语音特征只属于这两个音位。换句话说，就是它们共有的特征不同时出现在其他音位中。例如 /p/ 和 /b/ 就共有一个"双边"的特征。②多边对立：这是一种更为松散的关系，如 /a/ 和 /i/ 仅仅因为都是元音这个特征而相似，它们共有的这一特性也同时被其他的元音对共同拥有。③均衡对立：同一项特征同时可以区分若干组音位，清与浊的关系不仅是 /p/ 和 /b/ 的对立特征，而且也是 /t/ 和 /d/、/k/ 和 /g/ 之间的对立特色。④孤立对立：如果两个音位的对立关系独特，是其他音位对立中找不到的，那么就是孤立对立。如英语中的 /v/ 和 /l/，前者是唇齿摩擦浊辅音，后者是双边浊辅音；德语中的 /t/ 和 /x/，一个是齿龈塞音，一个是软腭擦音，也是孤立对立。⑤否定对立：两个音位只在某一特征上存在对立，一个具有某种特征而另一个不具有，就叫否定对立。如送气的 /p/ 和不送气的 /b/ 的对立，鼻化音 /m/ 和非鼻化音 /b/ 的对立等。⑥等价对立：两个音位可以在逻辑上看成是等价的，既不是分级对立，又不是否定对立，如英语中的 /t/ 和 /p/、/t/ 和 /k/。⑦中和对立：两个音位在有些位置上是对立的，而在其他位置上失去对立。例如，英语中的 /p/ 和 /b/ 出现在 /s/ 之后就失去对立。再如德语中的浊辅音在词尾位置上就变为清辅音，Rat（劝告）和 Rad（轮子）发音完全一样，但在其复数形式中，/t/ 和 /d/ 又出现对立。⑧永恒对立：对立的音位可以出现在一切可能的位置上而不会取消对立。例如，在尼日利亚的努皮语中，正常音位结构是一个辅音后跟一个元音，只有少数例外。比如，/t/ 与 /d/ 的对立是在所有辅音位置上都始终存在的。

特鲁别茨柯依对音位理论的贡献涉及四个方面：第一，他指出了语音的区别性功能并给音位做出了准确的定义；第二，通过区分语音和音位以及文体音位学和音位学，界定了音位学研究的范围；第三，通过研究音位间的组合关系与聚合关系，他揭示了音位间互相依赖的关系；第四，他提出了一整套用于音位研究的方法，如确定音位的方法和研究音位组合的方法。

（三）句子功能前景

句子功能前景是语言学分析的理论，指用所含信息来分析话语或篇章。其基本原则是评价话语中每一个部分对全句意义的贡献。

一些捷克语言学家非常重视从功能的视点分析句子，他们认为一个句子总是包含有出发点和话语目标，所谓话语的出发点，是说话人和听话人都知道的东西，这是他们的共同点，叫作主位（emic）。而话语的目标，仅仅表现对听话人来说意义重大的信息，叫作述位（wind velocity diagram）。他们认为从概念的出发点（主位）到话语的目标（述位）的运动，揭示了大脑本身的运动。语言使用不同的句法结构，但是表达思想的次序基本相同。基于上述论点，他们提出了"句子功能前景"这一概念，来描述信息是如何分布在句子中的。句子功能前景尤其重视已知信息和新信息在话语中的分布形成效果。所谓新信息，是指那些将要传递给读者或听者的信息。我们可以看到，主语、谓语的区别并不总是与主位和述位的区分对应。

在研究结构与功能的关系时，费尔巴斯提出了"交际力"的概念，其基础是语言交际并不是静态的现象，而是动态的。这个概念是用来测量句子中某个成分负载的信息量的。交际力的程度是一个语言成分所起的作用，因为它"向前推进交际"。因此在正常语序里考察的话，"He was cross"可以从交际力的角度来解释为："He"

负载的交际力最低,"cross"负载的交际力最高,"was"介于两者之间。

语言中的任何成分——句子、短语、词、语素,都可以得到突出,彼此之间形成明显对比。如"John was reading the newspaper"中,强调"was"表示这是要传递的信息,与现在时形成反差,其他都是已知信息。在这种情况下唯一传送新信息的成分是有明确的语义内容的,而其他所有传递已知信息的成分则由语境决定。因此,依赖于语境的成分传递的交际力最小。严格地说,对语境依赖与否主要取决于交际的目的。例如,在"John has gone up to the window"中,"the window"未必在上文是已知的,但由于交际的目的是表明运动的方向,因此"the window"就不依赖于语境。

与语境无关的宾语比限定动词有更大的交际力,这是因为宾语是表示对动词的扩展,因而也就更为重要。同样,如在"He was hurrying to the railway station"中,独立于语境的表示地点的状语成分要比表示行为的动词有更大的交际力。这是因为状语成分表示动作的方向,因而比动作本身更重要。

在正常情况下,如果动词、宾语以及状语不依赖于语境,主语负载的交际力都要比动词、宾语及状语更小。这是因为主语表示的施动者,无论是已知还是未知,它的交际性都不如由限定动词表示的未知动作或是该动作所指向的未知目标(由宾语和表地点的状语表现出来)重要。例如,在"A man broke into the house and stole all the money"中,交际的最终目的是要陈述行为或行为的目标,而并不是施动者(a man)。但是,如果主语伴随着一个表示"存在"或"出现"意义的动词,而且主语独立于语境,那么这个主语就有最大的交际力。这是因为一个出场的新人物或者发生的某一事件,要比场合和动作的"出现"重要得多,如"An old man appeared in the waiting room at five o´clock"。如果主语依赖于语境,而表示时间或地点的状语却不依赖语境,如"The old man was sitting in the waiting room",状语就会更重要,而且具有超过主语和限定动词的更大的交际力。

在以上例子的结构中,语义内容和关系决定了交际力的程度,而且它们与语言成分在线性排列中的位置没有直接关系。但是,并非所有的语义内容和关系都能以同样方式表示交际力的程度。例如,不依赖于语境的不定式放在句末时(He went to Prague to see his friend.)负载的交际力较小,而在句首时(In order to see his friend, he went to Prague.)负载的交际力较大。同样,不依赖于语境的直接宾语或间接宾语出现在线性排列中,位置靠后的那一个成分交际力要大些,如"He gave a boy an apple"和"He gave an apple to a boy"。

费尔巴斯把句子功能前景定义为"交际力的不同程度的分布"。可以解释为,序列中的第一个成分负载的交际力最低,然后逐步增强,直到交际力最大的成分。但是，相对于主位在前、过渡居中、述位在后的规则来说，总是有例外的，有时候整个分布场都不依赖于语境（如 A girl broke a vase），于是，主位也不一定总依赖于语境。但是，依赖于语境的成分总是主位。另一方面，非主位的成分并不总是依赖于语境，但并非所有独立于语境的成分都是非主位性质。

二、哥本哈根学派

哥本哈根学派又称为"丹麦学派"或者"语符学派"，创始于20世纪30年代，它形成的标志是哥本哈根语言学学会的成立，代表人物是叶姆斯列夫。哥本哈根学派的观点主要包括以下几个方面：

第一，他们主张从语言形式的角度来研究语言，将语言的实体排除于外，同时主张将语言从心理层面的语义和物理层面的声音抽象化，并且将那些不利因素排除于外，如语言历史演变、语言对社会的依存。因此，该学派提出了两个平面理论：表达平面理论和内容平面理论。在这两个平面理论中又分成了形式与实体两部分，即表达形式与表达实体、内容形式与内容实体。其中，表达形式和内容形式可以进入语言符号，表达实体和内容实体则不可以。因此，语言符号是由表达形式和内容形式结合而成的。

第二，他们认为语言是由关系构成的，这一论断发展了索绪尔的"语言是一种关系系统"的观点。他们认为，存在于语言中的是实体内外间的关系，而不是语言的实体。语言学的任务就是对这些关系进行分析和理解。哥本哈根学派将这些关系归纳为三种：①依存关系：A依存于B，B依存于A，二者互为前提。②并存关系：多个项目并存，但是并不依存，也不互为前提。③决定关系：这是一个单边的关系，即一个是决定者，另一个是被决定者。如果A是B的前提，那么B就不可能是A的前提。

第三，他们强调语言学与其他人文科学不同，需要在语言研究中找到一个常量，从而确定所有语言的共性特征。这种常量对语言的本质起决定作用，保证了实体与变体的一致性。如果在语言中找到了这种常量，那么就可以被应用到实际的语言交际中。

三、伦敦学派

作为英国第一位语言学教授的弗斯博采众长地把结构主义和功能主义融会贯通，同时汲取了人类学家马林诺夫斯基的真知灼见。弗斯和马林诺夫斯基都在伦敦工作，因此他们及其追随者们被称为"伦敦学派"。深受马林诺夫斯基影响的弗斯继而又影响了韩礼德。他们三人都强调"情景语境"和"语言系统"的重要性。因此,伦敦学派也被称为系统功能语言学。

（一）马林诺夫斯基的理论

马林诺夫斯基自20世纪20年代中后期起一直在伦敦经济学院任人类学教授。在他所创立的理论中,最重要的就是有关语言功能的理论,这与纯粹人类学研究有着明显的区别。马林诺夫斯基不赞同把语言看作"将思想从说话人的大脑传递给听话人的大脑的手段",他认为这一说法完全是谬误的。他说,应该把语言看作是一种行为方式,而不是与思维相对应的东西。按照他的观点,话语的意义并不来自构成话语的词的意义,而是来自话语与其所发生的情景之间的关系。

马林诺夫斯基认为,话语常常与情景语境紧密地联系在一起,而且情景语境对于理解话语是必不可少的。仅仅依靠语言的内部因素无法描写分析话语的意义,口头话语的意义总是由情景语境决定的。他还区分了三种情景语境：①言语与身体活动有直接关系的情境；②叙述情境；③言语仅仅被用来填补空白——寒暄交谈的情境。

马林诺夫斯基认为第一种语境的意思是,一个词的意义并不是由其所指的自然属性给予的,而是其功能给予的。原始人在学习一个词义的过程中,他们不是去解释这个词,而是学会使用这个词。同样,表示行为的动词,通过积极参与这一行为而获得意义。对于第二种语境,马林诺夫斯基进一步区分了"叙述所处的当时的情境"和"叙述涉及或所指向的情境",第一种情况由当时在场者各自的社会、智力和感情态度组成。第二种情况则通过语言所指来获得意义（如神话故事中的情境）。马林诺夫斯基认为,尽管叙述的意义与其语境没有什么关系,但可以改变听话人的社会态度和感情。第三种语境是指"自由的、无目的的社会交流",这种语言使用与人类活动的联系程度最低,其意义不可能来自使用语言的语境,而只能来自社会交往的气氛以及这些人之间的私人交流。例如,一句客气话,它的功能与词汇的意义几乎毫不相干,马林诺夫斯基把这种话语称为"寒暄交谈"。

马林诺夫斯基在《珊瑚园及其魔力》一书中进一步发展了他的语义学理论并提出两个新观点。第一,他规定了语言学研究的素材,认为孤立的词是臆造的语言事实,是高级语言分析程序的产物而已。在他看来,真正的语言事实是在实际语境中使用的完整话语。第二,如果一个语音用于两种不同的情境,并不能称为一个词,而是两个使用了同样声音的词或是同音词。他说,要想给一个声音赋予意义,就必须仔细研究它使用的情境。

(二) 弗斯的理论

弗斯通过吸收索绪尔和马林诺夫斯基的某些观点而继承了他们的传统，同时发展了他们的理论，并提出了自己独到的见解。在马林诺夫斯基的影响下，弗斯把语言看作社会过程，是社会生活的一种手段，而并非仅仅是一套约定俗成的符号。他认为，人要生存就必须学习，而学习语言是一种参与社会生活的手段。语言本身是一种做事的手段，也是一种使他人做事的手段，还是一种行动和生活的手段。

弗斯既不把语言看作完全天生的，也不把语言看作后天获得的。他似乎采取了一种折中的态度，认为语言既有先天成分又有后天成分。他认为，语言学研究的对象是实际使用中的语言。研究语言的目的就是把语言中有意义的成分分析出来，以便建立语言因素与非语言因素之间的对应关系。研究语言的方法是确定语言活动的组成部分，解释它们在各个层次上的关系以及它们之间的相互关系，最终指出这些成分与所处环境中的人类活动之间的内在联系。这就是说，弗斯试图把语言研究和社会学研究结合起来：因为人与文化价值是不能分离的，语言是文化价值非常重要的一部分，所以语言学可以帮助人们揭示人的社会本质。

弗斯认为意义是用途，因此把意义定义为各个层次上的成分与语境之间的关系。根据他的理论，任何句子的意义都含有五个部分：①每个音素与其语音环境的关系；②每个词项与句子中其他词项的关系；③每个词的形态关系；④该句子所代表的句子类型；⑤句子与其所处情境的关系。

因此有五个分析的层面：①语音层；②词汇和语义层；③形态层；④句法层；⑤情境层。语音层，通过分析语音的位置和与其他音的对立，就可以找出语音的功能。词汇和语义层分析不但要说明词的所指意义，而且要说明搭配意义。例如，night 的意义之一是和 dark 搭配时体现，而 dark 的意义之一是和 night 搭配时体现。在形态层上研究词形变化，在句法层上研究语法范畴的组合关系，或称"类联结（colligation）"。这种关系是靠语言的组成成分实现的。在情境这个层面上，研究非语言成分（如物体、行为、事件）以及语言行为的效果。弗斯说，这种研究不区分词和思想。通过这样的分析，我们就能解释为什么一定的话语在一定的场合出现，这样也就能把"使用"等同于"意义"。弗斯的"情景语境"是指一系列情景语境，每一个较小的情景语境都包含在更大的情景语境之中，最后所有的情景语境都在整个文化情境中发挥着重要的作用。

弗斯像马林诺夫斯基一样，把情景语境作为研究的重点。他对情景语境的定义包括整个话语的文化背景和参与者的个人历史，而不仅仅是人类活动当时进行的具体环境。弗斯发现，句子的变化是无穷的，于是他提出了"典型情景语境"这一概念。典型情景语境的意思是，社会情景语境决定了人们必须扮演的社会角色；人们遇到的典型情景语境是有限的，因此社会角色的总数也是有限的。由于这个原因，弗斯说，与大多数人所想象的不同，谈话更像一种大体上规定好的仪式。一旦有人向你说话，你就基本上处于一种规定好了的环境，你再也不能想说什么就说什么。那么，语义学就是对出现在典型情景语境中的话语进行分类的一门学科。

弗斯做了更为具体且更为细致的语境分析。他提出，在分析典型情景语境时，既要考虑情景语境，又要考虑语言环境，即在以下层面上进行：①篇章本身的内部关系：结构中成分间的组合关系；系统中单位的聚合关系及其价值。②情景语境的内部关系：篇章与非语言成分之间的关系及其整体效果；词的构成部分、短语之间及情景语境中特殊成分之间的分析性关系。

弗斯在《语言学论文集》中列举的因素，包括了情景语境也包括了语言环境：①参加者的相关特征，如人物、性格：参加者的语言行为；参加者的非语言行为。②相关主题，包括物体、事件以及非语言性和非人格性的事件。③语言行为的效果。

弗斯对语言学的第二个重要贡献是韵律分析，叫作韵律音位学。这是他20世纪80年代在伦敦语文学会提交的论文《语音与韵律成分》中提出的。"韵律"这一术语有特殊意义。人的话语都是连续不断的、至少由一个音节构成的语流，所以就不能切分成独立的单位。要分析不同层次的功能，仅仅靠语音和音系学描述是不够的。音系学描述仅仅说明了聚合关系，根本没有考虑到组合关系。弗斯指出，在实际言语中，并不是音位构成聚合关系，而是准音位单位构成了聚合关系。准音位单位中的特征要比音位中的特征少，因为有些特征是一个音节或短语（甚至也包括句子）所共有的。当在组合关系中考虑这些特征时，它们都被称作"韵律单位"。

弗斯没有给韵律单位下定义。但他在论述中表明了韵律成分，包括重读、音长、鼻化、硬腭化和送气等特征。在任何情况下，这些特征都不是一个韵律单位独所有的特征。

强调"多系统分析"并不意味着忽视结构分析。事实上弗斯非常重视组合关系。他认为，分析话语的基本单位不是词，而是语篇，而且是在特定情境语境下的语篇。把语篇拆成各种层次是为了便于研究。各个层次是从语篇中抽象出来的，因此先从哪一个层次下手并不重要。

但是，不论先研究哪一个层次，都必须分析语篇的韵律单位。韵律分析和音位分析都考虑基本相同的语音事实。但是，在材料归类和揭示材料的相互关系上，韵律分析有很多优越性，能在各个层次上发现更多的单位，并且试图说明在这些不同层次上的单位之间的相互关系。

（三）韩礼德与系统功能语法

韩礼德在伦敦学派弗斯语言学思想的基础上发展和创立了系统功能语法，系统功能语法从社会学角度出发用功能方法研究语言，是20世纪最有影响的语言学理论之一，其影响延伸到与语言相关的不同领域，如语言教学、社会语言学、语片类学等。系统功能语法包括两个组成部分：系统语法和功能语法；它们是语言学理论框架中不可分割的重要组成部分。系统语法旨在解释作为系统网络的语言中的内在关系或意义潜势。该网络包含一些子系统，语言使用者从中做出选择。功能语法试图揭示语言是社会交往的一种手段，其理论基础是，语言系统与组成该系统的形式是由它们的使用或承担的功能决定的。系统功能语法建立在两个事实基础之上：①语言使用者在语言的系统之中做出选择，并试图在社会交往中实现不同的语义功能；②语言是与人类进行社会活动不可分离的。因此，系统功能语法把实际使用的语言现象作为研究对象，而不是像乔姆斯基的转换生成语法那样把理想化的语言使用者的语言能力作为研究对象。

1. 系统语法

根据弗斯的理论，系统是语言结构中某个地方做出的一组相互排他的选择。与弗斯的音位学一样，系统语法首先关注各种选择的本质和入列条件，一个人通过从各种系统中做出有意或无意的选择，从而能从某种语言里蕴藏的无数个句子中说出某一个特定电句子。系统语法的核心部分是构建句子的一整套有效选择的图表，并且配有对不高选择之间的关系的详细说明。例如，韩礼德提出，英语的主句中运行的选择系统——及物性——提供了"强调"和"扩展"之间的一种选择。如果选择了"强调"，就又有一个"描述"与"影响"之间的选择。如果选择了"影响"，就又有一个"可操作"与"接受"之间的选择。

韩礼德的系统语法与其他语言学理论的不同体现在以下几个方面：第一，重视语言的社会学性质；第二，认为语言是做事的一种手段，而不是知识的一个表现形式，把语言行为潜势与实际语言行为相区分；第三，重视对个别语言以及个别变体的描写；第四，用"连续体"这一概念来解释众多语言现象（如：不符合语法—反常—不太反常—不太惯常—符合语法）；第五，依靠对各种语篇的观察和统计学的手段来验证自己的假设；第六，把系统范畴作为核心。

在系统语法中，系统的概念被当作一条核心的解释性原则，语言整体被认为是"系统之系统"。系统语法试图建立各种关系的一个网络，从而解释在整个语言中各种与语义相关的选择。

总的来讲，有链状轴和选择轴两种形式，伴随着话语序列出现的维度是链状轴，而沿着纵线出现的基本模型则构成选择轴。链状轴代表组合关系，选择轴代表聚合关系。出现在选择轴上的是对比关系。如果没有对比，语言就不能正常发挥作用。链状轴处理语法的表层，如句法结构、语言单位以及它们的级（句子、小句、词组、词、语素）。选择轴处理语法的意义，如系统和精密度阶。

系统是语言的语法中可供选择的一系列选项。比如英语中"数"的系统有两个选项：单数和复数。人称系统中有三个选项：第一人称、第二人称、第三人称。

还有其他的系统，如性、时态、语气等。系统是一系列可能的选择项，因此它们是意义，语法可以对此进行区分。一个系统中的项目具有共同特征，属于同一个意义范围。如单数和复数区别明确，但它们都与数有关。所有系统都有三个基本特征：①系统中的项目都有排他性，选择了其中一个就排除了选择别的项目的可能；②系统是限定的，我们完全能够确定一个系统的极限，然后说明它所包含的选项的数目；③系统中每一个选项的意义取决于系统中其他选项的意义，如果其中一个选项的意义改变了，其他选项的意义也会改变。

在系统网络中，箭头左侧的是入列条件，右侧的是可选项。第一，为了对事物进行更为严格的区分，系统中的选择项必须有意义重合的部分，即同属于一个语义范围。比如，否定与复数之间不同，但它们之间的区别比不上肯定和否定的区别，或复数与单数的区别。第二，它们必须共享一个语法环境。第三，选择项必须体现出适合于系统的正确单位，也就是说，必须说明需要小句还是短语。第四，各个系统常常互相提供入列条件。很多情况下，某一系统中的选择，只有在其他系统做出选择后才有可能进行。例如，我们在语气系统中进行选择之前，先要在限定与非限定系统中做出选择。

在英语中，我们在不同类型的过程、参加者、环境成分中做出选择。这些都是及物性系统中的选项。首先，我们区分出六个过程：物质过程、心理过程、关系过程、行为过程、言语过程、存在过程。

在此基础上，物质过程又可区分为两种类型，动作过程和事件过程。之后，还可把动作过程再分为两类，心理过程则可区分内化过程和外化过程。

系统之间还有一种关系——同时性。一个系统独立于另一个系统但与另一个系统具有相同的入列条件，就是具有同时性。而且一个系统中的项目可与另一个系统中的项目结合。英语里有很多其他的系统，系统语法的概念是，我们选取一个总的意义域，逐渐区分成越来越小的子域。在每个阶段，我们都对意义进行越来越细、越来越精的区分。

精密度是识别越来越细致的细节的程度。在分析过程中，我们可以把系统放在一个精细程度的不同阶上，这种阶就叫作精密度阶。

在表达意义时,人们通常有意在系统网络中进行选择,在这个基础上,选择就是意义。韩礼德认为,不同的层面间具有体现关系。对意义的选择(语义层)体现于对"形式"(词汇语法层)的选择;对"形式"的选择又体现于对音系层上"实物"的选择。换言之,"能做"体现于"能表";"能表"体现于"能言"。根据体现的观点,我们又可以把语言看作一个多重代码系统,即一个系统包孕于另一个系统之中。

系统语法中的系统网络主要用来描述功能的三个组成部分,或称三个纯理功能。每个功能都可表示为一个包含很多子系统的复杂系统,选择是同时在这三个功能中进行选择。这就是系统语法与功能语法的密切关系。

2. 功能语法

韩礼德的功能语法有一个功能性部分,即"用功能的配置来解释语法结构"。由于他认为语言的这些功能与文本(包括口头和书面的所有材料)分析密切相关,所以他认为,语言之所以是语言,是因为它要发挥一定的功能。换句话说,对语言的社会需求帮助形成了语言的结构。

韩礼德用功能观点来解释语言发展并提出了语言的功能理论。

通过对儿童语言发展的观察和研究,韩礼德区分了语言的功能。他把儿童语言发展的过程看作"掌握语言功能"的过程,因此提出了幼儿语言模式中的7种功能,即工具功能、控制功能、交互功能、自指性功能、探索功能、想象功能、信息功能。

根据韩礼德的观点,成人的语言更为复杂而且要完成更多功能,因此幼儿语言最初的功能范围逐渐缩小为一组高度字符化并且抽象的功能,即元功能:概念功能、人际功能、语篇功能。这些元功能以"语法"的形式出现在语言系统中新的层面上。语法系统有一个功能输入和结构输出;它提供了一个机制,可以按成人的需要使不同的功能组合在一句话里。

概念(包括"经验"和"逻辑")功能就是向听话人传递新信息。它在所有语言使用中都存在,是一种意义潜势,因为不论一个人如何使用语言,都必须参照自己有关世界的经验范畴。

概念功能主要由及物性系统和语态构成。及物性系统作为一个整体,是概念功能的一部分。它不仅标明意义的选项,而且决定了结构体现的本质。例如,"John built a new house."这句话可以按照功能的组合来分析为:

动作者(actor): John

过程(process)、物质过程(material)、创造(creation): built

目标(goal)、受影响者(influencer): a new house

这里的动作者、过程、目标以及它们的子范畴反映了我们对自己经验中现象的理解。因此,语言的这一功能就是用概念内容的形式把我们的经验编码。动作者、过程、目标等概念只有当我们假定概念功能是用来满足语言功能的某种理论时才有意义。如果我们要解释小句的结构，在分析过程中使用这些术语是必要的。小句是一个结构单位，我们用它来表达概念意义的某个特定的范围，我们对过程的经验，表达具体的以及抽象的外部世界中的过程，以及我们自己的意识、所见、喜好、所想以及所说等。

及物性是表现概念功能的一个语义系统。

物质过程是表示做某件事的过程。这个过程本身一般由动态动词（如 beat, break, kick）、动作者（即逻辑主语）和动作的目标（即逻辑上的直接宾语，一般是名词或代词）来表示。

心理过程表示感知（see, look）、反应（like, please）和认知（know, believe, convince）等心理活动的过程。心理过程一般有两个参与者——感觉者和被感知的现象。

关系过程可以分为"归属"和"识别"两类。归属类指某个实体具有哪些属性，或者归于哪种类型，如"Sara is wise"；识别类指一个实体与另一个实体是统一的，如"Tom is the leader; the leader is Tom."。这两种关系过程各自又可进一步分为内包式、环境式和所有式。

言语过程是交流信息的过程。常用的动词有 say、tell、talk、praise、boast、describe 等。在这种过程中，参与者有讲话者、受话者和讲话内容。

行为过程指诸如呼吸、咳嗽、笑、哭、瞪眼、做梦等生理和心理行为过程。一般只有一个参与者即行为者，而且一般是人，很像心理过程。行为过程有时候与只有一个参与者的物质过程也很难区分，这时就要看某人的活动是属于生理行为还是心理行为。当行为过程有两个参与者时，我们可以把它看作物质过程，如"Mary kissed John"。

存在过程是表示有某物存在或发生的过程。所有存在过程中都有一个存在物。

人际功能包括了表达社会和个人关系的所有语言使用。包括讲话者进入话语情景并做出言语行为的所有方式。由于句子不局限于表达及物性，还有成人语言系统中的非概念成分。

人际功能由语气和情态来体现。语气表示在某个情景语境中讲话者选择了何种交际角色以及他给听话人的设定角色。如果讲话者选择了祈使语气，这就意味着他将自己置于发号施令的地位，而将受话者置于服从命令的地位，如"Give me that teapot！"。语气由两部分构成主语和限定成分。主语可以是名词、名词短语或小句。

剩余成分指小句中其余的部分，有三种功能成分：谓语、补足语、附加语英语中各成分的一般顺序是"谓语—补足语—附加语"。但是，当附加语或补足语成分是问句中的疑问词或占据陈述句中的有标记主位(置于句首)时，它们仍属于剩余成分。

韩礼德认为，尽管语言的言语角色千变万化，但它最基本的任务只有两个：给予和求取。在人际交流中，交换物也可以分为两类：物品及服务和信息。由此，言语角色和交换物的组合构成了四种主要的言语功能：提供、命令、陈述和提问。

将两种变项结合起来，它们可以界定四种基本的言语功能：提供、命令、陈述、提问。这些功能又与一套反应相匹配：接受提供、执行命令、认可陈述、回答提问。

语篇功能是指语言中有一种机制，可以将任何一段口头或书面的话语组织成连贯统一的篇章，使一个活的言语信息片段区别于一堆随机排列的句子。尽管两个句子在概念功能和人际功能方面可能完全相同，但在语篇连贯上则会有所不同。

语篇功能满足了语言在运用中的相关性的要求，在实际的情景语境下有语篇性，可使活的篇章不同于语法书或词典中孤立的条目。语篇功能将意义潜势融入语言结构的组织之中。

语言具有普遍的概念功能，因而可以用于所有涉及经验交流的具体目的和具体语境之中。语言具有普遍的人际功能，因此可以用于各种具体形式的个人表达和社会交往。而使上述两种功能有效发挥作用的前提是语篇功能。只有通过它，语言才能成为语篇，才与其自身及使用的语境有联系。倘若意义里没有语篇的成分，那我们根本就不可能使用语言。

沿着这个思路进行解释，我们就需要涉及语言之外的一些关于社会意义的理论。从语言学角度来看，这一领域中最重要的研究工作是伯恩斯坦做的，他关于文化传播和社会变革的理论是独一无二的，语言作为社会过程中的一个基本因素建构于其中。

系统功能语言学最新的发展主要体现在语域理论和语类理论等方面。韩礼德和哈桑将语域和语类看作同一语义层次上的概念，马丁则认为语域就是情景语境，因此把语域看作文化层面上的一个概念。

韩礼德的人际功能包括语气、情态、归一性和情态表达法，这些构成了复杂的评价系统。自20世纪90年代到21世纪初，马丁发展了评价系统理论，将评价定义为和价值判断相关的概念。韩礼德的情态系统重点由语法系统体现，而马丁的评价系统主要由词汇系统体现。马丁和怀特合著的《评估语言：英语评价系统》全面论述了评价系统的理论框架。该书主要聚焦于分析态度、判断和情感的语言体现，以及这些评价的人际协商手段。作者全面诠释了评价理论，并将其作为分析各种语篇和文本的一个灵活的工具，对不同语域、语类和语场的实例进行了分析。

第三章　英语民族文化心理

第一节　英语民族的宏大背景

一、古希腊精神

西方文化起源于古希腊文化，古希腊、古罗马文化即所谓的古典主义文化。西方文化的很多东西，诸如办学制度、议事制度、公民机构、精神追求乃至对科学文化的重视都可以归结到古典主义时期的影响。西方人的理性思维方式、讲求实效的精神、对人本观念的尊崇以及喜欢研究自然的习性似乎都离不开古典主义的熏陶。古希腊、古罗马文化对西方人的影响是全面而深刻的，除了政治上的民主制度、民主议事及处理问题的方式以外，在哲学、文学、艺术和建筑等方面的影响都有所显现。

希腊精神从根本上讲就是对自由理性之尊重与对普遍之理性之肯定，希腊的科学以数学、几何学为主，它们都以永恒性、绝对性之数与形之关系为对象。很多人认为，哲学方面的一些基本概念，如唯物主义、唯心主义乃至辩证法，最早均起源于古希腊；对人类哲学思想最早进行专门研究的也是古希腊；最先在哲学方面取得引人注目成就的还是在古希腊。柏拉图的"理念论"和亚里士多德的"实体论"可谓留给西方人最有影响的哲学成果。他们的学说都以寻求事物普遍永恒的理念或形式为核心。西方人的理性主义，从哲学渊源上说，最早的源头也在他们身上。

西方有文字记载的文学、艺术也是从古希腊开始的。文学起源于对战争胜利的歌颂，古希腊文学是整个西方文学的源头，也是欧洲文学的第一个高峰。古希腊时代显赫的英雄行为和社会历史的重大变迁都在文学作品中得以深刻地体现。这些文学作品不仅为整个西方文学的发展奠定了基调，也为人们研究古希腊世界的历史与社会提供了丰富的文献资料。

古希腊戏剧是世界上最古老的戏剧，产生于公元前6世纪，公元前5世纪达到鼎盛时期，彼时古希腊的政治和军事中心雅典城同时也是古希腊戏剧的中心。

在整个西方美术传统中，古希腊雕塑占有十分重要的地位。西方美术崇尚的典范模式，庄重的艺术品格和严谨的写实精神，可以说都是从古希腊开始的。米隆（Myron）创作于约公元前450年的《掷铁饼者》是古希腊雕塑艺术的里程碑，显示出希腊雕塑艺术已经完全成熟。雕塑突出了人体之美和运动所饱含的生命力，表现了作者高超的艺术技巧。虽然原作已经失传，但我们仍能从复制品中感受到那种生命力爆发的强烈震撼。

如果说希腊文化点燃了西方文明的最初烛光，后来的罗马文化则使得烛光变得更为明亮。虽然罗马人消灭了雅典、斯巴达和其他希腊城邦，但罗马人并没有完全排除希腊文化。恰恰相反，罗马人在很大程度上继承、吸收和融合了希腊文化，罗马文化因此变得和希腊文化一样光辉灿烂。无论是哲学、史学，乃至文学、艺术，罗马文化都可以看成希腊文化的延伸和发展。从某种意义上说，罗马文化缺少自己独特的创造，但从更广泛的意义上说，罗马文化和希腊文化是珠联璧合、密不可分的。

二、近代科学精神

在德国作家歌德的诗剧《浮士德》中，作者用"古典"的形式创造出一个崭新的、完全属于新时代的理想的人。主人公浮士德被赋予一种笃于实践的入世精神，一种不甘堕落、永不满足的探索精神。正是这种精神成就了西方源自文艺复兴时代的科学昌明与文化鼎盛的时代，"浮士德精神"也成了近代科学精神的代名词。

在中世纪行将结束的时候，但丁（Dante）在他的《神曲》中喊出"人生来不是为了像野兽般地生活，而是为了追求美德和知识"，表达了当时西方人对封建专制和神权统治的憎恶，也表达了人文主义者对新生活的憧憬。文艺复兴这场文化运动对近代早期欧洲的学术生活造成了深刻的影响。它于13世纪末从意大利兴起，在16世纪时已扩大至欧洲各国，其影响遍及文学、哲学、艺术、政治、科学等知识探索的各个方面。文艺复兴时期的学者在学术研究中使用人文主义的方法，并在艺术创作中追寻现实主义和人类的情感，涌现出一大批杰出的文学家、艺术家、思想家和科学家，如但丁、薄伽丘、达·芬奇、米开朗琪罗、拉斐尔、马基雅弗利、莎士比亚、塞万提斯、哥白尼、布鲁诺、伽利略、开普勒、哈维、培根等，他们为人类的文化和科学事业做出了重大贡献，也把人类文明推到了一个新的高度。其主要意义可归结为以下三点：①推动了西欧各国的改革，打击了罗马教会的权威，冲破了神学的禁锢，解放了人们的思想，为自然科学的发展营造了民主的学术空气，并提供唯物主义的认识方法。②大批希腊的古典著作和优秀思想得以进一步传播和发扬，鼓起了人们彻底摆脱传统观念而倡导理性思考的勇气，给近代自然科学的诞生提供了丰富的思想养料。③涌现了一大批出类拔萃的人物，他们当中不乏同时在自然科学和工程技术方面做出重要贡献的人物。这是"一个从需要巨人而且产生出了巨人——在思维能力、热情和性格方面,在多才多艺和学识渊博方面的巨人的时代"。

第二节 英语民族的思维模式

思维模式是人类看待事物、观察世界并进行认知、推理的基本模式,它包括思维形式、思维方法、思维路线、思维顺序以及思维倾向等基本要素。思维模式是最为隐含的文化内涵之一,是一切文化特别是交际文化的深层基石。以现代英美人士为代表的英语民族的思维模式是最为典型的西方式的思维模式,可以说具有所有西方思维模式的特点。

一、长于抽象思维

在所有内存外在的主客观因素中,语言是孕育、铸就人类思维模式的最为至关重要的因素,或者说语言对特定人群思维模式的形成起到了强有力的暗示、诱导作用。因此,在考量思维模式的问题时,就不能不从语言及语言形式入手。

西方文字,尤其是欧洲文字的共同之源是腓尼基文字。腓尼基文字虽然受到古埃及象形文字的影响,但腓尼基人创造的22个字母却都是抽象的、完全符号化的辅音字母,腓尼基文字传入希腊后产生希腊字母,希腊字母又滋生出拉丁字母和斯拉夫字母(英文字母就是源于拉丁字母)。英语、德语、拉丁语等绝大多数印欧语系的文字,现在基本上都是抽象的、完全符号化的拼音文字。人们看到这种拼音文字之后,不可能立刻把这种文字跟外部自然界联系起来。但是,这种拼音文字"强调了人的智力运行轨迹。它的书写形式造成一种回环勾连,如溪水长流斩而不断的流线效果,容易诱导人们去注重事物的联系性。这种状态和语法形式共同起作用,极大地强化了印欧语系民族对事物的表面逻辑联系的感知能力。抽象的书写符号和语音形式与现实脱节,容易迫使印欧语系的民族在更多的场合脱离现实世界来进行抽象的纯粹借助于符号的形而上思考"。这种"抽象的纯粹借助于符号的形而上思考"又称"理性思维",即"借助逻辑,运用概念、判断、推理等思维形式,探索、揭示事物的本质和内在联系,具有逻辑性、抽象性、客观性、分析性、确定性等特征"。腓尼基语言文化的影响再加上"尚思"的古希腊、罗马文化传统的影响,久而久之,就形成了西方人独特的抽象思维模式。

英美人士常常使用含义概括、指称笼统的抽象名词来表达复杂的思想和微妙的情绪。此类抽象表达法在英语里应用相当普遍，尤其常用于社会科学论著、官方文章、报刊评论、法律文书、商业书信等文体。随着科学技术的发展和现代社会的进步，原有的感性表达方式已不足以表达复杂的概念，因此需要借助于抽象、概括的方法。以科技英语为例，大量使用抽象的名词化结构是其行文的一个突出特点。科技英语要求行文简洁、表达客观、内容确切、信息量大；它强调存在的事实，而非某一行为。

与英语民族的拼音文字不同，"汉字上承陶符，下启金文，字符象形，其起源的形象当是原始的图画，经后世代演化，图画形式改为线条即成为象形文字，凸显简单的物象。以后又辅以符号在象形的基础上构成指物之字，或将两个以上的形象排列起来以扩大汉字统摄物象的范围，发展成今天音、形、义结合的会意字（syssemantograph）"。纵观汉字发展演变的历史，便可见其是具象思维的结果。中国文化中"尚象"的传统深深影响了中国人的思维模式，使之形成偏重具象的思维方式。有些词语直观性较强，如"娃娃头""露背装""灯笼袖""回形针""高跟鞋"等，译成英语后大多只说明其功能而失去了原来的形象性。

二、思维呈直线形，具有直接性

这一点依旧来源于西方拼音文字的诱导、暗示作用，与上述抽象思维的形成大同小异。在思维中长期采用线性连接和排列的文字符号，使英语民族的思维路线呈直线型，具有较强的直接性。比如西方人讲话显得直率而有攻击性，而中国人在表达上则曲折、委婉、谦虚，处于防守状态（当然这也与汉字易于引发人们对现实世界事物形象的联想、让人容易"多心"有关）。生活中一个简单明了的例子就是写信方式上的不同。英文书信一般是开门见山，直截了当地说明写信的目的：This is to 或 I'm writing to let you know that；但汉语信函常常是客套话写了一大堆，信末才婉转地写道：有一件小事相求，不知您能不能……。这两种表达方式在各自的语言文化里都是正常的习惯和交流方式：西方人认为一般情况下有事就该直说，不要绕弯子；中国人则认为直说显得唐突，不够礼貌，应当婉转地提出要求，等等。

东西方写信方式不同，写文章也是如此。英语强调篇章句式结构的严谨，喜欢一开头就点题（每一段的第一句往往就是主题句），然后再把其他要说明的一一补充，因此英语句式多前重心。"一篇西方人撰写的论文总是有一个固定的中心论点，文内的所有细节都按照与该关注点的关系进行安排。作者的见解往往在文章的开头部分就已强烈地表达出来。"汉语强调篇章的整体结构，讲究起承转合，文贵曲折，大多数文章开门不见山，习惯从侧面阐述，最后点出话语的信息中心，所以句式结构多厚重心。

三、注重形式逻辑

西方人理性思维发达，具有严密的逻辑性与科学性，因此非常重视形式逻辑；中国人直觉思维发达，具有较强的情感性和直观性，因而更加重视辩证思维。这种思维差异在语言上表现为英语重"形合"，即注重运用各种有形的连接手段达到语言形式的完整，其表现形式严格地受逻辑形式支配；汉语重"意合"，词与词的组合，句子与句子的衔接，常常是通过意念的方式来达到辩证思维的目的，句法功能呈隐含状态，有时显得松散，但内在逻辑的流动又非常清晰。

英语是分析型的理性语言，句中的词语或分句之间用语言形式手段（如关联词）连接起来，其关联照应手段是显性的、多样的；而汉语是综合型的直感语言，多数情况下疏于语法（少用甚至不用形式连接手段），注重以神统形，其关联照应手段是隐性的，语法关系要靠读者或听者自己去领会，尤其在表现动作和事物的关系上，几乎全赖"意会"，不靠"言传"。诚如著名语言学家王力先生在其《中国语法理论》中所言："西洋语的结构好像连环，虽则环与环都联络起来，毕竟有联络的痕迹；中国语的结构好像无缝天衣，只是一块一块地硬凑，凑起来还不让它有痕迹。西洋语法是硬的，没有弹性的；中国语法是软的，富于弹性的。惟其是硬的，所以西洋语法有许多呆板的要求，如每一个 clause 里必须有一个主语；惟其是软的，所以中国语法只以达意为主……如相关的两件事可以硬凑在一起，不用任何的 connective word。"英语句子无论怎样变化，句法形式主要为主谓提挈，多枝共干，树形结构，强调主谓配套，时态呼应，成分定位，有形连接；但汉语句子则为波浪形结构，整个句子由一个一个独立的子句按时间顺序或逻辑顺序层层推进，呈流水样态，包含着内在的逻辑脉络。形象地说，英语的句子仿佛是参天大树，枝桠横生；汉语的句子仿佛是万顷碧波，层层推进。

四、崇尚个体思维

西方人的思维模式可追溯到苏格拉底所开创的思辨模式，即运用逻辑推导而进行纯理论、纯概念的思考。西方哲学多主张"人物分离"，崇尚个体思维，认为整体只有在个体对立中才能存在。故英语民族在思维习惯上常常"同"中求"异"，遇到问题总好争个水落石出；在思维方式上则是从小到大，从未知到已知，主客体界限分明，惯于逻辑思维、抽象思维。反映在语言上，则特别注重我们前面提到的"形合"。在话语中，多用非人称主语和被动句，很少省略主语。

与英语民族不同，在哲学上中国人多追求"物我交融"的这种人与自然和谐统一的状态，比较注重个人感悟或"心领神会"，习惯于在"异"中求"同"。在思维上倾向于整体思维、情感思维，从大到小，从已知到未知，从实际出发，注重主客体融合，最高境界即"物我两忘"。这种思维方式反映在语言上则重"意合"。话语中多使用无主句、主动语态，连词使用较少，文章讲求对称与和谐的完美性。

对于中国学生来说，英语多用非人称主语（物称主语）的表达法很难把握。受"物我交融"思想的影响，我们认为只有人才能做出有意识的动作或行为，所以汉语句子习惯于以人作主语。由于西方哲学"人物分离"（主客体界限分明）思想的影响，英美人士则较强调客观，因而英语句子常以物或抽象概念作主语。在汉译英时，我们要注意灵活运用这种地道的英语表达方式。

第三节 英语民族的基本价值观

一、围绕价值观的几个概念

被誉为"俄国马克思主义之父"的普列汉诺夫在阐述唯物史观的时候，曾经做过层次分明的表述："一定程度的生产力的发展；由这个程度所决定的人们在生产过程中的相互关系；由这些人的关系所表现的一种社会形式；与这种社会形式相适应的一定的精神状况和道德状况；与这种状况所产生的那些能力、趣味和倾向相一致的哲学、文学、艺术——我们不愿意说，这个公式是无所不包的——还离得很远！但是我们觉得它有无可争辩的优点，觉得它更好地表现了存在于不同的'一系列环节'之间的因果关系。至于人们惯常非难唯物史观那种'狭隘性'和'片面性'，在这里找不到一点痕迹的。"

这就是普列汉诺夫著名的"五项论"。其第一项相当于器物层，第二、三项相当于制度层面，第四、五项相当于精神层面。近年来在文化讨论中，对第四、五项讨论较多。特别是对贯通其间的价值观，几乎言人人殊。这里我们只能简要提及一下常识性观点。普列汉诺夫所提的第四项"与这种社会形式相适应的一定的精神状况和道德状况"，即我们平日讲的社会心理或文化心理结构；第五项"与这种状况所产生的那些能力、趣味和倾向相一致的哲学、文学、艺术"。贯通于两个层次之间的中介则是价值观。从某种意义上说，由第四、五两项构成的精神文化是整个文化系统的核心，而价值观又是精神文化的灵魂。人的文化活动由内向外推移，转化为改造世界的实践，离不开价值判断与价值选择。

价值观是指一个人对周围的客观事物（包括人、事、物）的意义、重要性的总评价和总看法。这种对诸事物的看法和评价在其心目中的主次、轻重的排列次序，就是价值观体系。价值观和价值观体系是决定人的行为的心理基础。人们所处的自然环境和社会环境，包括人的社会地位和物质生活条件，决定着人们的价值观念。处于相同的自然环境和社会环境的人，会产生基本相同的价值观念，每一社会都有一些共同认可的普遍的价值标准，从而发现普遍一致的或大部分一致的行为定式，或社会行为模式。

二、英语民族价值观的基本内涵与成因

需要指出的是，每一种文化，尤其是每一种民族，因其成员构成的复杂性，往往会拥有多种多样的价值观。西方人包括众多的民族，这些不同民族的文化之间当然存在不小的差异；不过，在主要观念上他们还是大抵一致的。

（一）"人之初，性本恶"

"人之初，性本善。性相近，习相远。"这是中国传统文化与伦理道德的启蒙读本《三字经》的开篇，其基于孔孟之道的人性判定对以中国人为代表的东方价值观产生了极其深远的影响。然而，西方人的观点与之大相径庭。人之初，不是性本善，而是性本恶。西方人对人性的认识之所以与东方人截然相反，是各自的信仰使然。东方人，尤其是中国人深受古代文化的虔心向善说影响；而西方人则受"原罪说"影响至深。因此，对"sin"一词的理解各不相同。

英美人士时常挂在嘴边上的诸如平等、自由、人权等旗帜性口号都能在西方教会思想中找到其最初的原型。原罪说在某种意义上可视为协调西方人类关系的一种努力，因为生而有罪，故对自然要谦卑，对别人要宽容，善待异类。在历史上，原罪说对化解西方人类的危机曾起到很大的作用。

（二）唯"理"是从

这里的"理"即理性、公理。西方理性精神孕育于古希腊文明，经过与古罗马文明的融合，在欧洲文艺复兴时期得到进一步的张扬，并伴随着资本主义市场经济和社会化大生产的发展而渐趋成熟。西方的理性精神与其他文明的理性精神有显著的不同，其突出特点就是数学理性的发达。数学理性的基本内涵是：在对自然界的

研究中，应采取客观的、定量的、超验的、简单的思维趋向；追求确定性的知识；注重演绎推理。可以说，数学理性是西方理性精神的核心。人们常说："公理必定战胜强权。"这句谚语就反映了数学文化对西方法律文化的影响。

　　早在古希腊，柏拉图就提出公理与强权的关系问题。启蒙运动时重提此问题，使这个古老问题在新的知识背景下重新展开。古希腊人偏爱演绎推理，他们认为通过演绎推理可以得到永恒的真理。在进行演绎推理时，古希腊人从不言自明的、无人怀疑的公理入手。柏拉图认为公理不需要实践，人在出世前有过精神的经历，通过回忆就可认识到公理的真理性。亚里士多德虽然不这么认为，但他坚定地认为公理是可以理解的原理，它符合人们的思维而无需怀疑；公理凭人们的直觉即可认识到其是真理。亚里士多德创立了三段论，奠定了公理化方法的基础。在人类史上，第一个创立公理化方法而建立整套严密理论体系的人是数学家欧几里得。随着《几何原本》的广泛流传，公理化方法得到普遍的应用，公理精神伴随着公理化方法的应用而得到了传播。因为西方数学处于文化体系的上层，所以，公理化方法很快越出数学领域，成为整个自然科学中各门学科进行体系建构的方法典范。在近代的西方，除了自然科学外，社会科学内的政治学、法学、经济学、伦理学等学科，都曾运用公理化方法进行过学科体系建设。可以说，现代西方人经常挂在嘴边的一些法律原则就是近代法学家受公理化方法的启迪而确立下来的"公理"。另外，公理化方法还使西方近代法典的体系更加严密。《美国宪法》等西方近代著名法典，体系之所以极为严密，一改古代法典体系松散的特点，其原因就在于这些法典无一例外地都采用了公理化方法，有的法典虽然洋洋数千条，但并不显得拖沓、松散、累赘。可以说，公理精神已渗透到包括西方法律文化在内的整个西方文化中去了。

第四章 英语语言与文化发展

第一节 跨文化模式下的英语交际

一、跨文化交际学的主要概念

跨文化交际学中的主要概念有文化和交际、文化身份、民族中心主义和文化相对论、定型和交际风格。这几个主要概念包含了跨文化交际过程的基本要素，它们从不同的角度对跨文化交际的动态过程构成影响。

（一）文化和交际

文化和交际是跨文化交际学中重要的两个基本概念。对于"文化""交际"的定义和认识很早就有，在跨文化交际学看来，"文化"和"交际"的关系尤为重要，即文化与交际密不可分，交际不可能脱离文化而孤立存在。文化是一个群体共享的意义系统，决定社会成员对世界主要事物的感知、认识和态度。任何一个社会的人，从出生开始就受到这一意义系统的熏陶。文化扎根于人们的脑海里，并时刻左右着人们的言行、思想和思维方式。在跨文化交际中，交际双方不可能完全摆脱本民族文化的制约和影响，而为了达成交际，必须克服不同文化的不同规约，使交际顺利进行。霍尔认为，文化是一个群体生活方式的系统，文化系统是有序的，是可以被该文化群体学习和掌握的，而且也是可以分析和描述的。同时他认为，交际就是文化本身。由此可以看出文化和交际水乳交融的关系。

（二）文化身份

文化身份的概念来自社会语言学和文化学，是指"对某个有着共同符号意义系统、遵守相同行为规范的文化群体的认同，并被认为得到这个文化群体的接受"。

首先，文化身份具有多重性。文化身份总是相对于一定的文化群体，同一个体可能同时属于不同的文化群体，个体也就具有了不同的文化身份。文化群体包括民族文化（如中国文化、美国文化、英国文化、俄罗斯文化等），区域文化（如东方文化和西方文化），以及一些主流文化中的亚文化。因此，同一文化个体的文化身份可能是多样的，如地区身份、国家身份、民族身份、职业身份、性别身份等。

其次，文化身份具有动态性。在跨文化交际之初，不同文化身份的人所遵循的符号意义系统和行为规范（即文化身份）可能差别很大，为顺利达成交际，交际双方需要付出很大的努力。而当交际一方随着个人对异文化体验的增加，完成了跨文化调适的时候，交际就很容易顺利达成，而交际一方则是一个有着跨文化身份的文化个体

(三) 民族中心主义和文化相对

民族中心主义和文化相对论的概念来自文化人类学。文化对社会发展进程起着非常重要的作用，文化作为历史的沉淀，渗透在人类文明的各个层面，制约着人的各种生存活动，尤其极大地影响着人们的跨文化交际活动。人们对本文化和他文化的看法，即文化价值观，关乎跨文化交际过程的成功与否。

民族中心主义，是指在跨文化交际过程中，人们都自觉或不自觉地认为自己的文化更优越，用本文化的标准去衡量判断甚至要求他文化。民族中心主义崇尚自己的价值观和信仰，蔑视其他价值观和信仰。持这种观点的人的潜意识里存在"本文化所规约的语言或行为方式是对的"，"他文化中与其不一致的语言和行为方式都是错误的"的认识，而这种认识显然不利于跨文化交际的实现，只会导致跨文化交际活动的失败，甚至引起国家间、民族间的对立和冲突。

与民族中心主义相对立，主张"文化无优劣之分"的是文化相对论。在文化人类学界最早倡导文化相对论的学者是美国人类学家博厄斯。他坚决主张研究每一个民族、每一种族文化发展的历史，认为衡量文化没有普遍绝对的评判标准，因为任何一种文化都有其存在的价值，每个文化的独特之处都不会相同，每个民族都有自己的尊严和价值观，各种文化没有优劣、高低之分。因此，一切道德评价标准都是相对的，不能用自身判断是非善恶的标准去判断另一种文化。博厄斯认为："只有在每种文化自身的基础上才能研究每种文化，只有深入研究每个民族的思想，并把在人类各个部分发现的文化价值列入我们总的客观研究的范围，客观的、严格的、科学的研究才有可能实现。"文化相对论认为应对不同的价值观念、文化习俗和言语行为表示理解和宽容，并能够根据不同的交际对象和场合，调整自己的行为和判断标准。文化相对主义这种宽容的态度和开阔的胸襟对跨文化交际的顺利进行起到了正面作用。

(四)交际风格

交际风格是指人们在传递和接收信息时喜欢或习惯采用的方式。美国学者古迪昆斯特等列举了四对不同的风格类型：直接型和间接型；详尽型和简洁型；个人为中心和语境为中心型；情感型和工具型。以美国人和中国人的交际风格为例。一般来说，美国人的交际属于直接型的，在交际时倾向于直截了当、直奔主题，而中国人的交际则是间接型的，习惯于迂回曲折；美国人的交际是介于详尽型和间接型之间的，而中国人则属于间接交际风格，谈话时往往表现得非常谦虚，在谈到主题时经常是点到为止；美国人属于以个人为中心、工具型的交际风格，喜欢就事论事，不太注重社会文化因素和人际关系对交谈主题的影响，而中国人则属于以语境为中心、情感型的交际风格。交谈双方的地位关系非常重要，决定了谈话的方式、语言措辞的选择，交际的主要目的之一就是交流情感，建立良好的人际关系。不同的交际风格可能会引起交际双方的误解。因此，要想避免不同交际风格对交际可能产生的不利影响，就应当事先了解对方的风格，同时在交际过程中有意识地调整自己的风格。

二、跨文化交际能力

(一)跨文化交际的定义

随着国际经济、文化交流的日渐频繁，世界各国人民之间的合作和往来也与日俱增，从而出现了国际的交际，即"跨文化交际"。

人类一般性的交际(即主流文化内的交际)过程与跨文化交际过程是基本一致的，二者的本质也是基本一样的。二者之间的差异只是程度上的差异。据美国学者古迪昆斯特的看法，二者之间的差异在于交际所涉及的变量对其交际活动的影响程度方面，而且它们在交际过程中的相对重要性也有所不同。例如，对跨文化交际来讲，民族中心主义是影响交际的重要因素，然而，在同一主流文化内的不同群体之间的交际中，它的作用显然低于在跨文化交际过程中的作用。

具体讲，跨文化交际是指不同文化背景的人们(即信息发出者和信息接收者)之间进行的思想、感情、信息等交流的过程。信息的编码和译码是由来自不同文化背景的人所进行的心理活动。

(二)跨文化交际能力的组成

有效的跨文化交际能力至少由基本交际能力、建立情感和关系的能力、情节协调能力和交际方略策划能力等四种基本能力组成。

1. 基本交际能力

这种能力主要由交际个体为实现有效交际而掌握的语言能力、与社会或文化规范相关的能力、相互交往能力和认知能力所组成。

(1) 语言和非言语行为能力

语言能力指交际者对语音、词汇和语法知识掌握和运用的能力。非言语行为能力指对身势语（包括姿势体态、面部表情、目光等）、人体特征、物品（项链、手表等）、环境、时间和沉默等使用的能力。

(2) 文化能力

文化能力包括相关的交际知识：①与任务相关的程序；②获取信息的技能与方略；③处理不同的人际关系、扮演不同的社会角色、承担不同的社会身份、处理不同的社会情景与场合的能力；④具备交际者所必备的素质，如自我调节、对文化差异高度敏感、对非言语行为有高度的意识性；⑤（交际）文化取向、价值观、世界观、生活方式等有关知识的了解。

(3) 相互交往能力

①言语行为能力（言语的社会功能、言语对情景的适应性规则的掌握）；②交往规则或语用规则。

(4) 认知能力

认知过程至少由三个相互关联的阶段构成：描述、解释和评价。如果不能正确区分这三个重要阶段，就会造成交际失误。

在交际过程中，描述是指交际者对观察到的对方的行为进行客观的叙述，不允许对其客观行为进行评价和赋予任何社会意义；解释则是对所观察到的行为进行加工并赋予意义。评价是对解释赋予积极或消极的社会意义。这里值得注意的是，对任何行为的描述都可能产生不同的解释，而对同一行为的评价也不会是完全一致的，有的评价可能是积极的，有的评价可能是消极的。

2. 建立情感和关系的能力

(1) 建立情感的能力

建立情感的能力主要指移情（empathy）能力。移情能力是指跨文化交际者以对方的文化准则为标准来解释和评价对方行为的能力。因此，移情者（指交际者）不是以自己的经验和文化准则作为解释和评价别人行为的标准，他必须设身处地、将心比心、推己及人。

移情包括言语语用移情和社会语用移情。言语语用移情指交际者运用语用规则和文化习惯，刻意对听话人表达心态和意图，而听话人从说话人的角度准确领悟话语之用意。社会用语移情则指交际者完全设身处地、将心比心、推己及人地以别人的文化准则为标准来解释和评价别人的行为。

(2) 建立关系的能力

①交际双方应能够满足彼此自主和亲密交往的需求。②相互吸引的能力。相互吸引是建立良好关系的基础，交际以产生共识为前提，而共识又涉及文化取向、价值观念等方面的共享，共识能进一步强化未来的交际。③交际者以适应对方来代替群体或民族中心主义：第一，交际者用言语或非言语行为向对方表示不关注（如目光接触、提问题、必要的体态行为等都可以用来作为适应对方的手段）；第二，齐心协力，反应敏捷及时，避免突然插话，积极提供信息反馈，话题转换顺其自然；第三，交际者尽量做到自我展示，以让对方了解自己，包容文化、情景、环境的差异；第四，交际者具有处理和解决焦急、挫折、文化冲突、社会隔离、经济危机等心理和社会障碍的能力；第五，交际者应具有在不同场合下富有创造性、灵活机动、随机应变的能力。

3. 情节协调能力

世界上几乎每一种文化的成员都有一套独特的交际信号，一套向交际者表明要结束正在进行的谈话、开始转入新的话题或改变正在进行的谈话内容的信号。其中大多数信号都是约定俗成的，然而，有些则是有理有据的。如果这些信号能帮助交际者协调彼此间的行为，那么它们就具有实用意义。

关于规则和如何超越规则的讨论，可以为交际者如何协调和结束情节行为提供一系列可供选择的变量。但这些规则会因文化、群体、区域、民族、性别、职业等方面的不同而有差异。在人际交往时，交际者要根据不同对象，选择不同方略，以使自己立于不败之地。

4. 交际方略策划能力

策划能力是交际能力的一个重要组成部分。策划方略是在交际过程中因语言或语用能力有缺陷或达不到交际目的或造成交际失误时所采用的一种补救措施。当交际者受到了语言能力或语用能力的限制，但仍然期望达到成功交际时，可采用以下策略进行补救。

(1) 语码转换策略

语码转换可用于词汇或篇章方面。当用于词汇方面时，这种转换也称为转借。转换语码可以从交际双方共享的一种语言中选择。

(2) 近似与选择策略

近似语选择策略是指选用语义近似的词语或语篇填补因语言障碍所造成的空白。具体方略：①笼统化；②释意；③创造新词语；④重新组构。笼统化策略是用概念较模糊、意思较概括的词语来代替说话者的未知项。代替项所表达的意义未必准确，但可以从上下文中判断其意义，如可用"animal"代替"rabbit"，用"short man"代替 dwarf。释意是用迂回或笨拙的描述来弥补语言能力之不足。

(3) 合作策略

合作策略是交际双方共同解决交际失误或失败时所采用的方略。交际双方使用已知的语言知识、语用规则和文化知识等共同解决困难。

(4) 非言语策略

非言语策略是指交际双方使用身势语等手段帮助解决交际中出现的问题的方略。

总之，在人际交往时，由于语言能力和语用能力较差或临时出现交际障碍时，交际双方可通过以上方略，实现成功交际。

三、跨文化交际的重要意义

文化误读，不仅仅是跨文化交际中才可能出现的问题。违反基本交际原则，同一文化群体的交流也会出现误读问题；不了解交际常识，跨文化交流更是困难重重，无法进行。在全球化的语境中，了解跨文化交际中的一些基本原则，有助于构建更为健康的话语模式，促进双方交流。为了达到这个目的，心理学家罗杰斯提出"三大交际原则"，即学会从对方的角度看待事物；学会从对方的角度感受事物；学会从对方的角度了解世界。为了便于讨论，采取交际心理与语用意象相结合的视角，考察跨文化交际中的一些问题。罗杰斯的三大交际原则，反映出了交际心理在跨文化交际中的作用。语用意象体现了一种语用哲学的理念。这是因为，交际本身具有意象交际的特征，大有研究的必要。根据这些原则与理念，结合跨文化交际问题的讨论，提出以下三点建设性原则，用于解决跨文化交际中的难题：①成功的交际，建立在从对方的角度看待、感受、理解问题；②成功的交际，建立在话语双方对于彼此意图的充分了解基础之上；③成功的交际，建立在话语双方采用动态的对话模式基础之上。

四、文学视角下跨文化交际能力培养的重要性

随着经济全球化趋势的不断扩大，各国之间的联系越来越紧密，交流越来越频

繁。文化是各国之间进行交流和合作的中间纽带，因此，各国文化之间的渗透和融合是一种大趋势、新潮流，为了顺应时代的发展，为了避免在交流过程中因为对彼此的文化不了解而出现严重的误解，适时地进行跨文化意识的培养就成为生存的需要，同时也变成自身能够得到更好的发展的需要。

就目前的教学形式来看，受应试教育的影响，大多数教育机构将对学生的教育定位于成绩的提高和实际应用能力的提高，从而忽视跨文化意识在英语交流中的重要性。在教育过程中，教师往往注重语法结构、词汇、词组的学习，英语听力的练习以及口语能力的提高，而错误地认为跨文化意识的培养不仅对学生学习成绩的提高没有实质性作用，而且对于学生英语的实际应用能力的提高也毫无帮助。实际上，跨文化意识的培养不仅有利于学生在学习词汇或者进行英语语法结构学习时的理解和掌握，而且有助于学生在进行英语阅读解题时对文章的理解，从而提高应试成绩。另外，通过提高学生的跨文化意识，还有利于学生在进行英语交流的过程中化解由于缺乏英语文论知识造成的交流障碍或者交流中的误解。由此看来，跨文化意识的提高有利于学生实际应用英语能力的提高。

除此之外，跨文化意识的培养有利于学生知识层面的拓展。在教学过程中加入文章设计内容的一些文化背景，不仅能够使得学生对教材知识掌握得更加牢固，而且能够增加学生对他国文化的了解。从一定程度上来说，跨文化意识的培养也有助于激发学生学习英语的兴趣，从而提高英语学习的效率。跨文化意识的培养在消除文化陌生感、提高学生对不同文化的敏感度、增强学生对不同文化的接受能力等方面都起着积极的作用。

第二节　英语语言与文化的关系及语言文化意识

一、思维文化差异的语言表现

概括来说，西方人的思维趋向于个体思维、抽象思维和直线性思维，而中国人则趋向于整体思维、形象思维和螺旋形思维。这些思维差异在英汉两种语言中有着明显的反映，主要表现在英汉句式结构和篇章布局的不同上。

(一) 句式结构不同

1. 英语形合与汉语意合

东西方思维差异在句式结构上最直接的体现就是英语注重形合，而汉语注重意合。

（1）英语形合

形合是指句子结构组成部分的完整，结构安排遵循逻辑顺序，句法结构严谨合理。英语的句子通常是以主谓宾为主干，并以此为中心扩充多个从句或短语，句子的各个成分层层搭架，整体上呈现一种由中心向外铺开的空间结构。

（2）汉语意合

合意是指句子内容和含义上的完整。汉语往往不太看重句子结构上的完整，只要能够将意思表达清楚便可。不同于英语句式的发散式结构特征，汉语句子往往按照时间顺序安排句子结构，以流水式结构层层铺开。

2. 英语句子先部分后整体，汉语句子先整体后部分

西方人注重个体思维和中国人注重整体思维的这一差异反映在句子结构上就是英语句子部分先于整体，汉语句子则先整体后部分。例如，在表达时间和空间的顺序上，汉语遵循从大到小的规律，英语则正好相反。英语描述时间的顺序为：分—时—日—月—年，汉语的顺序则为：年—月—日—时—分；英语描述地址的顺序为：街道—市—省—国家，而汉语则为：国家—省—市—街道。再如，在人名的结构顺序安排上，中国人的名字是先姓氏后名称，而西方国家的人名通常是先名称后姓氏，因为在中国人的传统观念上，代表整个家族意义的姓氏要比代表自己的名字重要，姓氏自然要放在名字的前面；西方人更看重"个体"的地位，因此名字放在姓氏的前面。

(二) 篇章布局不同

中国人倾向于螺旋形思维，这使中国人在表达观点时更加含蓄、委婉，即通过迂回的方式来让读者自己得出与作者一致的意见，而很少直接在文中表明观点。与此不同的是，西方人的思维方式直截了当，喜欢在文章开头便点明要点，然后从正面的角度直接论述，清楚地表明自己的观点，因此在文章的布局上基本属于头重尾轻型。

二、历史文化差异的语言表现

一个民族语言的形成、发展过程也是其历史发展的过程,语言不可避免地会受到历史的影响。因此,不同的历史文化在语言中有着明显的体现,主要表现在两个方面:语言记载历史事件和反映历史文化。

(一)语言记载历史事件

历史典故是语言文化中一个重要组成部分,也是不同民族传统文化的精华,在汉语和英语中,有许多成语、习语都源于历史事件或文学著作。中国的文化典故大都来源于古代文学名著或民间传说,也有部分来自传统体育娱乐方面,如象棋或戏剧等。"楚河汉界""一马当先""步步为营"等都是跟中国象棋有关的成语,"马后炮"是来源于象棋的习语。"鞠躬尽瘁""三顾茅庐""乐不思蜀""言过其实"等成语则来自中国古典名著《三国演义》。

西方文化的典故大多来自莎士比亚的戏剧,古希腊、罗马神话以及一些历史人物传记等。

(二)语言反映历史文化

英语和汉语虽然所承载的历史背景不同,但都有着极其丰富的成语或习语,因此我们可以找到很多表达方式不同,但是表达含义类似的说法。例如,"Sword of Damocles"和中文的"千钧一发"有异曲同工之妙。古罗马时期著名的政治家、哲学家和作家西塞在《图斯库拉的谈话》中写道公元前4世纪,有个国王名叫狄奥尼修斯,他统治着西西里岛上最繁华的城市叙拉古,他拥有一座非常美丽的城堡,城堡里面有着数之不尽的珍宝。这个国王有一个大臣名叫达摩克利斯,他经常对狄奥尼修斯说:"你是人世间最幸福的人。"这样的做法引起了狄奥尼修斯的不悦,终于在一次宴会上,狄奥尼修斯质问达摩克利斯:"你真的觉得我比任何人都幸福吗?那么我愿意和你交换一下位置。"于是,达摩克利斯便穿上王袍,戴上金冠,坐上了宝座,当他抬头时,却猛然发现头顶上正悬着一把用头发丝系着的宝剑,随时都有可能掉下并刺穿他的头顶,达摩克利斯顿觉如坐针毡,心惊胆战、脸色煞白、浑身发抖,只想立刻逃离皇宫。国王问他:"怎么了我的朋友?那把剑很可怕吗?而我每天都看见有这样一把剑悬在我的头顶上,说不定哪天有人垂涎我的权位而图谋杀死我,或者百姓会集体反对我,或者邻国派兵攻打我,风险永远和权力同在。"达摩克利斯终于体会到国王除了财富和权力之外还需要承担的忧虑。后来,"Sword of Damocles"

就用来比喻面临的危险或紧急的情况。中国成语"千钧一发"来源于《汉书·枚乘传》中的一句:"夫以一缕之任,系千钧之重,上悬无极之高,下垂不测之渊,虽甚愚之人,犹知哀其将绝也。"意指用一缕头发悬起千钧(三万斤)的重物,同样用来比喻情况紧急。

三、地理文化差异的语言表现

地理环境主要包括地理位置、气候条件等方面。地理环境对于一个民族的文化形成起着决定性的作用,而文化因素又决定着一个民族的语言形成。

(一)气候条件差异的语言表现

不同的地理位置有着不同的气候特点。亚洲大陆属于亚热带季风气候,冬天低温少雨,夏天湿热;欧洲大陆属于海洋性气候,夏季凉爽,冬季温和。气候的差异对于民族语言的形成有着一定的影响。以中国和英国为例,中国处于亚欧大陆,中国的黄河流域属于典型的温带大陆性气候,其气候特点表现为四季分明,夏天炎热,冬天寒冷。而英国位于北欧北温带,属于温带海洋气候,其特点为终年湿润多雨,夏天不热,冬天不冷。由此可以看出,中英两国大部分地区的夏冬两季气候完全相反。因此,汉语用来形容夏天的词语有"炎炎夏日""酷暑难耐""骄阳似火"等,因为中国人眼中的夏天是炎热而难熬的。英国的夏天十分凉爽,最高温度也不过摄氏27度。因此,在英国文学作品中,往往将夏天形容得美好而惬意。

再如,对中国人而言,东风是温暖的,西风是寒冷刺骨的。因为中国的东风是从温暖的海洋吹来的,而西风是从北部的寒冷大陆吹来的。与此不同的是,英国地处西半球,报告春天消息的是西风,报告秋冬消息的则是东风。

(二)自然资源差异的语言表现

自然资源对于语言的影响主要体现在自然资源的分布方面,自然资源具有区域性,一些资源的匮乏或缺失可能造成语言上的差异。例如,梅花历来受中国人的喜爱,咏梅的诗句可谓数不胜数,如"遥知不是雪,为有暗香来""梅花开尽杂花开,过尽行人君不来""宝剑锋从磨砺出,梅花香自苦寒来"等。可见,梅花在中国文化中有着举足轻重的地位,它象征着一种不屈不挠、纯洁高尚的品质;然而西方国家早期是没有梅花这一花种的,因此与其相关的词记载少。再如,竹子这一形象也深受中国文人墨客的喜爱,古人吟诵了很多关于竹子的佳句,如"竹生空野外,梢云耸百寻""咬定青山不放松，立根原在破岩中。千磨万击还坚劲，任尔东西南北风""竹外桃花三两枝，春江水暖鸭先知"等。竹子在中国文学作品中往往被赋予坚韧、清高的象征意义，但在英语中，我们很难找到与竹子相关的文学记载，连英语单词"bamboo"也是外来语。

当然，西方也有一些自然资源是中国没有或是后来才引进的，如玉米、洋葱和马铃薯等。洋葱和马铃薯是西方人非常喜爱的蔬菜品种，因此在英语的谚语中很多都涉及这两个事物。

(三) 地理位置差异的语言表现

中国和英语在地理位置上有极大的差异，这种差异在英汉语言中也各有体现。以英国为例，周围稠密的河流与漫长的海岸线蕴藏着极其丰富的渔业资源，于是英语中产生了大量与海洋、捕鱼、航海有关的词汇及习语。

例：

to be in the same boat 一片茫然

Like a duck to water 如鱼得水

A small leak will sink a great ship 千里之堤溃于蚁穴

中华民族发源于黄河流域，距离大海较远，因此，汉语中的"海"大多具有神秘、遥远的意义，如"天涯海角""海底捞月""苦海无边"等。

第三节 双语标识译写中的文化表现

21世纪以来，随着北京奥运会、上海"世博会"的成功举办，中国语境中的双语公共标识问题，不但引起了各级政府管理部门的重视，同时也成为社会语言学家关心的问题。北京、青岛、山东、南京、江苏、上海、成都、广州、深圳、广东、浙江、广西、陕西等地，相继推出了中文标识英文译写的地方标准——针对我国双语标识中普遍存在的不规范现象，国家语委与教育部语言司组织成立了专家委员会，启动了"公共服务领域外文译写规范"研究项目，旨在加强中国语境中外语用语的标准化、规范性的应用研究。

双语标识译写的实践经验告诉我们，除了语言的规范之外，文化的问题也是标识译写中一个值得注意的现象。

翻译条件句，英语里一般使用"if"引导的从句，这是常规的做法。但是，在标识翻译中,"条件"的概念,一般都用"in case of"来表达。例如,"如遇火情,勿乘电梯,请走逃生楼梯"的标准翻译是"In case of fire, do not use elevators. Use stairways"。又如,"如遇地震,朝高地或内陆方向疏散"的通用说法是"In case of earthquake, go to high round or inland"。究其原因,是因为标识的主要功能是"告示与警示",所假设的内容都是一些极端情况、在这种情况之下,使用"in case of"不但言简意赅,而且包含了"如果发生此类极端情况"的文化含义,显然不是"if"从句所能概括的。

"产妇孕妇专用车位",是停车场中常见的一条标识。这条标识,北美规范的说法是"Reserved Parking For New Mothers And Mothers To Be"这条英文标识中,"new mothers"和"mothers to be"都是一种委婉说法。值得注意的是,除非在医院的透视室或工厂的放射物区域,英美标识中一般不用"pregnant"这个字眼。但是,中国语境中的双语标识中,却经常出现"Seats For Pregnant Women"(孕妇专座)或者"Reserved Parking For Pregnant Women"之类的说法——中国文化中有"麒麟送子"的故事,英美文化中有"鹳鸟送子"的传统,所以"Reserved Parking For Pregnant Women"这条标志,也可改写为"Stork Parking For New Mothers And Mothers To Be"。

公共标识,作为国际化、现代化、信息化、都市化、社会化的标志性产物,以及现代社会语言生活的一个有机组成部分,种类繁多,功能多元,使用广泛,不可或缺。双语公共标识的译写,也是一个特别宏大的主题,不但外延宽泛,而且内涵丰富。针对这个难题,我们采用了"开放性、动态化、参照式"的技术路线,初步确立了"通用标识"(General Signs)、"指示标识"(Directory Signs)、"街名标志"(Street Name Signs)、"交通标识"(Traffic Signs)、"消防标识"(Fire Signs)、"安全标识"(Safety Signs)、"通告标识"(Notice Signs)、"提示标识"(Caution Signs)、"警示标识"(Warning Signs)、"危险标识"(Danger Signs)、"体育旅游标识"(Sports&Travel Signs) 11个类别。本节着重分析街名标识和体育旅游标识。

一、街名标识

(一) 类别定义

"街名标识"(street name signs),是指为了驾驶员、骑车人、行路人的需要,在高速公路、街道两旁、城市交通枢纽、公交车站、地铁系统、城市铁路等处,所设置的街道名称信息。街道类标识,常见的有"大道"(avenue)、"街"(street)、"路/道路"（road）、"巷"（lane）、"胡同"（hutong）、"弄"（nong）、"广场"（square）、"商业广场"（plaza）、"桥/立交桥"（bridge）、"环路"（ring road）。

（二）遵守法规

双语街名标识规范化、标准化的问题，不但涉及遵循英语的习惯用法，更关系到遵守我国相关的法律法规。根据国家规定，中文地名的翻译，一般采取拼音化的方式，也就是罗马化的译法。街道名称，是地名的一种，其英文的翻译，理应采用拼音化的译写标准。但是，中文街道名称英文译写这项工作，由于任务本身的艰巨性、拼音化的局限性、我国地理文化的多样性、管理部门多头管理、部门之间缺少沟通协调等，在实际的操作中，问题远比想象的复杂。因此，有必要就这个问题，参照国外非罗马化语言国家的一些经验与做法，结合中国的国情，做进一步分析与研讨，提出一些建设性的意见，在此基础之上，通过上级主管部门的协调统一，逐步完善，才能形成一套有效的译写机制。从历史性的层面来看，在20世纪50年代末期《汉语拼音方案》公布以前，国内街道名称的翻译，没有统一的标准，大量使用的，是威妥玛—翟理斯式拼音法，简称威式注音。威式注音，是一套用于拼写中文普通话的罗马拼音系统，19世纪中叶由英国人威妥玛发明，后由翟理斯修订完成。《汉语拼音方案》公布以后，随着普通话、规范汉字推广工作的进展，威式注音的局限性逐步显露出来个突出的问题是，根据这套拼音系统拼出的发音，同普通话的发音，相去甚远，无法使用。在这种情况下，汉语拼音作为一种注音系统，理所当然地取代了威式注音方法。

从政策性的层面来看，我国的基本语言文字政策是，推广普通话，推行规范汉字。地名的罗马化拼写方式，完全符合这一国策的具体要求。20世纪70年代中后期，我国代表团参加了在雅典举行的联合国第三届地名标准化会议。这次会议通过了我国提出的《关于采用汉语拼音方案作为中国地名罗马字母拼写法的国际标准》的提案。国务院批准了中国文字改革委员会、外交部、国家测绘总局、中国地名委员会提出的《关于改用汉语拼音方案作为我国人名地名罗马字母拼写法的统一规范的报告》。根据这一文件的精神，我国政府的对外文件均已正式采用汉语拼音方案拼写我国地名。80年代中期，中国地名委员会、中国文字改革委员会、国家测绘局联合发布了《关于颁发〈中国地名汉语拼音字母拼写规则（汉语地名部分）〉的通知》。21世纪初，第九届全国人民代表大会第十八次会议通过了《中华人民共和国国家通用语言文字法》，明确规定"《汉语拼音方案》是中国人名、地名和中文文献罗马字母拼写法的统一规范"。街道名称是地名的一种，改革开放以来，采用汉语拼音作为街道名称罗马字母拼写的方法，逐步在全国得到了实施。

从操作层面来看，采用汉语拼音作为街道名称罗马字母拼写的方法，在实施过程中，碰到了两个方面的问题，需要认真对待，妥善解决。

首先，《汉语拼音方案》作为一种注音系统，最初的主要目的，是给汉字注音，方便汉语学习。后来，随着汉语拼音功能的不断扩大，有些问题就显现出来了例如，单靠一个拼音符号"张"，我们很难区分出所指的语义，到底是汉字中的"张"，还是"章"。又如，一个汉语拼音符号"ma"，加上汉语四声的变化，至少有"妈""麻""马""骂"四种意思，到底表示哪一种意思，很多情况下，取决于上下文语境。这种情况，到了地名、街名译写上，自然会产生很多歧义现象。

其次，我国幅员辽阔，文化多元，方言丰富，因此地名的通名部分，显得特别复杂。一条小巷，北京人说"胡同"，上海人说"弄"，西北地区说"巷"（"hang"），而英语里的对应说法，常用的不过两个——"alley"（小巷）与"lane"（小巷）。再如"湖"，作为通名，英语里常用的单词是"lake"或"pend"，到了汉语里，却有许多不同说法，有的叫"湖"（如"昆明湖"），有的叫"泊"（如"罗布泊"），有的叫"池"（如"天池"），有的叫"海"（如"中南海"），有的叫"淀"（如"白洋淀"），还有的叫"潭"（如"黑龙潭"）。在街道名称的译写中，要特别注意区分专名与通名的不同处理方法。20世纪70年代末期，国务院颁发了《关于改用汉语拼音方案拼写中国人名地名作为罗马字母拼写法的实施说明》。这项政策性文件的第三条，明确指出"在各外语中地名的专名部分原则上音译，用汉语拼音字母拼写，通名部分（如省、自治区、直辖市、江、河、湖、海等）采取意译"。双语街道名称的英文部分，主要是给外国人看的，所以自然也涉及"外语中地名"的译写方法，理应遵循上述规定。不过这样一来，"昆明湖""罗布泊""天池""中南海""白洋淀""黑龙潭"中的通名部分，到了英语里，都变成了单一的"lake"或者"pond"了。

（三）用法讨论

街道名称的英文译写，不仅仅是一个外语水平高低的问题。我们有必要通观全局，结合国家有关法规，采用"遵守法规、分类处理、括注变通、标准得体"的综合性原则，才能比较妥善地解决双语街道名称中的一些常见的问题，保证规范性与标准化的顺利实施。

遵守法规，就是遵循国家有关法律法规，在街道名称的译写上，不论专名通名，一律采用"拼音化"的方式处理，即"绝对拼音化"的技术路线。例如，"金鱼胡同"，译写为"Jinyu Hutong"；"西直门大街"，译写为"Xizhimen Dajie"；"长安街"，译写为"Chang'an Jie"。

分类处理，就是采用次分类的形式，把一些含有地名的服务性设施名称同真正的街道名称区分开来，分类处理。在译写含有地理名称的服务性设施名称，如"北京火车站""双流机场""海淀医院""上海大学""湘江宾馆"等的时候，采用专名部分拼音化，通名部分英文译写的方法，也就是"相对拼音化"的技术路线。例如，"北京车站"，译写为"Beijing Railway Station"；"双流机场"，译写为"Shuangliu Airport"；"海淀医院"，译写为"Haidian Hospital"；"上海大学"，译写为"Shanghai University"；"湘江宾馆"，译写为"Xiangjiang Hotel"。

括注变通，就是指在分类处理的前提之下，在地名标识的指示标牌中，对街道名称的译写，专名通名，一律"拼音化"；在道路交通的指示标牌中，对街道名称的译写，有必要采用括注变通的译写方式，即在拼音化的街道名称之后，加一个括号，注明括号里是相应街道名称通名的英文说法。如"西直门大街，下一个出口"的交通指示标牌，可以译写为"Xizhimen Dajie（Avenue），Next Exit"。值得一提的是，国务院在批示中国地名委员会、中国文字改革委员会、外交部、国家测绘总局《关于用汉语拼音拼写台湾地名时括注习惯拼法的请示》的文件中，特别指出"坚持我国在联合国地名标准化会议的提案，用汉语拼音方案拼写包括台湾在内的中国地名；同时，又要承认现实，方便使用，有利于对台工作。今后我国向外提供罗马字母地名以及出版汉语拼音版地图时，台湾地名可以在汉语拼音方案拼法的后面括注惯用旧拼法，作为过渡"。

标准地体，主要是针对在道路交通的指示标牌中，街道名称通名部分括注变通的译写而言的。这方面的译写工作，应当参照英语国家街名标识方面的用语习惯、规范标准，分类别、分层次，规范化处理，与国际惯例接轨。例如，按照北美的标准，道路的说法，从类型上，主要有："Street"（街/大街）、"Avenue"（道/大道）、"Way"（路/大道）、"Place"（广场/街）、"Circle"（环路/环行路）、"Court"（短街/死胡同）、"Drive"（路/大道）、"Road"（路/道路）、"Path"（路/小路/人行道）、"Boulevard"（大街/干道）、"Highway"（公路）、"Expressway"（高速公路）等。这些信息，对于双语街道名称通名部分的译写，提供了规范化、标准化、国际化方面的资讯。

二、体育旅游标识

（一）类别定义

体育旅游标识（identification），是指为了娱乐休闲、体育运动、健身安全、出行便利、旅游活动的需要，提供的各类相关信息。体育旅游类标识常见的有"Playground"（游乐场）、"Surfing"（冲浪）、"Rock Climbing"（攀岩运动）、"Viewing Area"（观赏区)、"Tramway"(缆车索道)、"Steep Slope"(当心陡坡)。

考虑到这一类双语公共标识的特殊性,在"体育旅游标识"译法研究中,特别注重"开放性、动态化、参照式"编写原则的落实。

首先,在"体育旅游标识"这个大类之下,初步设定了"体育休闲"和"景区景点"2个二级分类。不言而喻,这些次分类具有开放性的特征,可以根据需要,随时增补扩展。其次,每一个二级分类条目列表,都具有动态添加的延展性特质。最后,根据参照式的原则,一些特别常见的跨类使用双语标识,在这些子类中,也得到了不同变体形式的体现。

(二) 用法讨论

英文公共标识文本,从语法结构上来说,一般有三种常用表现手段:独立词语(independent words)、短语形式(phrases)、完整句式(identification)。体育旅游标识也不例外。

独立词语,指的是由单个英文词语所构成的独立标识,用于表示特定的语用含义,如公共休闲场所的"Playground"(游乐场)。

独立词语构成的英语公共标识,有着比较鲜明的规约性,所用词语,都有约定俗成的特点。例如,"Climbing"一词,作为公共标识用语,根据设置语境的不同,可以表示(爬山/登山)的意思,加上一个修饰语"Rock",则是"攀岩"的意思;换上一个否定词"No",表示"禁止攀登"含义。

特别需要指出的是,这种用法,有着鲜明的规约性特征和严格的语法性要求,不可随意套用。譬如说,"lock"在英文,有"上锁、锁门"的意思。"禁止上锁"这条标识的英文译写,国内有的地方,直接套用了"No V-ing"的句式,翻译为"No locking",以致英美人士见到这条英语标识不知所云。参照北美的说法,中文的"禁止上锁",译写为"Keep Door Unlocked"或者"This Door To Remain Unlocked",就没有问题了。

短语形式,指的是由一个短语所构成的独立标识,用于实现特定的语用功能,如旅游景区的"Tent Camping"(帐篷宿营)。

短语形式构成的英语公共标识,一般有不带否定词与带有否定词两种形式。不带否定词的短语,通常表示"必须",如"Exit Straight"(直行出口)、"Exit Left"(左转出口)、"Exit Right"(右转出口);带有否定词的短语,通常表示"禁止",如"No Loose Clothing, Loose Scarves, Long Hair Exposed"(扣好衣扣,围好围巾,束好长发)、"No Glass In Pool Area"(游泳池内,禁止带入玻璃器皿)。

除此之外,短语形式构成的英语公共标识,有着比较固定的结构性,所用形式，一般有"名词短语"与"分词短语"两种。体育旅游类的名词短语，常见的有"Steep´Slope"（当心陡坡）、"Ski Area Boundary"（滑雪场边界）、"Visitor Info"（游客问讯处）。体育旅游类的分词短语，常见的有"No Downhill Loading"（下行方向，禁止载客 / 禁止搭乘）、"No Diving"（禁止跳水 / 禁止潜水）。

完整句式，指的是由一个完整句子构成的英语公共标识，具有比较充分的说明性与指示性特点，如公共场所入口处常见的"Wait Here"（在此等候）、景区景点缆车出口处的"Prepare To Unload, Raise Bar"（准备落地，抬起把手）。

完整句式构成的英语公共标识，一般也有肯定式与否定式两种。肯定式一般表示"必须"，如"Remain Standing"（保持直立）；否定式一般表示"禁止"，如"Do Not Load Here"（此处禁止载客 / 禁止搭乘）。

除此之外，完整句式构成的英语公共标识，有着比较固定的结构性，所用形式，大致有"陈述句"与"祈使句"两种。前者如"Children Must Be Accompanied By An Adult"（儿童要有成人陪同）；后者如"Do Not Ski Beyond This Sign"（禁止过界滑雪）、"Don´t Swim When Using Alcohol Or Drugs"（饮酒服药后，禁止游泳）。

有些常见的双语公共标识，虽然表示同一功能，但是在英汉两种语言的表达上，因为语境的不同，功能强调的互异，也会产生细微的语用差异。

第五章 英美文学的价值意义

第一节 英美文学的语言审美性和艺术性

英美文学作为当今世界文学领域的重要组成部分,对于引领世界文学发展潮流、创新文学形式等方面有重要的帮助作用。英美文学语言作为文学的重要组成部分,对其进行语言特色、语言艺术与审美、语言背景等方面的研究是十分必要的。

一、英美文学语言艺术的源头

古希腊罗马文化是欧洲历史发展过程中的一朵闪耀的奇葩。其丰富的内容、鲜明的人物特征、离奇曲折的故事情节,让其本身具有更大的可读性。斯芬克斯之谜、俄狄浦斯弑父娶母、伊阿宋盗取金羊毛、潘多拉打开魔盒等故事已经家喻户晓,成为流传千古的故事,其中涉及了哲学、思想、科学等诸多内容。这些完整的故事情节被广泛地运用到文学作品的创造中去,给英美文学的发展提供了有效的支撑。古希腊三大著名悲剧作家埃斯库罗斯、索福克勒斯、欧里庇得斯的作品中都有古希腊的影子。古希腊罗马神话注重刻画人物的形象、个性,同时,并追求人物的完美,这在文学作品中都有体现,也正是这个相通之处,才造就了英美文学作品的主旨:追求自然和谐之美,强调个人英雄主义、追求自我的乐观主义精神。从当代的英美文学作品来看,作品本身的魔幻性,其实都是继承了古希腊罗马的影子。

二、英美文学语言特点分析

(一)语言取向:语言凸显较强的社会性

研究英美文学语言的特点,可以从语言的取向上来进行把握和分析,看出语言背后较强的社会性。不管是语言的内容还是语言的风格,都与当时的社会背景有紧密的联系。就拿古希腊罗马文化来说,尽管这是被"神话"的传说,但是它也有广泛的社会根基,那就是崇尚个人英雄主义的社会心态。此外,社会局势的安定与否,在很大程度上关系到文学作品语言基调的明朗性及情感表达的方式,总而言之,文学作为社会现实的产物,决定了语言的构建也具有很强的社会性。

(二)语言功能:强调艺术与实用并重

从英美文学的语言功能上来说,其强调艺术性与实用性相统一的原则,这是所有作品语言的共同体现。从个人心理来说,英美人们强调个人主义、完美主义,特别是在文学创作中更加强调个人情感和思想的表达,因此在语言的构造上更加注意个人风格的塑造以及语言技巧的使用,这体现为很强的艺术性;从社会心理角度来讲,英美文学作品都是对于社会现实的反映,具有较强的社会指向性,加上个人英雄主义情感的作用,作者更加关注社会现实,因此在语言的构造和使用上注重实用性和交际性。正是艺术性和实用性的共同体现,才使得英美文学语言更加具有魅力,打破了纯粹的语言形式,具有多方面的指向性——文学性、思想性、艺术性等,实现了语言本身的突破,这势必会进一步促进英美文学作品的发展和传承。

(三)语言美感:陌生化语言

陌生化的语言是英美文学表达中的重要体现,它打破了传统语言表达的固化性,用一种新的构词方式和表达顺序来对语言本身进行整合,让语言表达更加具有效果。可以拿《尤利西斯》作品中的一段话来展开分析:

Moans round with many voices.Come, my friends.

'Tis not too late to seek a newer world.

Push off, and sitting well in order smite.

The sounding furrows; for my purpose holds.

To sail beyond the sunset, and the baths.

这段话翻译成中文可以为:"我的理想支撑着我,乘一叶小舟,迎着落日的余晖,沐浴着西方的星辰,前进,直至我生命终结。"这句话就是语言陌生化的重要体现,通过使用陌生化的语言打破了传统表述方式的陈旧性,让语言画面感凸显,情感更加具有可感性,同时增加了语言的跳跃性,让作品本身充满活力。这种语言表述方式是传统语言表达的创新,推进英美文学语言的进一步发展。

三、英美文学语言艺术特色及审美性分析

(一) 源于现实而又高于现实

英美文学在语言的使用上,是源于现实又高于现实的,这在所有的文学艺术作品中都有体现,对于英美文学来说也不例外。

例如,《傲慢与偏见》借助于婚姻问题的讲述,以"法规与原则""人情与爱"等问题为基础,深刻揭示了18世纪末到19世纪初处于保守和闭塞状态下的英国乡镇生活和世态人情。从中可以看出,英美文学在创作的时候,具有较强的现实性,必须要以现实作为依托;同时,作为一种艺术形式,通过合理的语言夸张和语言技巧的使用,让作品达到高于现实的效果,对于主题的表达有很强的促进作用。

(二) 戏剧性独白,扩大想象空间

在文学作品中加入戏剧性独白也是英美文学的重要体现,极大地拓展了作品的想象空间。戏剧性独白最早出现于19世纪50年代中期,诗人索恩伯里在著作《骑士与圆颅党人之歌》中的部分诗歌被称作"戏剧性独白"。例如在罗伯特·彭斯的著作《威力神父的祷告》中,不仅能听到主人公的声音,还可以隐约听到作者对主人公的评价,虽然评价不具备权威性,却给作品留下了想象空间。这种独特的语言表达形式,能够使人站在客观的角度上来审视作品,从而引人遐想,给人足够的空间来感悟作品。这种表述方式对于以后中国文学也产生了较大的影响,开创了文学新形式,对于文学艺术的推进和发展有着至关重要的作用。

(三) 引经据典,实现作品内涵的传承性

透视英美文学作品,不难发现作品的另一个特点,那就是引经据典。通过借用传统神话、小说中的意象,来阐明道理和意义,增加作品内容的丰富性。同时也让作品本身更加具有传承性。比如希腊英雄阿基里斯的"Achile´s heels",表示"要害部位、致命的弱点"的意思,这一俗语在以后的很多文学作品中都有显现。这样一来,在解析文学作品的时候,往往能够根据特定的内容来了解其背后更多的历史故事,这不仅仅是对作品内容的丰富,同时也加大了作品的思想内涵,实现文学作品的传承。

(四）陌生化的语言造就美感

陌生化的语言是英美文学语言的重要特色。语言的陌生化是语言的创新，对于语言的发展和进步都有重要的促进作用。同时，从美学的角度出发，语言的陌生化通过措辞、语气方式、语言结构的改变，带给人较强的可感性，增强了画面感，彰显了语言的魅力，让读者能够沉浸到具体的文学情境中去，这对于实现语言的建构和传承有着重要的促进意义。特别是在文学后现代化发展过程中，语言的陌生化与碎片化的表述方式有相通的地方，这在很大程度上革新了语言表达形式，让语言与美学有机地结合在一起，提升了语言的表现力，对于文学语言的进一步发展有重要的指示意义。

(五）理性思维下的哲学精神

英文国家的文学作品传达给读者的不仅仅是情感，同时还有高度理性的哲学精神，这不仅仅与作者的思想深度有关系，同时也与社会现实达成了普遍的一致性。以贝娄作品《更多的人死于心碎》为例来说明，这篇小说中"对话"的哲学思想以及人物转换关系成为贯穿全文的重要思想基础，肯尼斯与舅舅之间的"我""你"关系、本诺与妻子的"我""他"关系等，不同的人称表述方式其实都是理性精神的作用，这在无形中表明了作者的情感立场，揭示了情感的亲近和疏远，这是对工业社会被异化了的人的正面描写，具有很强的现实指控性，体现了文章背后的理性精神，显示出高度的哲学性。

四、英美文学语言审美性及艺术性的社会渊源

语言表述方式是社会文化意识的必然产物，英美文学语言在审美性和艺术性上之所以能够表现出以上的特点，与其特有的文化意识有着不可分割的关系。首先在英美文化体系中，强调自我的个人主义、英雄主义情感表达，这在很大程度上让文学作品更加具有独特性，这就实现了语言本身的灵活性，让语言本身更加有感染力，提升了表达效果。另外，崇尚自由与开放的社会现实在很大程度上为语言的表述奠定了感情基调，让语言不仅仅作为艺术的表达工具，同时更加有现实指向性，拓展了语言本身的维度，丰富了语言本身的意义。总而言之，英美文学作品的语言是作品得以传承和发展的重要因素，是提升文学作品内涵的重要组成部分，对于其他国家的文学表达也有着极为重要的借鉴意义，同时也是研究英美文学作品不可忽视的重要层面和突破口。

在漫长的历史发展过程中，英美文学风格、内容、语言等方面都独树一帜，展现出独特的魅力和艺术性。英美文学的语言特色与特定的社会文化背景、人们心理等有着紧密的联系，它强调艺术性和实用性的相互统一。此外还善于进行创新，让文学作品语言展现出陌生化特色。总的说来，英美文学语言不仅仅是一种语言形式，还是一种独特思维的展现。同时加上各种语言技巧的使用，强化了语言本身的距离美。研究英美文学语言，对于研究语言的艺术性和审美性，准确把握语言的构成及发展等诸多方面都有着重要的意义。

第二节　英美文学的精神价值及现实意义

一、英美文学的精神价值

（一）人文主义精神

在英语中，"人文精神"一词应该是"humanism"，可以译为"人文主义"或者"人本主义"。这种思想体系形成于欧洲文艺复兴时期，同时也是文艺复兴运动的精髓。人文精神广义地讲就是人类的自我关怀，它主要表现在对价值、尊严、命运的期盼以及对生活的追求方面，它是人类在生存过程中遗留下来对精神文化的高度珍视，更是对发展和实现理想人格的一种肯定和创新的概括。翻阅英美文学，我们就会发现它所关注和推广的正是这种人类价值和精神的表现。从文化上来讲，西方人文主义的源头在古希腊、古罗马。人在宇宙中的位置，人与人、人与物的关系，人的本质等本体论的思考促成了当时哲学学派的繁荣，也催生了古希腊的民主政治。现代人文主义精神历经了文艺复兴、世俗传统和启蒙思想的洗礼，成为现代民主思想、科学精神、人权保护，甚至环保主义的理论和思想源泉。人文精神的根本出发点是对整个人类命运的关注与理性态度，引导人认真思考生命的价值、探索生存的意义。因此，它能以形而上的特征直指人的生存本质，直探人的精神和心灵世界，并具有塑造人的精神世界的重要功用。人文主义的核心价值观包括个体内在价值和尊严、个体自我实现的能力和途径，以及人的自由、平等、造福社会等观念。现代社会正处在一个急剧变化的时代，物质文明发展的速度之快让人们很难从精神、从道德上做出及时恰当的回应，进而造成了价值观的迷失或混乱。在物质与精神失衡的年代，对人的精神世界的关注显得尤为重要和紧迫。阿伦布洛克指出："人文主义的中心主题是人的潜在能力和创造能力。但是这种能力,包括塑造自己的能力,是潜伏的,需要唤醒,需要让他们表现出来,加以发展。而要达到这个目的的手段就是教育。"大学作为联结国民教育与社会发展的一个重要场所,更应在这一方面做出积极的探索。一个高素质的大学毕业生不仅应具备良好的专业素养,更应具备较高的人文素养,人文精神,才能真正积极地面对社会发展和竞争。因此,我们培养出来的英语专业的学生不应仅仅成为信息传递的工具,而更应成为具有主体精神和自主学习、自我发展能力的文化使者。

英美文学教学的最主要目的在于培养学生成为一个具备良好语言技能及开阔文化视野的合格人才。英美文学教学本质上是人文主义学科的教育,关注个体的价值与精神。英美文学教育一方面突出对学生语言技能的培训,另一方面更重要的是突出对个体的培养,英美文学课程受文学作品自身天然的直观和感性特点的影响,成为传承人类人文精神的重要载体。

1. 英美文学史上人文精神内涵

人文精神所指的就是"对人的价值追求",英美文学史提倡科学性与人文精神的相容性,关怀的本质就是为了现实具体人类的所有价值。人文指的是"区别于自然现象的规律",它的中心就是要把信仰、价值取向、理想、人文模式贯穿于人们的言行与思维中的。审美情趣认为人文精神是一个人、一个民族更是一种文化活动。人文精神就是将人的文化世界和文化生命贯注于理想追求和价值取向之中,它所强调人的文化世界的开拓和人的文化生命的弘扬,促进人的完善、发展和进步。人文精神是人类通过不断的探索逐步完善和拓展自己,从而进一步地提升自己,将自己不断地从"自在的"形态逐渐过渡到"自为"的形态。

人文精神更是一种相对关注生活真谛以及人类命运的理性认识,它主要包含对人的个性以及主体精神的渴望。国内有些学者把人文性的内涵划分为三个不同层次:其一是对人类的尊严和幸福的追求,也就是广义上所说的人道主义精神即人性;其二是人类对生存真理的所有追求,也就是广义上所说的科学精神即理性;其三就是人类对其生活意义上的所有追求,通俗地讲,就是要有关心他人的心即超越性。这里需要标注的超越性主要是要尊重他人的价值,同时还要关心他人的精神上的生活;尤其是要尊重他人,将其当作精神所存在的价值体现。在中国文化不断沉积的数千年里,中国的传统文化主要是偏重实际与伦理。西方的文化比较重视对人类本性和美好社会的探究。西方传统意义上的文学,都受到了希伯来救世主义、古罗马征服态度以及古希腊理性主义的影响。重视一些个性张扬的发展。

人文主义精神的主要出发点表现在对人类命运的关注与态度,引导人们对生命的价值与意义进行深入分析。人文主义精神以形而上学的基本特征来展现人类的生存本质，塑造良好的精神世界。人文主义的基本核心价值观念主要包括个体内在的价值、个体自我实现的途径与个体尊严、个体自由与平等观念。尤其是现阶段，社会正处在一个快速发展的阶段，物质文明的极大进步很大程度上推动了精神文明的发展，但多元文化的冲击又导致物质与精神的失衡，对人类精神世界的发展造成了一定的影响。一名高素质的学生需要具备良好的专业素养与人文素养，以利于学生积极地面对社会发展，因此英语专业英美文学教育应该成为传递人文主义精神的重要途径。

2.英美文学史上人文精神的体现与发展

艺术作为一种独特的精神现象，人类智慧之花，人文精神的载体，是人类所特有的，是为人而存在的，是人类有史以来不可分割的有机组成部分，它在人类的世世代代繁衍传承中一直占据着优先的地位。可以说，一部浩瀚无穷的艺术史，就是一部人类不断地"认识自己"的心灵历程的形象化的历史。正如英国著名美学家科林伍德指出："没有艺术的历史，只有人的历史。"

(1)英国近现代文学史上的人文精神

读英国文学，不得不读的是莎士比亚，他是一位人文主义作家，他的作品赞扬人的美德，歌颂爱情、友谊和忠诚，鞭挞昏聩的君主和奸邪的小人。

莎剧里有一句话"世界是一个大舞台"，表明了莎士比亚写剧本的首要目的是反映人生。深入人物的内心世界，是莎士比亚的独特的艺术禀赋。这份热爱人生、拥抱人生、和众生融为一体的亲和力，体现了剧作家装下万家灯火的一种宽广胸怀——也许可以称之为"莎士比亚精神"。

(2)美国文学史上的人文精神

美国文学中人文精神的形成和基本特点主要是争取和歌颂个性的自由和精神解放。以美国的民族诗人华尔特·惠特曼为例，其作品写出了美国人民的心声，所以他被称为美国现代文学与现代诗的开山鼻祖。其主要作品《草叶集》，就表现了自我创造、民主的生活气息。他的写作风格有着相当丰富的多样性：有的作品赞美普通人的生活情感和价值观，这种情感比较直率、大胆甚至有些粗鲁；有的作品讴歌民主主义理想的，其主要特点就是高亢有力，充满热情，令人难以忘怀。华尔特·惠特曼的写作艺术特点打破了传统诗歌格律，创造了后来被称为自由体诗的新形式。又如：赫尔曼·麦尔维尔，19世纪美国最富有特色的小说家之一。他是一位描写历险的一流小说家，也是一位思想深邃勇于探索的伟大艺术家。总的来说，西方文化的发源不同于中国，比如罗马、雅典，都处于地中海的沿岸，其生活和生存空间有限。他们大都为了寻找到更大的发展空间和机遇，充分地利用海洋为载体，频繁地流动与交往，所以导致了发达商贸行业，也正是因为这样，西方文化深受希伯来超越意识、古罗马征服态度以及古希腊理性主义的影响。西方文化中的这种与自然的关系的对立和疏离等,都能够在诗歌里显现出来,就形成了与中国诗歌截然相反的魅力和情趣。西方的文学作品中的自然观都是立于人与物而分离开来的自然,或者就是被神化之后的自然。

（二）理性主义价值

著名作家索尔·贝娄是英美文学理性主义的代表,他的作品深刻描述了拜金主义的成因,对当时的社会有理性的认知。充满了对人类社会的理性思考,描述的消费主义和拜金现象的社会根源、所表现的消费社会背景下人们身上所体现出的物质追求和精神追求之间的矛盾,以及由此导致的精神危机在作品的文化背景中,人们在追求物质生活和精神生活之间产生了强烈矛盾。索尔·贝娄完全揭露了工业时期人们所面临的困境,对后工业社会人类生存困境的揭示首先表现为人的"物化"。其最具代表性的作品《更多的人死于心碎》,就将工业后期人们的消费情况完全展现出来。当时的社会将消费作为重心,在这种物质生活状态的影响下,消费主义盛行,作品将对这种"主义"的讽刺上升到文化层次,期盼通过文学作品的精神价值,引导人们正确处理物质与精神的关系。生动地展现了一幅后工业社会的消费图景,表现了"以消费为灵魂"的后工业社会人们的生活,以及那些异化了的"单向度的人",对消费道德观进行了鞭挞,并将消费主义的批判提升到了文化的维度和人文关怀的高度。如《赫索格》深刻地表现了后工业社会人的"异化物化"感,表现了人与自我、人与人、人与社会、人与自然等种种"异化物化"关系。在他的笔下,工业化和城市化的进程让人与自然的关系变成了一种消费关系,让人的关系失去了亲情与爱情。贝娄的作品《赫索格》,深刻揭露了工业社会后期的物质化现象,同时也表现出对人与社会、人与人之间的物质化关系的深深厌恶。可以说,作品是对这种不再和谐的关系的一种悲悼。

作品还描述了在快速工业化进程中,人与社会、人与人之间的关系演变过程,人和人之间除物质关系外,不再有亲情和爱情,不再有精神领域的沟通;人们热衷于追求物质,甚至引发了种种悲剧,这不是个人因素的影响,而是当时社会和经济背景所决定的。在《赫索格》中,作者体现出对传统而和谐的社会关系的深刻怀念。在当时的社会背景下,GDP（国内生产总值）被视为先进生产力的代表,也是衡量社会是否进步的唯一标尺,金钱自然也成为影响社会关系的核心因素,所有人都为追求功利而活;社会舆论大肆宣传明星的成功,群众则成为落后和愚昧的代表,这种扭曲的价值观也成为当时社会的缩影。索尔·贝娄认为,社会和经济的进步为群众带来的未必是幸福和快乐,他对于现代社会精神文明的弱化现象进行了深刻批判。同时，也对工业产业的进步与人文精神演化之间的逐渐淡化进行了反思，在索尔·贝娄的作品中体现了很多值得人类深入思考的哲学问题，向读者描述了工业社会后期社会的悲凉现象。但即使如此，他仍然保持积极向上的心态。可以看出，索尔·贝娄的作品中大多充满着丰富的乌托邦情感，在物质至上的社会时期，他对人文精神的追求展现了人类勇于追求精神乐园的态度和勇气，也充分体现了文学大师的人道主义情怀。

索尔·贝娄的作品深入探析了人们在追求精神需求与物质需求方面的矛盾心理，以及在此基础上埋下的精神隐患。譬如索尔·贝娄创作的《更多的人死于心碎》，这部作品中的词语"心碎"是当代人们心理世界与精神世界的真实写照，即对在崩溃边缘徘徊的现代人来讲，其内心的折磨要远远大于肉体上的折磨。索尔·贝娄通过对美国工业社会后期的现实状况描写，有力抨击了"以消费为核心"的消费主义。还有索尔·贝娄创作的《赫索格》向世人揭示了物质化的美国工业社会，人们在疯狂追逐名与利的过程中，所导致的人类关系的恶化与异化。因此，纵览英美文学作品可以发现，不少优秀作品都是对人类道德观、社会发展等关键问题的深刻揭露与反思，具有重要的理性主义价值。

在一个由 GDP 决定一切的时代，以 GDP 来代表所谓生产力，代表社会进步与否的时代，在一个以金钱来衡量人的价值的时代，贝娄小说无疑是部话剧。每个人仅仅是为了拉动 GDP 的消费者，是影响 GDP 的一个微小因子。贝娄作品揭示了人的价值被"物化"恰恰是当今人类的悲剧，他认为科技进步并不一定能给人带来幸福和快乐。贝娄对科技进步与专家制度的质疑，契合了当时物质丰裕的社会状况下人文精神的衰微、人们的幸福感缺失这一现象。贝娄还对后工业社会科技的进步和文明的演进与文化的落后之间的关系做出了深刻的反思。几部小说都表现了他对人类一些永恒的哲学命题的思考，表达了他对人类的前途、命运、道德、精神状态，人生终极意义等重大问题的关注，比如自我认同、道德与真理、个体与群体等问题。贝娄对这些形而上问题的哲学思考是他对后工业社会消费主义和物质主义做出的回应和反拨，也是他对后工业社会的"无深度""中心消解"和"情感消逝"现象的一种拯救。深刻地揭示了一个后工业的"荒原"社会，然而，面对满目疮痍的后工业文明，他始终保持着乐观、积极的态度，具有一种"情感信念"，小说渗透着一种乌托邦情怀，表现了一种文学理想主义。在一个消费至上、娱乐至死、道德滑坡的时代，贝娄对精神的关注、对精神家园的追寻和敢于直面人类灵魂的精神，以及他开出的救赎方案，无不显示了一代文学大师的人道主义关怀。

(三) 黑色幽默价值

"黑色幽默"是20世纪60年代风行美国的一个现代主义小说流派,在20世纪50年代以后的西方文坛上占有重要的地位。又被称为"绞刑架下的幽默"或"大难临头的幽默"。黑色幽默创立了一种独特的情感模式,它以荒诞消解了传统喜剧的滑稽,以沉痛的无可奈何的苦笑替代了传统喜剧轻松开怀的笑;以荒诞消解了传统悲剧的严肃性;以绝望的惨笑替代了悲剧的痛感,大悲转化为大笑;把人物的悲剧抗争精神转化为无可奈何的认命宿命精神;它用笑来表现悲惨,悲惨情结则借荒诞戏谑加以宣泄;这就形成了一种不同于传统悲剧和喜剧的新的艺术情感类型。它有悲,但却是以笑为悲;它有笑,却是至悲的笑、惨烈的笑。当时的美国是一个社会物质财富相对丰富而精神信仰严重缺失的时代。社会意识可谓像沸腾的大海,狂浪猛作,翻浪不止。有文化评论家甚至把这段时间称为美国历史上的荒诞时期。这个时期的美国人,他们都对当前的现实处境和前途命运惶惶不安,浮躁的情绪也与日俱增。在这样的社会背景下,作家只有通过一种病态、自嘲、可笑的幽默手法来排除他们心中的不满、愤怒和绝望。当今世界仍不太平,重新评价黑色幽默小说对唤起人们的良知、提醒人们认识战争的危害等方面无疑具有重要的现实意义。

黑色幽默是用笑代替痛苦的感情,用荒诞形式宣泄痛苦情感的一种独特文学艺术。文学创作者通过对个人所受到的社会压迫、荒谬的世界等现象描写,用无奈的嘲讽态度展示出个人与环境之间的不协调,并进一步把这种不协调进行扭曲、放大直至畸形,从而使得这种不协调现象显得更加滑稽可笑与荒诞不经,同时又给人一种苦闷与沉重之感。例如《第22条军规》这部作品的故事情节描写始终采用的都是黑色幽默写法,令读者深深地感受到了"第22条军规"的无奈。作品中的黑色幽默将整部作品衬托得十分荒诞有趣,同时也让故事中的主人翁陷入了极度的绝望泥潭中,文中有关情感的具体描写少之又少,但读者又能通过一系列荒唐可笑的故事情节明确感受到隐藏于无形之中的细微情感,这些情感既不纤细柔和也不澎湃热烈,而是周而复始的、难以自拔的且能够对读者心灵产生巨大冲击的深深的"绝望"。英美文学中的黑色幽默随处可见且对世界文学产生了重要影响,具有至关重要的学习价值。在当时的社会背景下很多文学家都选择以一种看似幽默的方式来表达自己的愤怒和不满,用自嘲的幽默诉说内心的欲望。而实际上,军规虽然没有形成具体的规章制度和文字表达形式,但这种无形的约束对军人产生了很大影响。没有人可以真正了解军规,但又不能忽视它的存在。

从教育的角度来说,英美文学的阅读不仅可以为读者提供更多感受西方文化魅力的途径,还具有强烈的现实意义。其现实意义主要体现在以下几方面:第一,文学源于生活,更高于生活,每部成功的作品都包含了作者丰富的人生经历和对社会现实的情感态度。对于西方文学来说,其描述的是西方社会和经济制度下人民生活的真实状态,通过阅读可以从一个全新的视角了解西方文化。第二,阅读英美文学作品可以激发英文学习兴趣,在英美文学作品的阅读中可以积累文学词汇,也可以体会与东方文化完全不同的文学体验,在阅读与学习过程中,读者对英文的感悟能力自然也会不断提高。第三,英美文学注重对读者人格的完善,通过作品潜移默化的影响,可以产生强大号召力。这种正面的、积极的精神鼓励,对完善人们审美观、价值观都有重要的促进作用。在阅读英美文学作品的过程中,读者会自觉进入角色中,感受人物内心的变化,以此激发读者不断探索,甚至效仿作品中的人物,不断完善自身性格缺陷,以此来获取更多精神体验。第四,英美文学作品可谓是文学领域中的语言大师,读者可以从文学作品中获取各种不同的文化体验,英美文学作品中有大量生动的形象,通过精练的语言表达展现自己的内心思想,在帮助读者建立西方思维模式和理念观念方面都有极大推动作用。总之,英美文学作品可以有效填补当前网络模式下人们语言学习方面的空缺,激发人们的理性思维。

  物质文化的快速充盈,使文学艺术的发展渐入低谷,而精神文明价值是推动人类社会文明不断进步的精神力量,可以为人们提供纯粹的精神影响。英美文学作品有效弥补了当代物质社会快速发展带来的思想空间匮乏,可以为人们思维观念的更新、思维模式的优化提供更多精神指导。与此同时,在现代社会模式下,实现文化价值与文化产业之间的合理转化,有助于英美文学在推动社会物质框架结构不断完善的过程中充分发挥其巨大作用。

  人类社会已经进入21世纪,人类所面临各类难题在没有得到有效的解决之前,反而产生出了越来越多的问题,诸如环境、能源乃至战争与和平问题。人们也从来没有停止过思索解决问题的办法,回过头来看看英美文学中的一些经典作品,其中的理性主义和灰色幽默早已昭示了人类今天所面临的诸多问题的答案。只是西方那些自以为是的政客们,对这些昭示置若罔闻而已。在利益面前,理性主义成了人类妄想,灰色幽默是一种永恒的长笑。

二、英美文学的现实意义

(一) 文学源于且高于生活

1. 文学源于生活

文学作为一种意识是社会发展的产物,英美文学作品也不例外,要深入理解和探究英美文学作品离不开对其产生的外部世界的了解，即应当与具体的历史文化语境相结合来解读作品。因此，对英美文学作品的探讨应建立在熟知英美文化的基础之上。文学语言是连接作家与世界的桥梁，英美文学作品的语言能够展现出作家的价值观，展现出其对自身所处环境的某种理解和态度，也展现其对日常生活和人生悲喜的感受和体悟，从中能够看出作家对人生和社会的某种困惑与反思。社会历史文化的丰富多彩造就了英美文学作品语言艺术的精彩纷呈；同时，多样性的语言魅力又高于社会历史文化。因此，英美文学作品中的语言具有丰富的多样性和多元性，对英美文学作品语言艺术的探讨即是对丰富的历史文化内容的解读。

要想对英美文学作品进行深入的分析和解读，必须要做的就是结合文学作品创作的社会文化背景进行理解。在对英语语言文化进行基本的了解和认识的基础之上再对其进行理解和渗透。英美文学作品的语言艺术的表现力更多反映的是作者本人对所处社会价值取向的一种理解和判断，是作者对社会生活以及人生的真实体验和感悟，是作者对生命意义的困惑和思考。文体风格以及语言文化的变化多样是英美文学的特点，尤其是在语言的表现力上更是相当地丰富并富有多元化。所以，在对英美文学作品进行研究的过程，同样也是对英美文学作品中的丰富内涵进行领略的过程。

马克思主义的文学源于生活的理论是对前人理论的完善、开掘、发展和改造。马克思主义用反映论来解答文学的源泉问题。马克思、恩格斯根据"人们的社会存在决定人们的意识"的基本观点指出："观念的东西不外是移入人的头脑并在人的头脑中改造过的物质的东西而已。"这样，马克思、恩格斯认为"意识一开始就是社会的产物，而且只要人们还存在着，它就仍然是这种产物"。这就是说，社会生活是客观的真实存在，而意识是它在人的头脑中的反射和回声。这一看似简单实则十分深刻的基本原理为解决文学的源泉问题奠定了可靠的理论基础。正是在这一理论的基础上，考察了文学与社会生活的关系，提出：一切种类的文学艺术的源泉究竟是从何而来的呢？作为观念形态的文艺作品，都是一定的社会生活在人类头脑中反映的产物。革命的文艺，则是人民生活在革命作家头脑中的反映的产物。人民生活中本来存在着文学艺术原料的矿藏，这是自然形态的东西，是粗糙的东西，但也是最生动、最丰富、最基本的东西；在这一点上说，它们使一切文学艺术相形见绌，它们是一切文学艺术取之不尽、用之不竭的唯一的源泉。这是唯一的源泉，因为只能有这样的源泉，此外不能有第二个源泉。

在这里，特别引起我们注意的是，为什么他把社会生活看成是文学艺术的唯一的源泉？对此，我们应该有这样的认识：第一，除了社会生活这个源泉之外，再不可能有第二个源泉了。古代的、外国的文学艺术作品，也能供作家创作时借鉴和利用，但过去的文艺作品是"流"不是"源"，是古人和外国根据彼时彼地生活创造出来的东西；第二，之所以说社会生活是文学艺术的唯一源泉，是因为文学作品中的一切因素都来自生活，文学题材、主题、情景、人物、情节、结构、语言和技巧等都来自生活或生活的赐予、暗示和启发。写实的与虚构的、曲折的与直线的、离奇的与平淡的、抒情的与非抒情的、崇高的与渺小的、悲的与喜的、幽默的与滑稽的、模糊的与鲜明的、豪放的与婉约的、严谨的与松散的，统统来自生活的赐予、暗示和启发。

2. 文学改造生活

既然社会生活是文学艺术的源泉，那么文学艺术就是对社会生活的反映。当然这里必须强调的是，文学是社会生活的反映，但文学不等于社会生活本身。社会生活必须经过作家头脑能动的观察、体验、研究、感悟、反映、加工、提炼和描写，一句话，经过艺术的改造，才能转化为文学。在这个过程中，文学创作者的主观精神世界，起着巨大的作用。我们决不可把文学对生活"反映"视为机械的复制和刻板的摹写。必须承认作家主观世界对生活的能动改造。辩证唯物主义和机械唯物主义的根本分歧就在于承认不承认文学是对生活的加工和改造。马克思在《关于费尔巴哈的提纲》中说：从前的一切唯物主义——包括费尔巴哈的唯物主义主要的缺点是：对事物、现实、感性，只是从客观的或直观的形式去理解，而不是把它们当作人的感性活动去理解，不是从主观方面去理解。

马克思这里谈的是哲学，他认为我们对事物的理解，既要从客观的方面去理解，又要从人的主观的方面去理解，因为事物一旦成为人的认识对象，就不能与人的主观无关。这个思想对于我们理解"文学反映生活"是十分重要的。就是说，文学对生活的反映不是消极的、被动的摹写，而是积极的、能动的感悟。就现代而言，文学创作也是人的一种生产实践。人的生产实践是人的本质的展开。马克思早就说过："动物只是依照它所属的物种的尺度和需要来进行塑造，而人则懂得按照任何物种的尺度来进行生产，并且随时随地都能用内在的尺度来衡量对象；所以人也按照美的规律来塑造。"在这里，马克思把人的主观能动性，即人能按照自觉的动机、需要和美的规律进行生产（其中包括艺术的生产)，作为人区别于动物的基本标志。为什么人会有这种自觉的能动性呢？这是因为人类的头脑是一种高度严密复杂的物质体系，它是在长期的社会实践中发展和完善起来的，是几千年人类文明积淀的结果。所以，作为人脑的机能，在反映认识世界时，就不会简单地机械地摹写世界，而是以它的机能积极地介入世界、改造世界。

在文学创作中，作家的"心"与外在的"物"是互动的。这一点，六朝时期的刘勰早就有过十分精辟的论述，他说：是以诗人感物，联类不穷。流连万象之际，沉吟视听之区；写气图貌，既虽物以婉转；属采附声，亦与心而徘徊。

这意思是，诗人对外物的感受，所引起的联想与类比是无穷无尽的。流连玩赏于各种景象之中，体察于各种看到和听到之间；描写事物的神情和外貌，要随着景物曲折回旋，运用辞藻和音调则要联系自己的心情来回斟酌。这种解释是符合刘勰的本义的，并深刻说明了作家在反映生活时，一方面是主体受客体制约，另一方面则是客体也受主体的驾驭，这里"制约"与"驾驭"是相反相成的。

在歌德的论述中，批判了当时德国流行的两种错误的思想倾向，一种是单纯地"追求理性"而不顾现实的倾向，一种是所谓"妙肖自然"而不顾主体的倾向，清楚地表明作家反映生活、主观锻炼生活的辩证态度，即作家对现实的反映，是一种掺和自己生命液汁的、能动的、创造性的反映。

特别值得指出的是，关于作家反映生活具有能动性的观点，还得到了现代心理学的有力支持。从心理学的观点看，人对现实的认识、反映和把握总是主客观的统一。一方面它是客观的，因为反映是受外界事物所制约的，是外界事物的映象；另一方面它又是主观的，因为对外部事物的反映是由人这个主体来进行的，总是受他所累积的全部个人经验和全部个性心理特征制约的。实际上，人们在把握对象那一顷刻就是在创造那个对象，它已不完全是客观对象本身，已是经过你的心理过滤的对象。按近代完形心理学派的观点，经验世界与物理世界是不一样的。物理世界被称为"物理境"，"物理境"是事物的纯然的客观存在。经验世界称为"心理场"，"心理场"是事物在人的心目中的存在。"物理境"与"心理场"之间并不存在一对一的对应关系。同一对象，作为"物理境"是一种纯客观的恒定的存在，它一般是可以计量的。例如，一小时就是60分钟，无所谓长与短，这是"物理境"。在烈日下干很重的体力活，你会觉得它太长了，但在凉风习习的树荫下与女朋友谈情说爱，你就会觉得它太短了，这是"心理场"。"母亲珍视的老式椅子在她的时髦女儿看来可能是一堆破烂。或者想一想那些政治信仰敌对的人，在斗争白热化时倾听一位政治家的演说有多么显著不同的反应。"由此可见，在心理学观点方面，把握即是创造。对作家来说，尤其如此。例如李白的诗句："飞流直下三千尺，疑是银河落九天"，"燕山雪花大如席"，"白发三千丈"，"黄河之水天上来"，等等，都是客观景物在诗人心中留下的心理迹象，是诗人在把握这些景物时候的创造，是诗人的"心理场"而已。

3. 文学是人的一种审美活动

社会是人的活动的舞台。人在社会中有各种活动，其中比较重要的有生产活动、政治活动、科学活动、伦理活动和审美活动等。马克思说："人也按照美的规律来塑造"，人的一切活动中都含有"审美"的因素，但只有文学艺术活动才把"审美"作为基本的功能。例如，我们人类的衣、食、住、行，都有"审美"因素。如吃作人的一种活动，不但要吃得饱，而且要讲究食品的色、香、味，一些菜肴一端上桌，看到那颜色和样子，还没有吃，就让你感到惊喜，这中间就有审美因素。但是我们又必须看到，饭菜的基本功能是满足人的食欲，"吃得饱"是第一位的。如果某种饭菜只能看，不能吃，或者很难吃，那么再好看也是枉然。人类只有在艺术活动中才把审美作为基本功能。所以人们常说，文学艺术是审美的高级形态。审美在文学艺术中的实现反映了文学艺术的特征。

(二) 英美文学欣赏的意义

1. 文学欣赏是实现文学审美价值的关键

整个文学活动是一个完整的流程：从创作到作品（或称文本）到欣赏并反转来作用于创作。文学欣赏在文学流程中处于一个什么样的地位呢？西方接受美学把文学接受（包括文学欣赏）摆在十分重要的地位，认为未经读者接受的作品只能称为文本（或称本文），只有经过读者接受，才能成为文学作品。他们把文本与文学作品严格区别开来。最初提出这个观点的是捷克的结构主义者穆卡洛夫斯基，他认为文本仅仅是作家手稿印成书后的"制成品"，它本身并不是美学对象，而是一种具有潜在意义的文学实体。这种制成品也称为"第一文本"，它的意义是不变的，"第一文本"经过读者的阅读后产生了充实意义的实体，成为美学对象，这才成为"文学作品"，也称"复制品"或"第二文本"。既然同一文本有众多的读者，也就会有不同的美学对象。"第一文本"的意义是不变的，"第二文本"即"美学对象"，它的意义随历史而发生变化。接受美学继承并发展了"'美学实体'只是某一群接受者主观解释的共同点"的观点。"制成品"是意义具体的符号，"美学对象"就是"制成品"在读者集体意识中的相关意义。制成品在结构不变的情况下，虽然是读者获得意义的源泉，是作品经过接受而具体化的出发点，但作品从整体上来说不能简单地归结为制成品，因为它是以美学标准不稳定的体系为背景而具体化的。并且他们认为，文学接受（包括文学欣赏）是实现作品的美学价值的环节，也是创造美学价值的环节，而且是有决定意义的环节。在文学接受中，起决定作用的不是作品（文本），而是读者。他们把文学史看成读者的接受史。他们所说的"接受美学"虽然包括了文学欣赏，但不只是一种文学欣赏论，而是一种以现象学、阐释学为理论基础的文学理论，特别是一种关于文学史的理论。

这里不可能全面评价这种理论，只是从文学欣赏的角度略述这种理论的合理因素和不足。它有什么合理因素呢？它把文学接受（包括欣赏）看作是实现以至创造审美价值的一个环节，是包含着合理因素的。马克思在《政治经济学批判·导言》中，在论述生产与消费的关系时，一方面认为："没有生产，消费就没有对象。"另一方面认为:"产品在消费中才得到最后完成。"他举例说,一条铁路如果没有通车,不被磨损、不被消费,它只是可能性的铁路,不是现实的铁路。从这个观点来考察文学创作和文学欣赏的关系,根据"产品在消费中才最后完成",文学作品的审美价值只有通过接受、欣赏,才得以实现。作品在未被读者接受之前,它的价值还只是潜在的,通过接受,它的潜在的审美价值才变为现实的审美价值。同时,文学欣赏还不同于一般的消费。一般的物质产品的消费,就是把产品消灭掉、吃掉、用掉,消费本身并不为该产品创造新的价值。而文学欣赏这种消费则不同,欣赏本身就包含着审美价值的创造。

2.文学欣赏对文学创作的作用

文学欣赏在文学流程中的地位,还表现在它对文学创作的作用。文学欣赏与文学创作,相互联系,相互包含,互为条件。除了前面所说的,通过欣赏,创作才最后完成,欣赏包含着创作。还表现在,欣赏是推动文学创作的重要条件。创作本身就要考虑欣赏的规律、对象及其条件。

第一,文学欣赏有它的规律,那就是从生动丰富的感性形象中去领会它的内蕴,从而获得美的享受。文学创作必须适应这一规律,一方面要求它的内蕴必须体现在感性形式中,另一方面要求感性形式的某一个细节,都是为表现意蕴服务的,从而做到内容与形式的完美的统一。读者在欣赏作品时,能够"披文入情""沿波讨源"。那种公式化概念化的作品,那种堆砌生活的表面现象的作品,都不合欣赏的规律,不能成为真正的审美对象。

第二,作家创作时,总是自觉或不自觉地考虑自己的作品接受对象,从而使自己的创作适应一定的接受对象的要求。西方接受美学提出"隐含的读者"的思想,是包含着合理因素的。我国提出文艺为工农兵服务的方向,要求作家在创作时,自觉从工农兵的利益和爱好出发。所谓"适应"读者,首先要应读者的精神需要。列夫·托尔斯泰说,艺术是表现自己体验过的感情,并使这种感情在读者心中重新唤起。作品能否唤起读者的感情呢?固然在于它是否完整地体现在形象中,更重要的还在于它所表现的感情是否与读者的感情相通。

如果说,在创作过程中,欣赏规律、读者对象及其条件,还只是潜在地制约着作家的创作。那么,当作品创作出来之后,它就直接受读者欣赏的检验。如果它符合欣赏规律的要求,符合读者的精神需要、艺术趣味,就会受到读者的欢迎。

文学欣赏对于文学创作的推动作用,还表现在:文学欣赏提高读者的欣赏水平,能调整读者的艺术趣味、欣赏习惯。"生产不仅为主体生产对象,而且也为对象生产主体""艺术对象创造出懂得艺术和能够欣赏美的大众"。当读者的欣赏水平提高了,艺术趣味、欣赏习惯调整了,又会对创作提出新的要求,这种新的要求,又会推动创作的发展，推动作家不断地进行革新和创造。

读者中包含着不同的阶级、阶层、社会集团，它们的精神需要、接受水平、艺术趣味、欣赏习惯是多种多样的。在我国现阶段，广大读者的多种需要，造成了我国当代文学的多样化。当然，这个"多样化"应是以为人民服务、为社会主义服务为前提的。

另外，我们还必须看到，读者的欣赏需求中，不仅在水平上有高低之别，在情感倾向、艺术趣味上也有着巨大的差别，读者的健康的、积极的精神需要和艺术趣味会对文学创作发生有益的影响。

3. 文学欣赏是一种审美精神活动

文学欣赏是一种审美精神活动。文学欣赏是一种精神活动，但它不同于阅读科学著作那样的精神活动。阅读科学著作，读者也可以被它的内容丰富性、深刻性，逻辑的严密性、理论的系统性所折服，引起读者的理性思考。读者可以在科学著作中获得知识，但不能得到美的享受。欣赏文学作品就不同了，读者能进入作品的境界，感受到作品所描绘的人物和环境，与作者所肯定的人物同忧同乐，共悲共喜。为他的胜利感到高兴，为他的不幸感到悲哀，对工作者所否定的反面人物的失败感到高兴。文学欣赏这种精神活动，固然不乏理性的思考，但主要是情感活动，是一种审美享受。

(1) 作家在作品中提炼了自然美和社会美，并以完美的、感性的形式表现出来

读者在欣赏作品时，就感受到自然美和社会美，特别是感受到社会美中人的精神美、性格美。因此，它能给读者以强烈的美感。如不少的文学作品中的那种死生不渝的爱情，那种崇高的友情，那种为国家、民族、人民利益而赴汤蹈火、百折不挠的奋斗精神和牺牲精神，怎能不使人心驰神往、感奋激励呢？在文学作品中，也描绘了不少丑恶的人物，但它是在作家的崇高的审美理想的观照下创作的，它同样是作家的审美的理想的表现形式，因而读者在欣赏中，同样能获得美的享受。

(2) 作家在审美创造中，发挥了伟大的艺术才能

这种才能不仅表现在作家感受的独特性和认识的深刻性，还表现在按照美的规律创造出与内容相适应的完美的形式。它是作家的伟大的艺术才能的感性显现。人们欣赏这种作品，不仅因"披文入情"而感到愉悦，而且为作家的伟大的艺术才能所折服。对作家的出神入化的艺术创造拍案叫绝，叹为观止。屠格涅夫第一次阅读《安娜·卡列尼娜》后在信中说："我读到安娜和儿子见面一场，竟惘然若失地让书从手中掉落，心里自言自语，写得这样好，真可能吗？"

(3) 读者在欣赏中还能从作品中观照自身

马克思提出了通过劳动实现人的本质对象化的思想，认为劳动产品是人的本质

力量的感性显现。从这种观点出发,他把艺术(包括文学)看作"人的本质力量"。作家在作品中,通过对生活素材的提炼、创造、物化,表现了自己的本质力量。这种"本质力量"固然有其特殊性,但也能有普遍性。因此,读者在欣赏时,也能从中观照自己,获得情感的愉悦。马克思在谈到古代希腊艺术时,深刻地阐述了这一思想。他说:"困难不在于理解希腊艺术和史诗同一定社会发展形式结合在一起。困难的是,它们何以仍然能够给我们以艺术享受,而且就某一方面说还是一种规范和高不可及的范本。""一个成人不能再变成儿童,否则就变得稚气了。但是,儿童的天真不使他感到愉快吗?他自己不该努力在一个更高的阶梯上把自己的真实再现出来吗?在每一个时代,它的固有的性格不是在儿童的天性中纯真地复活着吗?为什么历史上的人类童年时代,在它发展得最完美的地方,不该作为永不复返的阶段而显示出永久的魅力呢?希腊人是正常的儿童,他们的艺术对我们所产生的魅力,同它在其中生长的那个不发达的社会阶段并不矛盾"。有的研究者认为这不是从历史唯物论而是从心理学出发所做的解释。诚然,这种解释有心理学的内容,但如果认为与历史唯物论无关,那就不妥当了。马克思说,成人不能变成儿童,但儿童的天真,使他感到愉快,这是从个体的生命发展史来说。成人正是从儿童发展过来的,他虽然不能重新变成儿童,但儿童的天真、幼稚,仍然潜伏在他的性格中、他的天性中。因此他能从儿童的天真中直观自身性格中的天真、幼稚,因而感到愉快。从人类的发展史来说,今天的人类与童年时代的人类比较起来,已经区别甚大,但仍然不能说毫无联系。通过传统的力量,通过遗传的作用,童年时代的人类天性,仍然部分保存在今天人类的天性中。就天性来说,今天的人类与童年时代的人类,仍然是你中有我,我中有你。因此,今天的人类仍然存在于童年时代的艺术创造,直观自身天性或它的某些方面。"希腊人是正常的儿童",它所创造的艺术,即人类童年时代的艺术,它是最成熟的,因而对我们具有永久的魅力,仍能给我们以艺术享受。马克思的这一论述,对于我们理解过去的艺术何以能给我们以艺术享受,具有重要的意义。

(4) 在文学欣赏中,读者从自己的欣赏本身,也能获得情感的愉悦

作家经过艰苦的劳动,创造了艺术美。并不是任何人都能欣赏这种艺术美,都能领略这种精细微妙。对于非音乐的耳朵,最美的音乐也没有意义。只有具有较高艺术修养、鉴赏能力的人,才能在欣赏中领会作品的神韵和作者的神来之笔,从而获得情感的愉悦。我国美学家王朝闻说:"包括我们对悲剧的欣赏,特别是对悲剧的欣赏所得来的审美快感或愉快,既是美的客体所引起的,同时也是对审美主体自身的审美感受的赞许。在这样的意义下,不妨说审美的愉悦包括自我的欣赏——欣赏心灵高尚化的自我赞许或自我欣赏。因为我读悲剧《窦娥冤》所引起的审美感受是这样,所以我欣赏自己的这种自我欣赏。"这种看法是很有见地,富于独创性的。

4. 文学欣赏是审美再创造、再评价

文学欣赏是一种审美性的精神活动，文学创作也是一种审美性的精神活动，两者的区别在哪里呢？两者的区别在于：文学创作，它是从生活到艺术。具体地说，在社会实践中积累表象和情感——在创造性的想象中创造意象——艺术传达，即用语言把审美意象表达出来，把它物态化。而文学欣赏所走的路程与文学创作是一样的，但方向是相反的。它是从创作过程的终点开始的，即从文本的外在表现——审美意象——作者所反映的生活所表达的情感。那么，在这一过程中，就同一作品来说，文学欣赏者与作家所获得的审美意象、所获得的审美价值是否一样呢？按中国传统的观点，欣赏是"披文入情"，在从作品的语言文字体会作品所表达的情感时，要"以意逆志"，以己之意去体会作者的内心的情感。这样做，与"知人论世"结合起来，就能"尚友"，就能准确体会原作者所表达的情感。也就是说，读者在欣赏中所获得的，正是作者在作品中所表达的。西方的美学在很长时期内也一直持这种观点，克罗齐的观点就具有相当的代表性。他认为，审美欣赏与审美创造不仅所走的路径是一样的，审美的欣赏者与审美的创造者，在观点上、在所得的表现品的价值上，也都是一样的。

这种说法不符合实际。它把欣赏仅仅看作是准确体会作品所创造的审美价值。实际上，在文学欣赏中，欣赏对于作者所创造的审美意象要进行再创造、再评价。所谓"再创造"，是指欣赏者在其"披文入情"的过程中所形成的审美意象与原作是一致的，又不是完全一致的，它总是有所修改，有所变动，有所补充。最能说明问题的是，不同的读者欣赏同一作品时，所创造的审美意象是不同的。鲁迅说："作者用对话表现人物的时候，恐怕在自己的心目中，是存在着这人物的模样的，于是传给读者，使读者的心目中也形成了这人物的模样。""但读者所推荐的人物，却并不一定和作者所设想的相同，巴尔扎克的小胡须的清瘦老人，到了高尔基的头脑里，也许变成了粗蛮壮大的络腮胡子。"鲁迅还以欣赏《红楼梦》为例说："譬如我们看红楼梦，从文上推荐了林黛玉这一个人，恐怕会想到剪头发，穿印度绸衫，清瘦，寂寞的摩登女郎，或者别的什么模样，我不能断定。但是，和三四十年代前出版的《红楼梦图咏》之类里面的画像比一比，一定是断然两样的，那上面所画的，是那时读者心目中的林黛玉。"所谓"再评价"，是指作者在创作时，对于所描写的对象作了审美评价，这种审美评价作为情感倾向体现在创作的过程中，也体现在所创造的结果——形象体系之中。这种评价制约着读者的感情倾向，但读者对于这种评价不仅仅是被动地接受，他要思考、判断这种评价是否正确，是否合乎实际。也就是说，要进行"再评价"，这种"再评价"，可能与作者的相同，或部分有出入，也可能完全相反。再评价以再创造的形象为依据，再评价又反作用于形象的再创造。再评价与原作不同，再创造的形象也就与原作不同。不同的读者，对同一作品的同一形象的再评价不同，彼此头脑中所再创造的形象也就不会相同。西方说："一千个读者就有一千个哈姆雷特。"我国美学家王朝闻在《论凤姐》一书中谈到《红楼梦》的王熙凤时也说："一千个读者就有一千个王熙凤。"

（三）英美文学与学生素质拓展

英美文学教育可以为大学生实现素质拓展提供最有力的文学素养和文化背景支持。文学教育的特殊性不仅能够为大学生提供有"意义"和有"韵味"的"语言输入"，增添语言学习的乐趣与兴趣，而且还能使学生在畅游光怪陆离、五光十色的文学世界之中耳濡目染于优美的文学语篇以培养高尚的道德情操，逐渐了解异域文化与风情的独特魅力、开阔视野、不断提高跨文化交际的能力和创新能力。

1. 英美文学教育的重要意义

大部分学生对开设英美文学课程持否定态度，强调其"无用性"，有的学生甚至怀疑英美文学课程存在的必要性，认为其毫无实用价值，对学生将来找工作于事无补，并建议取消英美文学课程。文学教育时下难以被学生认可与接受有以下两个原因：其一，文学教育自身的特点决定了它不可能在短时间内起到"可视"的、立竿见影的作用，是不能量化的教育。文学教育是长期的潜移默化式的缓慢的"浸润"与"滋养"。其二，我国现行教育体制并未充分强调文学教育的普遍性和必要性，从而导致一些学校过分强调英语学习的实用性而忽略了对学生整体素质的培养，最直接的后果就是学生综合素质的滑坡。作为多年从事英语教学的教师，我们深感当前学生语言技能的提高但整体素质的下降。学生的功利性、实用性现象凸显于学习当中。课上个人陈述及课下作文练习讲的、写的东西空洞无物，无内容更无思想，更不要说个人理解及见解。这是任何一个有责任感的教师倍感痛心的现实。我们期待通过强化文学教育弥补这种遗憾。

文学教育不等同于文学教学。文学教育是在形而上的层面上展开的，是文学教学质的飞跃，是文学教学的最终目的—提高人的总体素质。文学教育迥异于语言教育，但又与语言教育遥相呼应，密不可分。英美文学作品代表着西方社会的价值观，记录着西方社会发展的点点滴滴。英美文学教育的重要意义在于它不仅能培养学生的语言表达能力和文学欣赏能力，为学生提供有"意义"和有"韵味"的"语言输入"，增添语言学习的乐趣与兴趣，更重要的是它能帮助学生塑造独特个性、培养文化宽容精神，使学生在多彩的文学世界之中耳濡目染于优美的英美文学语篇以培养高尚的道德情操、逐渐了解异域文化与风情的独特魅力，开阔视野，不断提高跨文化交际的能力和创新能力，真正做到与世界接轨。

2. 英美文学课程教学的培养目标

教育部对英语专业人才的培养目标定位是:"具有扎实的英语语言基础和广博的文化知识并能熟练地运用英语在外事、教育、经贸、文化、科技、军事等部门从事翻译、教学、管理、研究等工作的复合型英语人才。"学生应具有:"扎实的基本功、宽广的知识面、一定的相关专业知识、较强的能力和较高的素质。"知识的广博性、能力的综合性和对社会复杂环境的适应性是素质教育的三大特征。

英美文学教育所致力于达到的目标是"培养学生的思维能力,包括辨别分析能力、批判能力和选择能力;培养学生的想象能力,包括举一反三能力,从有限推知无限的能力以及从可见事物想象不可见事物的能力;培养学生的创造能力,包括富有创造性地、灵活地解决问题,且仍不失其原则性,设计富有创意的方案并能实施之,以及开创全新的领域或工作局面"。英美文学教育是在英语语言能力的基础之上,从培养学生英美文学欣赏能力入手,从语言层面逐渐进入语篇分析,最后使学生达到阅读的深层,并从学习作品中得以提升各项能力。系统的英美文学教育可以使学生在学习语言的同时,深入了解和剖析西方社会的方方面面,并经过批判思考之后,取其人文精神之精华加以借鉴并反观本国之文化,进行对比研究,"更进一步深化英语语言的学习,提高跨文化交际能力,在一个更加广阔的领域和更加深刻的层次上进行学术、文化、教育、贸易等方面交流;既可接受和吸收西方文化、文学之精髓,又能远播中国文学与文化之精华于异域,达到中西双方互动交流"。如此,既提升了个体素质,又为国家贡献了自己的才与智,是真正意义上的复合型外语人才。

3. 英美文学教育的实施

英美文学教育是在文学教学的过程中通过教学的手段来实现的。各项英美文学研究成果应用到文学教学实践中以深化文学教学,进而达到文学教育之目的。在我国现阶段的学校教育中,英美文学课程的设置及教学手段仍然存在一些迫切需要解决的问题。近年来,英美文学课程在不少高校英语专业课中所占课时比例越来越少,甚至被一些"实用"课程所取代。这一现象背后潜伏的最大危险在于它对育人的根本理念产生腐朽性的影响,将会以牺牲教育的原则——培养全面发展、具有个性和创造性人才为代价。而且传统的英美文学课堂教学模式单一,教学内容无非包括了解英美文学的历史,记忆一些经典作品的梗概及知名作家的名字。教师课堂上对知识点进行罗列,是一种纯文本的知识灌输,学生常常是死记硬背枯燥无味的文学知识。这种教学模式抑制了学生主观能动性的发挥,学生只能浅尝辄止地了解一些作品字面的意思,不能对文学作品进行复杂、深入的分析和富有想象力和创造力的批判性思考,无法深入体会文学作品中固有的智慧情感及审美意识。文学教育在培养学生的想象力和创造力方面起着关键性的作用，这是文学所具有的永恒、内在的价值。为实现英美文学教育拓展学生素质这一目标，建议英美文学课程应适当地做以下改革或改进。

(1) 从根本上改变观念

首先，从事这方面教学和研究的教师和专业研究人员要带头改变观念，把英美文学教学上升到文学教育的层面，才能从根本上实现教学方法的改变。其次，帮助学生扭转思想观念，改变他们在应试教育背景下所形成的观念，脱离"实用主义"的桎梏，使他们从思想上认识到文学课程的重要性和必要性。如果学生在思想观念上纠正了对英美文学课程的偏见，他们投入文学课程学习的热情是不可估量的。

(2) 改进文学教学的内容与形式

在英美文学课程的课堂教学模式上，学生应处于中心地位。课堂教学应将教师的讲授与指导、课前小组准备与课堂专题讨论结合起来，有效地实现师生之间的互动。教师鼓励学生自主学习、大胆创造，激发学生的学习兴趣以增强教学效果。学生的角色由被动接受者变成主动参与者，教师要让学生感到文学教学内容有意义、有韵味儿，促使学生积极主动、富有创造性地阅读文学作品，使学生在感受优美语言的同时深刻领悟文学作品丰富的内涵。另外，适当增加课外实践教学的内容也是必要的。教师可利用多媒体设施与现代丰富的影视资源，播放根据英美文学作品改编的电影，或号召学生运用想象力，根据名著改编作品并进行舞台表演。所有这些教学形式的运用目的在于增加学生应用语言的机会，培养学生想象力和创新能力。这里特别值得一提的是，课堂教学中教师的指导地位不可忽视。英美文学作品需通过教师透彻的分析与深入的讲解，把文学作品研读与对人生的思考结合起来，使学生在对英美文学作品的学习中潜移默化地提升文学修养，感悟人生的哲理，提升个人的思想境界与个体素质。这对授课教师个人的素质也提出了更高的要求。

英美文学教学内容的选择对能否真正实现文学教育，进而提升学生的素质起着不可忽视的作用。现有的一些英美文学教材选材比较陈旧，所选篇目虽出自名家之手，但其蕴涵的社会背景与价值取向局限于一个特定的历史时期。这些篇目可以纳入英美文学教学的范畴，但不应成为教学中绝对的重点。随着科学技术的迅猛发展和世界政治、经济、文化等关系的变化，现代人对人生观、价值观有了迥异于前人的巨大变化。近现代一些优秀的文学作品能真实地反映当前的价值取向和社会发展。适当从近现代作品中取材，并进行分析与教学实践才更可能为现代学生所接受。文学教育要由浅入深、循序渐进地"渗透"给学生，使学生慢慢懂得文学对提高一个人的整体素质、形成价值观方面会大有裨益，对其人生会产生比较大的影响。

(3) 引导学生阅读完整的文学作品，进行独立的思考与判断

现有大部分英美文学教材中的文学作品受篇幅所限，只是节选式的阅读，破坏了作品本身的完整性。因为作品选读尽管都是经典作品的精彩片段，但是只读片段会破坏作品的完整面貌，不利于学生从整体上去热爱、体验文学作品，不利于学生理解作家的创作特色、写作风格以及作品深层的寓意。所以，在对学生进行文学常识及文学理论等知识介绍的同时，英美文学教育更应着眼于培养学生阅读原著的能力和对文学作品进行整体理解与把握的能力。

只有完整认真地对文学作品进行积极主动、富有创造性的阅读，才能在学生感受优美语言的同时有效地启迪学生思维，促使学生进行独立思考与判断，激发学生的想象力与创造能力，使学生循序渐进地懂得文学内在价值的重要性。对文学作品的意义进行积极主动的挖掘与实践，有助于形成积极健康的人生观与价值观，从而行之有效地培养学生的道德情操与文化内涵，促使学生的素质在真正意义上得以提升。在阅读文学作品中，学生不仅获得了无尽的美的享受，而且更加深刻地理解了别人与自己，并根据自己的人生经验和文学体验解读作品，继而加深对文学所模仿的这个世界的深刻认识。而且，文学语篇的长期研读与熏陶有助于培养学生的优良品质、儒雅风格，提高学生的鉴赏能力、思维能力、想象能力和创新能力。这才是一个完整的文学教育过程。

关于文学内在价值的重要性要由浅入深、循序渐进地传授给学生。使他们慢慢懂得：真正有永恒价值的东西存在于文学之中，这些看似没有实际用途的东西，会对我们的人生产生永久性的影响。正如柏拉图所言，"知识没有实际用途，它的存在仅仅对人们的灵魂有益"。这里，柏拉图并不是在说知识无用，而是指出知识具有的永恒之功用。以时下人们世俗的评判标准衡量，即从文学可否帮助人们增加经济收入或找到一份令人满意的工作等现实问题来判断，文学是无用的，但是文学之大用也正在它的"无用"之中。文学在提高一个人的整体素质、形成他永恒的价值观方面会大有裨益的。

新一代学生是我们民族的希望与未来，学生的素质代表着未来我们民族的整体素质。这是每一位从事素质教育研究的工作者必须深思的大问题。作为人文教育的重要组成部分，英美文学教育对学生素质的拓展具有不可忽视的意义。英美文学教学只有与学生人文素质拓展、创新能力培养、健全人格铸造、情趣品位提高结合起来，才能达到文学教育的目的。英美文学教育在塑造学生人格与精神、抵御物质主义侵蚀、防止人的异化与物化、丰富人的心灵世界等方面发挥着不可估量的作用。

第六章 英美文学与翻译

第一节 修辞、意境、句法与节奏

一、修辞与意境

(一) 修辞

谈到修辞,进入人们视野的首先就是炼字、选词、调音、设格等古老传统。用现代美学思想看修辞,修辞是指在一定语境中通过选择、调整语言材料,达到提高语言的表达效果,因此它意味着语言美的创造。王易在《修辞学通诠》中说"修辞学"就是"研究辞之所以成美之学",意即对词语的修饰和润色,选择和斟酌,加工和美化。揭示了修辞即创造语言美的实质。

优秀的作家总是在语言技巧上苦心经营而显示出鲜明的特色,因为词语的选择与锤炼,虽然需要考虑整个语篇的文体与风格,受到语篇的制约,但它主要靠的是译者的语言基本功,靠的是译者通过语法和修辞来细心琢磨。修辞探讨的是词语本身的审美意义,作为审美对象的艺术语言,它可以挣脱语法的羁绊,穿越文字符号,展示一片美的天空。

修辞的特性有三:一是综合性,即修辞现象不只表现在语言的某一个方面,而是表现在语音、文字、词汇、语法各个方面。二是具体性,即与思想内容有着具体的、直接的关系。三是文学性,即文学是语言的艺术,就是非文学作品,也要讲究语言的艺术。这种语言的艺术集中表现在修辞的文学性上。杨慎论修辞指出:"论文或尚繁或尚简。予曰:繁非也,简非也,不繁不简亦非也。或尚难或尚易。予曰:难非也,易非也,不难不易亦非也。繁有美恶,简有美恶,难有美恶,易有美恶,唯求其美而已。"此处谈到评论修辞的标准,不是看其繁或简,也不是看其难或易,主要是看其美与恶,而以美为最高标准,此论最为精辟,揭示了修辞的灵魂。因为文学求诗意,重审美,正如吴乔《围炉诗话》中所说:文之词达,诗之词婉。《书》以道政事,故宜词达;《诗》以道性情,故以词婉。"婉"就是美好。《诗经·郑风·野有蔓草》有"有美一人，清扬婉兮"的诗句。

从翻译的角度讲修辞，就是用译语的语言形式对原文的语言内容进行艺术加工，完美地传达原文的审美信息，对译文语言进行修改和调整、润色和加工，追求完美的语言形式，提高译文的语言质量，使译文臻于优化和完美。具体言之，翻译的修辞问题需要探讨以下理论问题。

1. 修辞的要素

修辞应具备清晰、统一、集中、有力、变化、悦及衔接等特征。清晰是思想和词义的清晰，也包括精确、特指和具体。"表达与思想的绝对一致"是所有文学的"必不可少的美"。恰当用词需要"数年的文学操练"。统一是说在一个语篇之中，一语、一句、一段或整个语篇，应该围绕中心只讲一件事，只求一个效果，不容许节外生枝，加进题旨或情感以外的东西。集中是把所讲的内容聚集成一个整体，把力量集中在理想的要点上，强调理想中所要强调的东西，达到重点突出的效果，不可平分秋色。如在句、段、篇结构中，重点不在开头就在末尾，附属部分则在中间。句子及更大单位必须精心设计，以便强调重点。强调的手段有并列、倒装、悬念和重复等。其中的悬念就是圆周句，即把重点句子放在最后，它不仅发生在篇章的组织上，而且发生在句子的构建上。如果强调句首，用的就是松散句。有力是指既通过精心的人为设计，也不用人为的力量代替自然的力量。自然表达的力量来自深邃的思考。作家手中的笔应该是犁铧，只有犁铧才能在深深的土壤中耕耘。"用俗语讲，用智慧想"。所以最好的办法是力求干净、利索、有力。用词经济有助于增强表达力度，正如莎士比亚所说，"简洁是智慧的灵魂"。不必要的重复应当避免，"宁可舍掉好的，而不要增加没有价值的"，"令人厌烦的是把事情和盘托出"。"文似看山不喜平"，千篇一律写不出好文章，过于单调会破坏情感，分散读者注意力，变美好为可恶。修辞虽然要有规律、规则，但任何规律的遵循、任何规则的实施以及任何修辞成分的使用都必须是灵活的，都必须遵循变化律。悦耳是要求语言文字富有音乐性，讲究节奏，能够吸引读者。衔接是指文章在单词、短语、句子及段落各个平面上要紧凑、连贯、相互衔接，连成一体。

2. 诗化的语言

"诗化"是指散文的语言要具有诗一样的审美效果。诗化的语言必须优美，其优美的内涵是十分丰富的，可以是简洁凝练，可以是朴素清新，也可以是雅洁清真，但必须有一点，那就是语言美，要富于诗意。对此，巴乌斯托夫斯基说过："真正的散文是充满诗意的，就像苹果饱含着果汁一样"。这诗意就是"诗化"，意味散文的语言要具有诗一样的优美典雅。语言学的翻译理论提到语言的多种功能，但很少论及语言的审美功能，这不利于散文作品的翻译。把语言从语法中解放出来使之进入一个更原初的本质构架,这是思和诗的事。(《海德格尔基本著作选》)所谓"更原初的本质构架"与"思和诗的事",指的就是语言的美学意义及其表意功能。后期的维根斯坦更明确地说:"想象一种语言就意味着想象一种生活形式","语词的意义就是它在语言中的用法。"(《哲学研究》)海德格尔和维特根斯坦呼吁把语言从逻辑和语法的束缚中解放出来,表明他们特别看重研究"语言的意义"。而"语言的意义",除了语言的符号意义,更重要的就是审美意义。这些都是语言"逻辑背后的东西",是更重要的内容。尤其是在复杂的文艺作品中,那里往往有多重声音、广泛联想、曲折的暗示、形象的联系,离开了语言的审美功能是难以把握作品精神和作者意图的。

3. 语言的审美功能

语言的职能不仅仅就是交际。但语言首先是以"人类最重要的交际工具"的资格归入社会现象之列,并进入人们视野的,因此,语言学界反复研究的也就是语言的这一功能,而忽视了语言的另一功能——审美。谭恩美在其《母语》中指出"语言的力量"在于"激起一种情感、一个视觉形象、一个复杂想法或一个简单真理的方式"。德国语言学家布勒曾于20世纪30年代提出语言有表象职能的主张,就语言中的某些拟声现象论述了语言的表象职能。他说:"借助于声音来描绘的趋势不但存在于诗歌,并且是到处存在于一般语言之中的。总的说来,这不外是人们努力采用文化之中的其他工具去废除一般语言所有的间接特点的一种表现。"(《拟声与语言的表象职能》)他还认为,人们总有一种渴望,希望能够和他所认识的感觉世界有直接的联系,甚至觉得有必要直接钻进直接感觉世界里头去。一般地说,语言只能使人间接地和感觉世界联系起来,用语言去理解世界实际上是把他们与客观世界隔离开了。他们经常得设法恢复他们对客观世界的这种直觉,运用表象。实际上,语言具有表达或体现形象思维包括感觉、知觉、表象等的作用。这种作用不但表现在布勒所说的拟声成分中,也表现在语言成分的意义色彩中。如语言中所用的比喻就是从意义的比拟中去引起说者和听者的形象思维的。语言中一般叙述具体形象的词语也有力地表达或体现说者和听者的形象思维,体现和表达自己所有的感觉,引起听话人的同样感觉。这些正是所谓"形象性语言"所有的特征。

4. 雅正

在汉语中,"雅"是与"正"联系在一起的,多数情况下"雅正"连用。其含义为:指语言文字在言语体制和文字的音形义方面的"规范"化。早在《论语·述而》中即有"子所雅言,《诗》《书》、执礼,皆雅言也。"这里的"雅言"指语体制在总体上或宏观方面的规范标准,在当时指西周王畿一带具有较高威望的方言,相当于今天的"标准语"。《汉书·艺文志》说:"古制,书必同文……至于衰世,是非无正。"又说《凡将》《急救》《元尚》三篇"皆《仓颉》中正字也。"《仓颉》正是秦汉期间字形规范的蓝本。至汉,《后汉书·舆服志上》载"汉兴,文学既缺,时亦草创,承秦之制,后稍改定,参稽六经,近于雅正。"至此,"雅正"规范观已基本确立。经典古奥、庄重雍容。唯其经典古奥,故情感的表现必求合乎法度规矩;唯其庄重雍容,故兴味的寄托必求合乎高尚的标准。郑玄《〈周礼〉注》云:"雅,正也。言今之正者,以为后世法。"章太炎的弟子黄侃,把典雅解释为"义归正直,辞取雅训。"(《文心雕龙札记》)在典雅中,没有靡辞艳句,也无俚谚村语。所以朱熹说:"古今体制,雅俗乡背",因而须"洗涤得尽肠胃间夙生荤血脂膏",祛除俗气,始可言雅。(《晦庵先生朱文公集》卷64)文静闲适,古色古香。雅正而不随俗沉浮,显现出端庄高雅的非凡的仪态。王国维曾专文论述过古雅在美学上之位置。他说:"优美及宏壮必与古雅合,然后得显其固有之价值","古雅之位置可谓在优美与宏壮之间"(《静庵文集续编》)。雅不排斥俗。单纯的雅,往往古奥、枯涩、壅滞,而缺乏明了性和群众性。如雅中含俗、寓俗于雅、由雅返俗,则无俗的痕迹,却有俗的滋味,没有俗的形状,而有俗的神韵,这种俗,是雅的极致,也是俗的极致。因为它已非纯粹的雅,而是含俗之雅,这就高于原来的雅;它也不是纯粹的俗,而是含雅之俗,这就高于原来的俗。因此,也就能获得雅俗共赏的审美效果。取得这样的效果,关键在于化俗为雅。化俗为雅关键在于一个化字。这种俗,要变化为美,且具有无可名状的魅力。它能渗透到人们的精神世界中,使人的情感得到陶冶、净化、提升。这种俗,就达到了化的境界,而入大雅之堂了。

5. 文眼

"文眼"是中国传统修辞学的一个重要原则,是对创作中的炼字所做的理论概括。古人写作,讲究锤炼字面。凡在节骨眼处炼得好字,使全句游龙飞动、令人刮目相看的,便是所谓"眼"。眼本指眼睛,画龙要点睛,所以"眼"是动物中最能表现其神采之处。就文章而言,文眼是与全文主旨相互照看和辉映的传神词句,是文章主旨和脉络的焦点,由文眼可以窥见全文的主旨。因此,我国修辞理论历来十分重视"文眼"的锤炼。杨载《家数》论修辞云:"诗要练字。字者眼也。"施补华《岘佣说诗》讲"炼字法",即对关键字眼的特别锤炼。刘熙载明确提出"文眼"概念,并对"眼"有详细的论述,认为它是"神光所聚"。这些论述其实都是强调练字的精练,追求一字见精神,因为文章没有"眼"就不精彩。因此,文章写作和文学创作都讲究"点文眼",也称"点睛"。点文眼会有效地突出主旨,使作品意味含蓄隽永。对于一个译者来说,只有抓住了原作的"文眼",并竭力在译文创造出与原文相当的"文眼",才能忠实地传达出原文的意旨和精神,否则再流畅的译文也难以达到美学的效果。

6. 义法

"义法"是"桐城派"散文大师方苞继承归有光的"唐宋派"古文传统提出的散文创作理论。"义"即《易》之所谓"言有物也","法"即《易》之所谓"言有序也","义以为经,而法维之,然后为成体之文"。"义法"作为散文写作的审美元素,包括结构条理、运用材料、语言等技巧,能与之媲美的唯有儒家美学的"文质"二字。"义",即孔子的"质",是文章的思想内容。"法"即"文",是形式。孔子曾说:"质胜文则野,文胜质则史,文质彬彬,然后君子"。这种表达契合了中庸之美。宋玉在《登徒子好色赋》里这样描写"东家之子"的美:"东家之子,增之一分则太长,减之一分则太短。著粉则太白,施朱则太赤"。语言的运用能达到这样的境界,显然是极高的艺术标准。

方苞的"义法"说,与法国现实主义作家福楼拜的主张也有异曲同工之妙。关于现实主义的艺术,福楼拜曾对莫泊桑说过:"某一现象,只能用一种方式来表达,只能用一个名词来概括,只能用一个形容词表明其特性,只能用一个动词使它生动起来,作家的责任就是以超人的努力,寻求这唯一的名词、形容词和动词"。简而言之,他也认为艺术要为内容寻求最完美的形式。可见,这也应作为我们散文翻译的重要原则,因为散文创作讲"义法",散文翻译同样要讲"义法"。

7. 自然

自然具有这样一些特征:它是自由的,不拘一格;它是对必然的服从,反对矫饰;它天衣无缝,绝无斧凿痕迹;它真于性情,不务造作。这些审美特征极有利于散文翻译中作为措辞的指导原则。但是自然不等于粗疏,也不是不需要人工,而是要在苦思苦练的基础上,达到自然之境,也就是要人工而无人工痕迹。皎然说得好:"或云:'诗不假修饰,任其丑朴,但风韵正,天真全,即名上等'。予曰:'不然。无盐缺容而有德,曷若文王太姒有容而有德乎?'又云:'不要苦思,苦思则丧自然之质'。此亦不然。夫不入虎穴,焉得虎子。取境之时,须至难至险,始见奇句。成篇之后,观其气象,有似等闲,不思而得,此高手也。有时意静神王,佳句纵横,若不可遏,宛如神助。不然,盖由先积精思,因神王而得乎?"这就是说,修饰而达到天真,苦思而臻于自然,虽至难至险,但又有似等闲,这才是真正的"高手"。这一观点既纠正了错彩镂金、雕绘满眼的毛病,也防止了不重视人工而流于粗疏鄙俗的偏向。

8. 朴素

在中国古代文学、美学、修辞学的理论中,"素朴"作为一种语言风格,存在于语言的创作和审美之中,给人以有别于典雅风格的美的感受。沈约提出"文章三易",即易见事,易识字,易读诵,与韩愈的"文从字顺"相一致,都是追求朴素。中国诗学"一是尚简的原则；二是含蓄的原则；三是随象运思的原则"。这三点都与朴素相联系。素朴，是一种美，是一种未加雕琢、纯真质朴的自然状态。它最突出的美学特质是语言的自然，用笔质朴无华，平淡静穆，没有堆砌华丽的辞藻，然而却给读者以很深的诗情感染，同时呈现出清澄深远的意境。

素朴之美具有两个显著特点，一是"纯素"，二是"淡然"。关于"纯素"，庄子在《刻意》中解释说"素也者，谓其无所杂也。纯也者，谓其不亏其神也。"这段话阐明了"纯素"的性质。从审美对象来说，就是要保持客观事物的本来面目，不要掺入人为的因素，否则就有损它的自然神韵和灵性。所谓的"淡然"，指的是一种虚空状态。庄子认为，"淡然无极，而众美从之"（《刻意》）。客体处于"淡然"状态，就能给人以挹之不尽、取之不竭的美感主体达到"淡然"的精神境界，就能从对象身上感受到别人感受不到的丰富而深刻的美的意味。"淡然无极"，是审美的高级阶段，这时主体的审美心理像一面无尘无染、"明烛须眉"的镜子，天地万物中各种美的形式在它面前都"应而不藏"（《应帝王》）。所谓"众美从之"，就是主体进行"淡然无极"的精神观照的结果。

9. 化境

化境不仅是创作的标准，也是翻译的标准，中外翻译理论都很重视这一理论。在中国有钱锺书明确提出："文学翻译的最高标准是'把作品从一国文字转变成另一国文字，既不能因语文习惯的差异而露出生硬牵强的痕迹，又能完全保存原有风味，那就算得入于'化境'。"（《林纾的翻译》）西方翻译家弗洛利在其《翻译的艺术》中说："只有演员和剧中人物双方思想感情融合时，才能演出个性、风格和精神世界。同样，只有译者和作者双方思想感情融为一体时，译文与原文才能风格一致，进入化境。"

散文翻译语言的化境，指的是译文的语言看不出任何生硬的痕迹，既是经过精心修辞的语言，又显得自然真朴。可谓内力深厚，用词简洁，传真率高，自然成韵。行文也符合"行当所行，而止于不可不止"的创作规律，显得清新自然。译者的翻译技巧和修辞艺术是工巧达到化境，不再显出工巧，看不出营构和雕饰，不见其惨淡经营之迹。

（二）意境

从我国古典美学传统看，意境是我们民族基本的审美趣味与审美理想。古典写作往往通过借景言情，寓情于景，而使作品诗情画意高度融合，从而在艺术上表现为含蓄蕴藉，诗味浓郁，使人读之，悠然神远。早在《周易》中就有"意"和"象"的概念，《庄子》中有"言"和"意"关系的讨论，这些出于哲学认识论中的概念，影响审美意识,都是意境理论的萌芽,是它们为意境理论提供了哲学依据。至唐代,意境一词正式提出。王昌龄的《诗格》说:"诗有三境:一曰物境,欲为山水诗,则张泉石云峰之境,极丽绝秀者,神之于心,处身于境,视境于心,莹然掌中,然后用思,了然境象,故得形似。二曰情境,娱乐愁怨,皆张于意而处于身,然后驰思,深得其情。三曰意境,亦张之于意而思之于心,则得其真矣。"这里的三境就是意境,只是把偏重于写山水的称为物境,偏重于抒情的称为情境,偏重于言志的称为意境。这里讲的物境,主要讲山水诗,要写出泉石云峰之美,这种美的观点在诗人的心里,诗人一定要处身于泉石云峰中,掌握了泉石云峰之美,看得透彻,了然于心,所以能够描绘出泉石云峰的形象。所谓物境,主要有两点,一要看到山水的"极丽绝秀",即山水之美;二要"形似",描绘出山水的形象来。因为写出了诗人的美学观点,是形象和美的结合,所以构成意境。情境、意境同物境的分别,只是情境写出了"娱乐愁怨",意境写出了"意志",把情意跟景物结合,就成了情境和意境了。其实这三者都是情景和境界的结合,情和意也往往结合着,抒情里有意,达意里有情,写山水里也往往有情意,所以这三境都是意境。宋以后经历代诗人、画家和理论家们从不同方面加以丰富补充,意境理论使美学内涵日臻完善,被广泛运用到各艺术领域,王夫之《夕堂永日绪论》:"情景名为二,而实不可离。神于诗者,妙合无垠。巧者则有情中景,景中情。"至王国维,意境理论发展成熟。他在《人间词乙稿序》中说:"文学之事,其内足以抒己,而外足以感人者,意与境二者而已。"

  朱光潜则沿用王国维的"境界"这个概念,他对它所做的阐释是:"每个诗的境界都必有'情趣'和'意象'两个要素。'情趣'简称'情',意象,即是'景'。"并提出"诗的境界是情趣和意象的融合"的新观点。其中所提"情趣"这个词最早出现于南朝宋代范晔的《后汉书》,指性情志趣,属于表述日常人格的用语。受魏晋清谈影响,南朝的人物品评之风尤为浓郁,随着对人物的品评的扩展和深入,人物的诗文书画也逐渐进入了品评的领域。到了陈代,"情趣"最终完成了这种转换而具有了新意。姚最在《续画品》里评论沈粲的画作时说:"右笔迹调媚,专工绮岁屏障,所图颇有情趣。"从此"情趣"从人物品评进入作品品评,意思也由性情志趣演变为情感趣味,逐渐纳入文艺批评的领域。但在中国古代文论中有时也用"感情""兴趣"以及"滋味"等说法。他在《文艺心理学》中开始使用"情趣",并且把它提到了很高的地位:"艺术家们专以情趣为标准,重新把这个世界的颜色、形状和声音组合出条理来,另成一种较可满意的世界。"以"情趣"作为安排组织作品的标准,实际上是把作者对美的看法归结为"美在情趣"了。他在此后《文艺心理学》的缩写本《谈美》中甚至认为"艺术是情趣的表现,而情趣的根源就在人生"。既然艺术的生活就是有情趣的生活,就是情趣丰富的生活,就是美满的生活,因而人生的情趣化就是人生的艺术化,或者反过来说"所谓人生的艺术化就是人生的情趣化",这就是被朱自清先生称道的"孟实先生自己最重要的理论——人生的艺术化"。围绕意境问题,朱光潜还论述了"趣味"。他说:"文学作品在艺术价值上有高低的分别,鉴别出这高低而各有所好,特有所恶,这就是普通所谓趣味。"一个人的趣味往往受资秉性情、身世经历和传统习尚等多方面的影响。朱光潜认为可以按照趣味把人分成下列几种:一种人在知上有欠缺,是没有趣味的人,任何好的作品对这种人都不起作用,因而他们由于失去了大部分生命的意味而成为"精神上的残废"。另一种人知得不正确,只喜欢坏的作品而不喜欢好的作品,是趣味低下的人。还有一种人知得不周全,只偏爱某派风格的作品,是趣味窄狭的人。在朱光潜看来,只有知得广博才能成为一个纯正趣味的人。他对"向东走者听到向西走者称赞西边景致时觉得夸张,同时怜惜他没有看东边景致美"不以为然,他认为"理想的游览风景者是向东边走过之后能再回头向西走一走,把东西两边的风味都领略到"。只有这样才有评判优劣的可能。

朱光潜引过一句拉丁俗语:"趣味无争辩。"凡是好的文艺作品各有各的趣味和特色,只要作者能把他体验到的情趣尽可能完美地表现出来就是好的作品,至于不同作品之间的优劣差异,很难用一个固定的标准来评定,只能说它们情趣不同特色各异,正如他说的:"文艺是创造的,各人贵有独到,某一地某一时的文艺,不同愈多,它的活力也就愈大。"正如"日落的景致和日出的景致各有胜境,根本不同,用不着去强分优劣。"这就是朱光潜趣味批评的实质。他还说:"甲乙意见相反而都不错的可能,从名学看,似乎不能成立,从心理学看,却是千真万确。我相信文艺批评家应该打破的第一难关就是认识甲乙意见相反而都不错的可能性。"很明显,正如王国维接受过叔本华的影响,朱光潜的美学思想受过康德的影响。康德在《判断力批判》中是提倡美的非功利性和审美趣味的。在谈到鉴赏的二律背反时,康德说:"鉴赏的第一种的常套语就是下面的一句话:每个人有他自己的鉴赏(趣味)……第二种套语是:关于鉴赏,是不能让辩论的。"

此外,宗白华也对意境理论作过精辟论述和重要贡献。他曾写道:"中国艺术家何以不满于纯客观的机械式的摹写?因为艺术意境不是一个单层的平面的自然的再现,而是一个境界层深的创构。"在他看来,意境把握是随着对艺术形象或符号的全面了解及其对意义的深入发掘而逐步加深扩大的,从不太明白到渐次明白其中真意,以至连类无穷、浮想联翩。所以异于一般对意境"情景交融"的理解。此后有的学者还提出了一种更全面的意境概念,即"意境就是特定的艺术形象和它所表现的艺术情趣、艺术气氛以及它们可能触发的丰富的艺术联想与幻想的总和"。这种概念体现了作者、读者以及文本三者的紧密联系,极大地丰富了意境理论。

关于什么样的诗才算有"意境",刘勰《文心雕龙·物色》里说:"是以诗人感物,联袂不穷。流连万象之际，沉吟视听之区。"诗人受到外界景物感触，这种景物互相联结着是无穷的，所以称为万象，只要在视听的范围里所接触到的，着上感情色彩，产生诗意，都可构成创作。流连指在欣赏景物时，不忍离去，这里就产生感情，给景物着上感情色彩，沉吟就在进入创作了。又说："写气图貌，既随物以婉转；属采附声，亦与心而徘徊。""图貌"是描绘形象，是写景；"与心"是表达情意，是抒情。这两者结合，就做到情景交融，构成意境了，即情意同境界结合了。"写气"是描写气候，"属采"运用辞采，也是为写境界用的。"与成"即情景交融，就是有意境的诗。换句话说，做到"情貌无遗"，即情景交融，就是有意境。情与景，是创作的两个要素。"景乃诗之媒，情乃诗之胚"，"孤不自成，两不相背"。作者把感情色彩著在景物上，"融情于景物之中，托思于风云之表"，形成王国维所谓"一切景语皆情语"，就是意境。顾起元说："作者内激于志，外荡于物，志与物泊然相遇于标举兴会之时，而旖旎佚丽之形出焉。"揭示了意境情因景而物态化，景因情而意象化的生成途径。

艺术理论中的意境深远，意蕴无穷，或者说韵味无穷，这种艺术力量的获得，首先取决于艺术意境内在结构的复杂性。这种复杂性体现在它既是一个立体的多层次结构，具有无限的时间跨度和无穷的空间幅度，又是一个有机的整体，容纳了极为丰富的思想容量和生活内容。那些抽象的说教或标语口号式的文章之所以不能构成意境，就是因为它所提供的只是某种思想或某种概念的平面图解，而不是这种立体结构。

西方没有意境的概念，但康德的审美意象、黑格尔的"美就是理念的感性显现"（朱光潜《西方美学史》下册）等理论却与之有很多相通的地方，因为它们都重视托物言志，借景抒情以及象征手法的运用。作者所欲表达的思想感情不直接道出，而是借用其他事物来间接暗示，这样做，就势必能够突破那种平铺直叙所带来的表达意向的过分确定、局限和直露，从而使其表达的意向与内涵趋于广阔、丰富和含蓄，读者的想象活动也会变得活跃，获得更多的审美趣味。

1. 散文与意境

散文既是修辞的艺术，又是诗意美的艺术。散文的诗意美，突出表现在意境的营造方面，使其散文意象空灵幽雅、意境清新婉丽，具有形象玲珑、含蓄蕴藉的独特风格。无论是何种题材的散文，都重意境，都有诗意。写景散文，娓娓道来，净琮动听；抒情散文，直抒胸臆，自然感人；议论散文，其哲理意味蕴含于优美而富有韵味的文字中，以诗的意蕴浸润而成，它的诗意铸造于文字中，细加品味咀嚼，又深含智性，是诗意与哲理的契合。散文或借景言情，或寓情于景，或缘情布景，其中所写景物，不只对作者所抒之情起着规范作用，显示着作者思想感情的趋向，是作者内在的，乃至抽象的情感外化、客观化和对象化，从而加强作品的形象性、具体性、生动性，而且"情融乎内而深且长""寓情于景而情愈深"，更加强了作品的美感，而耐人寻味。总之，情景交融的散文，使人仿佛身临其境，感同身受。情景交融的散文，景实而情虚，虚实结合，"妙在虚实之间"。情景交融的散文，景有限而情无限，有限与无限相统一，正是"近而不浮，远而不尽"，是梅圣俞所描述的"状难写之景如在目前，含不尽之意见于言外"的境界，能让"作者得于心，览者会于意"，各自领略到创作与鉴赏带来的美感。

(1) 散文意境的特征

散文的意境是散文作者把他感于外而又动于中的思想感情，凝聚到艺术形象中来，变成隽永的情景交融的画面，即意境美。散文意境的特征首先在于写景抒情。作者在写作中，渗透进、灌注进了一股浓郁的感情，使这感情笼罩在景的当中，因而读者所看到的虽然全都是景，但所感受到的处处都是情。情景交融，关键在融。情景交融，物我两忘，不露痕迹，入乎化境，便是最高的艺术境界。中国传统的美学观念中有一个显著特色，即认为世界万物具有类似人的精神、意识、性情的表现。因此，作者往往追求一种"山情即我情，山性即我性"的理想艺术境界，物我同一，浑然无迹。镏绩《霏雪录》说："唐人咏物诗，于景意事情外，别有一种思致，必心领神会始得，此后人所不及也。如陆鲁望《白莲》云云，妙处不在言句上。"这是说，唐人写诗，除了写景写事外，其中还流露着某种思致，沁透着某种感情。由于有了这种思致和感情，原来的景与物，就披上了一种"感荡性灵"的东西，使人读着，不仅实获我心，而且意味无穷。作者把自己的情移进去，与自然景物相融合，从而产生出情景交融的新的意境。这意境，离不开景，而且必须符合景的物性特征，但是，只有当作者的心情融入情景，借景抒情的时候，客观自然的景才会转化成心灵的景，充满了感情的景。一句话，景由外境变成了内心的境，变成了散文所创造的艺术形象和艺术世界，这就是散文意境的特征之一。其次，情景交融的散文艺术境界，应当是一个有机的生命的整体。用有机的生命整体来解释艺术的，西方大有其人。亚里士多德和黑格尔，都把艺术之所以美的一个重要原因，看成是有机的生命整体。所谓有机的生命整体，包括三层意思：它是有生命的，它是有秩序的、和谐的，它是多样统一的一个整体。中国的意境，更多地从作者的主观感受出发。作者在兴发感应的基础上，移情入景，化景为情，然后创造出一个独立自主的、生机盎然的世界。第三，散文意境的美，注重韵外之致味外之旨。这种"韵外之致，味外之旨"，虽然不可言说，但却可以意会。实际上，这种意会本是通过已经言说的达到的。因此，归根到底，它又是可以言说的。只不过它不是通过言语直接讲出来，而是通过形象的描绘，来启示，来渲染。

(2) 意境的层次与翻译的过程

《庄子·天道》中说:"世之所贵道者,书也。书不过语,语有贵也;语之所贵者,意也。意之所随者,不可以言传也。"郭象解释说这是"求之于言意之表,而入乎无言无意之域"。这说明了从表层意境进入到深层意境的两个不同层次:表层意境和深层意境。表层意境就是言意之表,是语言文字所直接表现出来的意境外部结构,是直接呈现于作者或读者面前的一些"意象"。刘勰说:"观文者披文以入情"。"披文"就是从语言文字所提供的直观意象的感受开始,进入意境审美全过程。深层意境是文字背后的意蕴,这种意蕴能让"味之者无极,闻之者动心。"《文镜秘府论》论"文义"认为,好诗应该是兼有"物色"和"意兴",所谓"意兴",就是作品内在的意蕴,包括思想、感情、事理、意趣等,它们是物色的生命,是隐藏、孕育于物色意象之中的深层意境。庄子提出的"得意忘言"即是更简要明确地指从语言表层进入深层,领悟表层意境背后的深层意境。王国维提出过意境"深浅"说,宗白华有意境"境界"论,他们的意境内涵结构包括:情景交融、象外言外和"进乎道"三个层次。情景交融是意境内涵结构的基础层次,象外言外为第二层次,最高层次为"进乎道"。在这一最高层次,文学艺术意境之道与哲学之道相通为一,从而文学与哲学也相通为一。这三个层次既表现为不同作品意境创造上存在的横的关系,又表现为一个逐级升华的纵的完整的审美过程。

依据意境理论的层次,译者在翻译时,必须给这表层意境赋予深一层的思想内容,让读者通过译文文字之表,进一步感受到深层的内容。翻译的过程是一个理解原文和表达译文的过程,意境的层次理论提示译者注意:

①准确理解原文的词语,感受原文的表层意境

这就是要看到"言语之中的现实"(巴甫洛夫语),看到原文语言形式之中的艺术意境。20世纪英国著名汉学家韦利即认为翻译必须尽力去感受原作的意境,不仅把作者的字面意义,还要把作者的全部感情都充分表达出来。

②深刻把握原文的意蕴,进入原文的深层意境

要求译者完全沉浸到原作艺术意境中去,化入对象之中,与原作者达到心灵上的契合与审美上的共鸣。

③将原作的艺术意境化为我有

译者化入原作对象之中,主要是指译者与原作者一同悲,一同喜,与原作者的感情达到高度的一致,但并未将原作的形象、思想、感情和意境以有形的体式建构起来,这就需要经过从"化入对象之中"到"化为我有"的转换。在这个转换中,译者凭借自己的知识储备,把原作的审美意境融化在自己的大脑中,并重新转换为与原作大致一致的意境,将自己心中的审美意境与原作的艺术意境统一起来,建立起

可感、可触的形象生动、感情浓烈、意境优美的艺术画面。

④运用原文同样的笔调,传达原文的意境

意境创造和翻译的一般原则是:悲伤的心情配以凄凉的景色,欢乐的心情则配以美丽的景物。有时也用相反的原则,那就是王夫之《姜斋诗话》中所说的:"以乐景写哀,以哀景写乐,一倍增其哀乐。"以乐景写哀,主要是通过乐景引起愁思,通过哀与乐的对比,达到以哀景写哀所达不到的艺术境地。在中国文学中最著名的例子是《诗经·小雅》:"昔我往也,杨柳依依;今我来思,雨雪霏霏。"在《诗广传》卷三中亦云:"往戍,悲也,来归,愉也。往而咏杨柳之依依,来而叹雨雪之霏霏。"

2. 栩栩如生的景物描写

意境的营造需要逼真的景物描写,力求生动形象,如同画面一样呈现在读者眼前,因为写景的文字大多是美文,写得清晰、美丽、饱含诗意,语言生动具体,具有形象性、直觉性和情感性,是一幅用语言勾勒出的画,具有无限的感染力。译文需要以同样的优美文笔,再现出一幅浓烈的诗情画意。

3. 境外之境

译文读者通过艺术的联想、想象的特殊功能以及艺术意境的含蓄、象征、暗示等作用,不仅可以获得译文所提供的意境本身所蕴含的内容,可以感受到意境本身所直接具有的美,而且还可以在"超以象外"的无限时空意识中,再生"景外之景""象外之象""弦外之音""言外之意"。这是读者根据自己的生活经历和而后素养所进行的创造性审美活动,是一个再创造出来的新的意境。译文所呈现的意境是可以直接感受和直接把握的实境,而境外之境则是"可望而不可置于眉睫之前"的虚境。这就是严羽在《沧浪诗话》中所写的:"故其妙处莹彻玲珑,不可凑合,如空中之音,相中之色,水中之月,镜中之像,言有尽而意无穷。"

4. 隔与不隔

欧阳修《六一诗话》中说"状难写之景,如在目前;含不尽之意,见于言外。"王国维在其《人间词话》中用"隔"与"不隔"来阐述这一审美理论。所谓"隔"是"如雾里看花,终隔一层";"不隔"就是"语语都在目前"。显然,"不隔"才是创作的理想境界。"隔"与"不隔"是对创作和鉴赏过程中发生的一系列审美活动、审美现象做出的综合评价和集中概括。从横的方面说,主要有"情""景""辞"三大因素。以写"情"而论,王国维认为,"真"则"不隔",涂饰则"隔"。直抒真情,略无隐饰,只有"真"才能美,不真就不能动人,不真就不能使人产生美感。可见以"情感"为审美对象的诗词作品,其"隔"与"不隔",表现为真与不真,实质为美与不美。写景体物之作,其"隔"与"不隔"的实质也在于能不能使人产生美感以及产生什么程度的美感,但其所以能使人产生美感又与写情不同,因为它主要在于得景物的"神理",而不追求形貌的真实。至于"辞"这个因素当然也很重要,因为它是物化的手段、信息的载体,其自身又有独立的审美价值。但是,情、景、辞这三大因素,对于构成作品的审美价值,只有相对的有限的独立作用。艺术作品的"隔"与"不隔",也不是三者相加的失败或成功,而是三者按照艺术思维的特殊规律,辩证运动、自然融会的结果。就纵的方面讲,又包括艺术境界的形成、艺术境界的物化、艺术境界的复制三个环节。首先,在创作的构思阶段,能不能在作者头脑中形成生动鲜明的艺术境界,这是决定"隔"与"不隔"的第一个环节。艺术境界的形成,其关键在于如何运用艺术思维,使主观的情、志、意与客观的物、景、境,达到辩证一、自然妙合。其次,从观物得意,因景生情到情景交融,意与境浑,这就是物我统一,情景妙合,在作者头脑中初步形成生动鲜明的艺术境界的过程。不过,这种艺术境界只有作者自己能感觉它,它虽然鲜明生动,但往往稍纵即逝,因此优秀的作者不仅善于运用艺术思维捕捉到生动的艺术境界,而且善于及时地把它物化进语言文字。因此王国维强调说:"境界之呈于吾心而见于外物者,皆须臾之物。惟诗人能以此须臾之物镌诸不朽之文字,使读者自得之。"(《清真先生遗事·尚论三》)这就是说,作品"隔"与"不隔",不仅要看作者头脑中有没有形成鲜明生动的艺术境界,还要看作者能不能把它"镌诸不朽之文字",否则读者还是不能"自得之"的。所以,境界的物化是决定作品"隔"与"不隔"的第二个重要环节。在境界的物化阶段,造成"隔"与"不隔"的关键则在于如何处理艺术境界与声律、词采的关系。由此可见在创作的意境物化一环中,决定作品"隔"与"不隔"的不在于物化手段即"辞"本身,而在于"辞"能否把意境物化,或物化的程度如何。最后,境界的复制,这是诗词作品"隔"与"不隔"的最终表现。人们通常所说的"隔"与"不隔",也主要是指物化在作品中的词采、声律中的艺术境界,能不能在读者的头脑中被近似地复制出来。当代西方"接受美学"认为一切文学作品的价值是由两种因素构成的:一为创作意识,二为接受意识。作者物化在作品中的创作意图,必须经过读者调动生活经验,发挥主观想象,进行丰富、补充、具体化,才能够实现。物化在作品中的艺术境界的有关信息,能否被读者快速而明晰地感知到,以及它被感知以后,能否迅速、明晰而且大量地唤起读者的有关生活经验、审美经验,进而引导读者运用自己的经验迅速而明晰地创造一个近似原作的艺术境界,这个区别就是"隔"与"不隔"。能则"不隔",不能则"隔",其快速、明晰的程度不同,也就是程度不同的"隔"与"不隔"。王国维说的"语语都在目前,便是不隔",就是指物化在其中的艺术境界,能够在读者头脑中迅速、明晰地复制出来,而其语言文字所携带的信息,对读者的生活经验、审美经验具有特别强大的召唤的力量。而仅只能唤起读者在欣赏有关作品时曾有过的审美感受的余波,加上这些感受的属性不同,很难构成一个完整的境界，因此就不能不觉其"隔"了。这三大因素、三个环节，任何一点处理不当，都能影响审美效果，造成不同程度的"隔"。反之，要使作品获得最佳的审美效果，达到较高的审美境界——"不隔"，那又必须诸因素、诸环节辩证统一。

以论散文翻译，以"不隔"为标准，意味着读者通过译文的语言可以直接领悟到原作的美和思想，读译文如同阅读原作一样获得同等感受。就翻译实践而言，"隔"的情况有两种：一种是译者翻译时没有与原作者通过审美直觉和谐地统一起来，致使他的译作难以引起读者的审美感受。另一种情况是译者对原作之美已有深切感受，然而在表达时"文不逮意"，使读者不能直觉其美。散文的翻译也是美的创造，对于原作的美，译者既需通过直觉把握，又要具备分析的能力，并能够把对原作美的感受，诉诸文字，以使译文读者同样得到美的感受。奥威尔在《我为什么写作》中指出，"好的散文就像玻璃一样透明"，这一观点与"不隔"也是相通的，可以作为散文翻译在语言上的一种标准。

5. 感情移植

文学重情，文章也有情。白居易说过："感人心者，莫先于情。"王国维说："一切景语皆情语"。表明"情"是文章作品的首要品质。散文翻译时，译者在深入领会原作之情后，只有通过蕴含着情愫的词语，饱含深情的文字将其传达给读者，感染读者，打动读者，才算真正完成拜译的任务。散文译作情感性的强弱，在一定程度上决定着译文感染力的强弱，只有充满译者强烈情感的译文，才能真正受到读者喜爱。无论是情溢言表或情蓄言中，还是情隐言外或情融意境，都必须有"情"。

6. 思想与逻辑

思想是作者所感悟的情感内容，旨趣含义等。毛姆在《清楚・简洁・和谐》中说："作品需要有与之相称的主题。如果内容微不足道，而文体十分庄重，那肯定是不适宜的。"表明作品必然是形式与内容的有机统一体。从散文里读者看到：作者不论是写人生还是写自然，不论是说"自家事"还是说"人家事"，无不是从自我感悟出发。这种感悟，也就是对事物的特殊意义和美质的发现。这种发现，不仅是观察和思索的结果，也是感觉的结果。事实上，感悟经常是观察、思索、感觉的综合的思维活动。有作者的深思妙悟，才有散文中的深刻、隽永的情、理、意、味。因此，散文的选材虽说是无比的自由与广阔，但作者所写的总是自己感悟至深的生活经验的一部分。没有实质性内容的文字，只是无病呻吟文字的矫饰，不可能打动读者。那么，如果原文本有深刻而丰富的思想，而译者没有准确理解，也没有忠实地传达出来，即使译文有漂亮的语言，也不足为训。散文讲情景交融，创造出既优美而又深切动人的意境，最终还得看整个诗篇的立意，这"意"就是思想。所谓"情景交融，错综唯意"(胡应麟语)，所谓"夫景以情合，情以景生，初不相离，惟意所适"

(王夫之语)。这都较明确地指出了在情景交融过程中,一所应有的统摄作用。所以,抒情写景,贵在立意,而立意愈高,意境愈深。

逻辑是指作品的思维形式和文本结构,译文应当忠实反映出来。鲁迅曾经在《关于翻译的通信》中比较过"日落山阴"和"山背后太阳落下去了"这两个句子,他说:"我自己的译法,是譬如山背后太阳落下去了,虽然不顺,也决不改作'日落山阴',因为原意以山为主,改了就变成了太阳为主。虽然创作,我以为作者也得加以这样的区别。"在他看来,这两个句子"原意"不一样,应当加以"区别"。像这样改变句中主宾之序形成表达上"主旨"不同以致改变了"原意",这就是忠实再现原作思维逻辑。其实,文学性散文翻译,即便是以审美思维为主,也不能排除抽象思维。翻译过程是运用语言的过程,也是运用思维的过程。在翻译中,要准确地理解原文,忠实地再现原文,就离不开逻辑分析。如对长句进行有机的分割,理清其脉络。可见,逻辑在翻译中的作用体现在语法分析和思想内容的理解上。要真正译出原作的风格与文笔,传达原作的审美效果,时刻也离不开逻辑思维。要想抓住原作者的感情,透视其精神活动,如实译出原文的风貌,更须经过逻辑上的判断推理、演绎归纳、抽象升华等一系列再创造的思维过程。

二、句法与节奏

(一) 句法

"三个平面"指句法、语义、语用三个层次。至今人们衡量翻译中的某个译句能否为读者所接受,或曰不妥,或曰不合格,或曰生硬,或曰错误,基本上没有从"三个平面"同时考虑。既然一个句子具有三个平面,那么在一个具体的句子里,三个平面总是结合在一起的,其中任何一个平面都不能代表句子的全貌,都不能决定句子的对错和优劣。因此,译句的解释和衡量必须紧扣住句法表层,向隐层挖掘语义,向外层探求语用,力求做到形式和意义相结合,静态和动态相联系,内层和外层相贯通。用"三个平面"理论来研究句法,就是"句子的合格度"。

(二) 节奏

语言的物质基础是语音。语言的节奏,从本质上来看,就是语音的节奏。这属于语言学研究特别是语音学研究的范围。散文讲节奏,虽然不像诗歌那样刻意追求,有严格的音律,但优美的散文总有一种不甚严整的节律存在,有一种内在的音乐节奏,读起来给人以很强的节奏感,一种柔和或紧凑的乐感。在结构和行文上,散文一般追求一种"自然之节奏"。可以似闲谈，如行云流水，也可以似雄辩，如衔枚疾走。它所以能达到这种境界，主要是由作者的心态，所写内容以及读者对象来定。按照句法或意义的停顿为依据，有的停顿密，也就是两个停顿间的音节少，节奏便快；有的停顿长，亦即句子较长，音节较多，节奏便慢。散文的节奏是与所表现的思想内容相一致的，短而快的节奏一般表现急促不安、紧张变化的情绪；长而慢的节奏一般表现平静悠闲、和缓稳定的情绪。同时，在同一篇章里，节奏还根据思想情绪的变化或行修辞的需要而发生变化，在声律上产生强烈的节奏感。比如句短词精，结构均匀的句子，轻重音节相间，读上去铿锵悦耳，掷地有声。

　　亚里士多德在《修辞学》中强调"散文的形式不应当没有格律，也不应当没有节奏"。这说明只要是美的文字，都会注重音美和乐感。一般的语言只需按照思维的逻辑来进行结构，优美的散文的语言却按照感情的逻辑来进行结构。因为散文重意境，而情感的结构，是随着感情的节奏而起伏变化的。这种感情的节奏，就富有音乐性。译者必须具有体味原作节奏本领，否则译文便不能很好地完成翻译的任务。柯勒律治也说过："心灵里没有音乐，绝不能成为一个真正的诗人。"也可以说："心灵里没有音乐，绝不能成为一个真正的译者。"因为句子的长短，具有美学上的含义。句子长短交错排列，可以造成意念上的一种紧张中有松弛、松弛中有紧张的效果。而一连串的短句，造成一种不确定性和随意性的感觉。句法有着明显的文体特征，即短句用得较多，即便是长句，其所含的分句也较短，这样的句法安排是与这段心理描写的内容相呼应的。一般说来，几个短句的排比并列可以表现一系列动作或事件的进行次序，或其急促性、连续性、紧凑性，也可以起到渲染气氛、形成强烈的情感张力的效果。如勃朗特的《简·爱》中一系列短句的运用则充分体现了简在出走过程中行动上的急迫与急促（她希望能尽快离开桑费尔德庄园）和心理上的纷乱与无序（她对自己的出走痛苦又无奈）。

　　句子的重心也是与节奏相联系的。根据修辞学原则，句子的中间部分是最不突出的位置，用来表述最次要的内容；而句子末尾部分是最突出的位置，用来强调最重要的内容。这在英语中称为"掉尾句"。

第二节　英美文学翻译的文本及历史文化情境

一、英美文学翻译前的文本分析

分析是把握英美散文作品的关键。英美散文，依照作品内容和形式特点来区分，大体可简括为两类：应用散文和创作散文。应用散文要求内容切实，不能虚构，创作散文则意为文，有意虚构。真正可称为文学创作的散文，是用散文语言创作的别种样式。一旦作家刻意为文，使各种各类应用散文的文学性较高，也就成了文学散文。

英美散文是散文作家依照他对自己时代的社会生活的认识而创作出来的，读者应该把它分析开来，以便了解、认识、评论作家的这一作品写什么、为什么写和怎么写的，也就是分析它的主题、主题思想和艺术表现形式。要切实掌握作品的主题和主题思想，能够中肯地说出作品的艺术特点和成就。分析作品是阅读和欣赏作品之间的必不可少的环节。它既不同于阅读，也不同于欣赏，而分析与欣赏的区别更为微妙。分析作品要求符合作品的客观实际和作者的本来意图，而欣赏作品则主要是读者的审美观念起主导作用。分析作品不应有读者的主观成分，不可把自己的主观感受和认识强加给作者和作品。而欣赏则只能由读者的审美感受和审美观念作出自己的审美判断。因此，分析可以加深对作品的欣赏，但不等于欣赏。同样，欣赏也有助于理解和分析作品，但不能取代分析。对直观艺术来说，观与赏之间的分析过程，也许会被忽略，产生"一见钟情"的直接效果。但对于语言艺术来说，无论古今，阅读与欣赏之间的分析过程是无从回避和忽略的。当读者把语言构成的艺术作品在自己头脑中变成具体的艺术形象时，实际上是经过分析、综合而达到的。如果能够自觉地对一篇散文进行实事求是的具体分析，则既可加深理解，也有助于欣赏。

（一）知人论文、具体分析

理解一篇散文作品，应当是知人论文，具体分析。英美散文既然是英美作家的作品，当然是依据他自己的思想和生活而创作出来的。因此分析时，必须了解作家和他的时代的社会生活。即便是同一时代的作家，他们有不同的遭遇、思想历程和艺术道路，因而他们的作品也就各有自己的思想、艺术特点。再进一步说，一个作家一生的创作是随着他的思想、艺术的发展而变化着的，不可能一成不变，因而同一作家不同时期的作品也必然具有思想、艺术上的差异。所以分析一篇散文，应当而且必须具体了解这一作品是作家在什么时期创作的，具体了解这一时代的社会生活情况，这一作家的一般作品的思想、艺术特点，这一作家在这一时期的生活遭遇、思想状况及艺术进展，等等。这就是知人论文。如果分析作品仅限于就事论事，就作品分析作品，那是很难认识这一作品的特点，更难作出恰当的历史评价的。因此，要深刻理解一篇作品，就应一切以时间、地点、条件为转移。

（二）从分析结构入手

知人论文，具体分析，是分析一篇散文的一般方法。而具体的方法，还应从分析结构入手。散文结构一般都有三个层次：一是文体结构，二是思想内容结构，三是艺术形式结构。所谓文体结构，就是看它属于哪种文体。散文大多要遵循这种文体创作，所以我们分析作品便应看清题目，辨明文体。文体格式是根据这一文体的应用需要而确定的，实质是一种抽象的一般的公式化的结构形式，对应写的内容具有框架作用。文体既有格式要求和框架作用，就会在作品的结构形式上体现出来，因此分析散文结构便应看清题目，辨明文体，了解它的文体结构。

优秀的散文通常是作者按照自己确定的主题思想，即所谓"立意"，来写某一件事或某一问题的一个方面，也就是所谓"谋篇"。因此，一篇散文的具体结构首先取决于它的主题思想的逻辑结构。为了把握思想内容的逻辑结构，这就要在弄懂字句、疏通章节之后，再进行抽象的逻辑分析，以便把握全篇思想内容的内在联系。比较而言，叙事文、说理文的内容结构容易分析和把握，写景文、抒情文则要困难一些。因为前者直接表现为逻辑结构，而后者则往往以具体形象或形象性手法来表达思想，并且常常具有抒情诗的特点，即形象的跳跃性和逻辑省略，如寓情于景、用典喻理、比兴寄托等，这就必须分析具体形象的含意，把握它们的逻辑联系。散文作者的态度一般不直接以逻辑语言表达，因此必须分析它的具体写景抒情的形象，把握它的逻辑联系。作品思想内容的结构决定它的艺术形式结构，而它的艺术形式结构是它的思想内容结构的具体体现，而且一篇散文的艺术形式结构是由作者依据主题思想的需要，进行选材、剪裁和安排而完成的，因此，分析一篇散文的艺术形式结构，实质是具体分析它的选材、剪裁和安排。凡所选材，都作详略曲直的适当处理，置于恰当地位，结合成思想清楚、重点突出的层次段落，而完成整体结构。

（三）散文艺术形象的分析

散文的艺术形象，实质是作者按照自己的认识，用形象化手法技巧表现的客观事物。因此，一篇散文的艺术形象是由作品所写客观事物形象和作者在作品中表现出来的自我形象交融而成的。凡优秀的散文作品，不但客观形象生动，而且作者自我形象鲜明，跃然欲出。不同作者的思想认识和艺术素养不同，同一作者在不同时期的思想、艺术有变化，因而每篇优秀散文各有独特的艺术形象，既表现于客观事物，也表现于自我形象。一般地说，客观形象通常是由作品具体题材综合而成的主题的形象性，自我形象则是作者对主题的认识、感情、态度、倾向的特征表现或流露的总和。因而具体分析一篇散文的艺术形象，其实就是要求回答：是什么样的形象？有什么特点？用什么手法技巧表现的？表现或流露着作者怎样的思想感情和倾向？把全篇的具体题材分析，然后加以综合归纳，便较确切地了解、把握全篇主题的形象性和作者自我形象的表现，从而认识这一作品的艺术特点。

一篇散文中的作者自我形象，通常并不是通过自我描写刻画而表现出来的。在第一人称散文中，是通过所述主题形象而显示出来，在第三人称散文中，是通过被写人事而流露出来。读者感觉和了解作者自我形象，其实是以读者自己的理解，用自己的生活经验加以充实而想象完成的。因此，分析散文作品的自我形象，实际上是在分析题材形象性的同时取得的。应当指出，一篇散文中的自我形象是作者在所写的主题中表现出来的思想感情和倾向，并非作者的整体形象，因而实质上与主题形象一样，只是形象性的表现。正因如此，所以同一作者的不同作品中所表现的自我形象可能颇不相似。于是，分析散文作品的自我形象，实际上是分析作者对所写主题的是非、爱憎、好恶的思想感情和倾向，综合归纳起来，便形成读者头脑中的作者形象。具体地说，分析说理文的形象性，就是分析其中例证的特点和表述。因为其客观形象就是文中用形象化方式表述的例证。分析叙事文的形象性，就是分析其细节的特点和描述，分析抒情文的形象性，就是分析借以抒情的具体事物的特点和表现。

(四) 散文语言的分析

作为一种写作样式，散文的物质手段只有一个，就是语言。它既不如诗歌有声韵格律，更比不上戏曲有音乐、舞台和演员。因此，散文可谓最单纯的语言艺术。作家用语言进行艺术创作，读者从乔懂字句开始接触作品，而最后要归结到欣赏它的语言艺术。由于英美散文大多属于文学性强的应用散文，因而语言的技术和技巧就显得更为重要而突出。具体分析的步骤应是：首先要求准确掌握词汇意义，正确运用语法规律，恰当利用修辞技巧。其次，应当注意到语言的时代特点，从而了解和掌握作品语言的时代风格。最后，每一位优秀作家的散文作品都有自己的独特的语言风格，这也是分析语言艺术时应当注意到的。总起来说，散文作品的语言分析，实质上是英语语法修辞等技术技巧的分析，是文学表现手法技巧赖以实行的工具手段的分析，并非文学性的分析。

二、英美文学翻译的历史文化情境

社会文化情境的外部研究排除了把文学作品看作是一个封闭自足的客体的局限性,有机会更准确把握文学与翻译的活动的实质,其理论有助于译者在理解原作时,注意结合原作的时代背景,关注文化因素,以把握作品的真实含义。勒弗维尔提出翻译的"意识、诗学、赞助人"三要素,这三者都是直接影响和制约翻译的社会文化情境。不过,更应特别注意译者(包括作者)主体因素,因为外部影响最终要经过译者起作用,内部因素也需要经过译者大脑的整合与过滤,然后沉淀在思维中,成为指导翻译的原则和意识,影响翻译和译作。译者作为主体,并不是被动地受制于社会文化情境的影响,而是会按照自己的意志而有所选择。

(一) 文化

1. 文化的品格

作为文化的本质,它有两个显著的品格:整体性和历史性。整体性意味着它有其自身的结构,不能理解成不同时期和不同领域的文化现象的简单相加,它规定了人类或社会活动的普遍化,排除了个体的偶然行为。这种整体性既有稳固和持久的一面,也有变动和转换的一面。稳固和持久,指文化被作为普遍的行为,被人类所理解和认同,吸纳和储存在文化的整体系列之中,从而支配着人的生活与活动。变动和转换指文化的发展和完善,造成文化的进步和衰退,但是这种变动和转换也只能在整体意义上进行,因为作为文化,唯有从整体的意义上存在,它才能展示这种文化的种种功能。历史性是指人类在总体趋向上是一个不断完善和丰富自身本质的进步过程,它不是某一历史断代的孤立现象。但是,文化也并不完全与人类进步相等同,它有自身的满足、发展和完善过程,需要以相对凝固的结构状态来显示自己的作用与功能,又需要以结构转换的方式来充实超越自己,这构成文化的断裂和阶段性发展现象,这是文化发展的传统形成与传统超越。

2. 文化与语言

从文化的观点来考察语言,语言也具有文化的特点,如它不是自然或生理的现象,而是一定社会集团创造的产物;语言知识是从社会学来的,它对社会每个成员都具有强制性;它对世界的反映不同于科学的反映,有人强调语言知识和科学知识具有不同的性质,其内容不乏违背科学的因素;在人的内在世界形成过程中,母语的作用是不言而喻的等等。此外,一个人在异国他乡陷入文化休克时,首先感到的是语言障碍。于是,有人甚至认为文化也有语言的种种特性,并把两者等同起来。

如法国学者巴尔特说："无论从哪方面来看，文化都是一种语言。"R.A.赫德森在其《社会语言学》中说："就语言的文化间的关系而论，语言的绝大多数方面都包含在文化之内，所以，说某一社会的语言乃其文化的一个方面……语言和文化的关系是局部和整体的关系，不会离真理太远。语言和文化之间的重合地带是由从别人那里学来的所有语言成分构成的。"这样，语言自身一方面是一种文化现象，另一方面绝大多数文化现象又与语言重合，并包含在其中。如果说自然是人类的第一环境，文化是第二环境，语言就是他的精神家园。由此可见，语言是文化的积淀，是文化的载体与媒介。

一种语言的作用以及构成这种语言的词语是生活现实在语言中的反映，其反映方式是说这种语言的民族所独有的。词语不再像传统的符号理论所认为的那样，只是思想观念的索引，而被认为能直接构成思想观念和文化。单词并不是公认的符号，而只是声音。这些声音连同它们所代表的事物和概念，并通过它们生成的精神以一种神秘的联想方式而存在。语言之间的区别并不是"声音与符号上的区别，而是世界观上的区别"。"语言可以说是各个民族的心灵的外壳：各个民族的语言是各个民族的心灵，他们的心灵也就是他们的语言，说这两者是等同的一点也不过分。"一言以蔽之，人的思想完全取决于语言。

语言与文化的这种关系及其文化性质要求翻译注意社会文化因素对语言的影响。具体说，这种影响反映在词语单位、言语产品和言语活动三个方面。以词语层面上的翻译为例，需要注意那些反映一个民族自身的、异于另一民族文化（包括历史文化）的词语。再如言语产品层面上的文化因素更是需要注意的，因为潜藏在篇章中的文化背景若隐若现。话里话外地出现在字里行间，它没有或至少没有全部通过词语表示出来。

3. 文化与翻译

文化的视界也在不断融入翻译研究。翻译绝不是纯粹的语言行为，而是植根于有关文化深处的一种行为。翻译就是文化内部和文化之间的交流，翻译对等就是原语和目标语在文化功能上的对等。这种翻译文化观的具体含义是：①翻译应以文化为单位，而不应把翻译单位局限在语言的范围内；②翻译不只是简单的"译码—重组"过程，更重要的是一个文化交流过程；③翻译不应局限于对源语文本进行描述，而应着眼于源语文本在目标语文化里的功能对等；④翻译在不同的历史时期有着不同的原则和规范，不同时期的翻译也都是为了满足不同时期文化需要以及满足特定文化里不同群体的需要。翻译活动总是产生于某一特定的文化氛围之中的，受着一定文化环境的制约。同时，翻译活动又具有独立性，对文化起着促进作用，影响文化的发展速度的方向，塑造文化的面貌。文化翻译学派的勒弗维尔就认为文学是由一系列相互关联、具有某些特征成分构成的系统，对这个系统有文学内部和外部两个制约因素。并由此提出翻译受到意识、诗学和赞助人三者支配理论。意识和诗学是占主导地位的观念，前者是关于社会应该是怎样的，后者由两个因素构成：一是文学手段技巧、文学样式类别、主题、原型人物和环境、情节和象征等一系列文学要素；二是观念，即在社会系统中，文学的社会角色。赞助人是指任何可能有助于文学作品的产生和传播，同时又可能妨碍、禁止、毁灭文学作品的力量。由此他提出翻译是"文化融合"的观点。

翻译的这种文化视角首先可以从原作的不断翻译中看出。如荷马的翻译，在伊丽莎白时期，有傲慢风格的查普曼译本；在18世纪，有古雅风格的蒲柏译本；后来有民歌风格的马圭尔译本；浪漫主义时期又有浪漫风格的沃斯利译本。其次可以从文化环境制约翻译观念和翻译行为上看出。再次可以从具体的翻译文本上看出。如原作中的文化内涵如何在译作中得到体现，既尊重原作文化又不违背译作文化。

（二）异国情调

异国情调是指作品中反映特定民族生活习惯、思维方式、语言文化、审美信息等的有别于他民族的特殊氛围。散文翻译应当忠实地传达这些异国情调，给读者一个全新的异域审美空间。鲁迅曾经在《"题未定"草二》中指出："如果还是翻译，那么，首先的目的，就在博览外国的作品，不但移情，也要益智，至少是知道何地何时，有这等事，和旅行外国，是很相像的：它必须有异国情调，就是所谓洋气。其实世界上也不会有完全归化的译文，倘有，就是貌合神离，从严辩起来，它算不得翻译。凡是翻译，必须兼顾着两面，一当然力求其易解，二则保存着原作的韵味。"鲁迅说的"洋气"就是异国情调。

翻译是要给读者一个"博览外国"和"旅行外国"的机会，因此保存原汁原味的异国情调是译者的义务，也是译本成败的关键。

（三）关于欧化

"欧化"是指在翻译方法上忠于外来文化的特点，吸纳外语表达方式。鲁迅在《"题未定"草二》中指出："动笔之前，就先得解决一个问题：竭力使它归化，还是尽量保存洋气呢？"鲁迅是遵循欧化的，他认为"只求易懂，不如创作，或者改作，将事改为中国事，人也化为中国人"。"归化"是指翻译中恪守本族语言文化上的传统，回归地道的本族语言表达方式，这就既违背了翻译的本质，也不利于本民族语言的发展。歌德将翻译分为三类：传递知识的翻译，如路德的《圣经》翻译；按照译语文化规范的改编性翻译，这种译法近似创作；逐行对照翻译，指译者逐行在原文下写出译文，通过语言上的紧扣原文以再现原文的实质，这种方法可归属于逐句直译，但不是逐字死译。他进而指出翻译可有两种不同途径：一种是尽可能地不扰乱原作者的安宁，让读者去接近作者；另一种是尽可能地不扰乱读者的安宁，让作者去接近读者。前者便是欧化。

1. 欧化形式的来源

欧化思潮源于五四时期，当时通行了语体文，用语体文翻译西方语文的译作增多，于是逐渐出现所谓欧化形式，这是指汉语表达中模仿西方语文的词汇和句子形式，同我们通常在写作中出现的"病句"或前通顺句，不是一回事。

从语言学上看，欧化形式是一种语言现象，它的来源完全是翻译和用"翻译体"写的文章。它的形成过程是"翻译—写作—口语"。因为经过这样一个过程，所以有选择、检验、淘汰的余地，发展到在口语里也使用时，就是"约定俗成"，形成习惯。这是符合荀子"名无固宜，约之以命。约定俗成谓之宜，异于约则谓之不宜"这一语言学思想的。不过大多数欧化形式还是用于比语，而且只可能通用于一部分人。

模仿外语的形式，要能被人接受，能通行，必具备两个条件：一是有可能，就是说与本国语语法基本规律不抵触，能融合在本国语法里面，甚至是本国古语中本来就有的东西。二是有需要，就是说，汉语是相当古的，到现代已不够精密，需要增加一些语法手段，因此不少模仿外语的形式"应运而生"，并被接受。反之，如果不具备这两个条件，模仿了，输入了，也会被淘汰。一般情况下，在名词范围内的欧化，不影响汉语造句法，是容易接受的。这就是为什么在语言的发展过程中，词语变化最快，显得最活跃，而句法和语音则相对较稳定，变化缓慢。

2. 欧化形式和新表现法

语言是相互影响的，在各民族文化交往中，两种语言经常进行潜在的交流，作为民族特征之一的语言本身没有绝对排他性。译者朝夕涵泳于外文形式之中，翻译或写作时受外文影响是不可避免的。正因为如此，译者有必要具备本国语规范语法的知识，能够辨明所谓欧化形式中什么是我国语言规律所能接受的，什么是和我们的语言规律不相容的，在译文中既能输入新的表现法丰富祖国语文，又可以保持祖国语言的纯洁性。在《语法修辞讲话》"表达"一章中提到："语法欧化的趋势是很自然的，一切反动的力量都遏止不住这个潮流。但并不是说我们可以任意模仿外国语言，毫无限制。……如果祖国语言有相当的说法，就不必去搬弄一般人不习惯的洋说法。"这种说法比较折中，基本符合欧化原则。

译者有接触外语的便利，因此有可能在输入新的内容的同时，输入新的有用的表现方法，使本国语言更加丰富。吸收和引进新表现法是翻译的积极作用之一，是发展民族语言的一个重要手段。翻译的创造性也体现在这方面。

第三节 英美文学翻译的艺术性、笔法与风格

一、英美文学翻译的艺术性原则

（一）接受者效果

接受者效果理论源于接受美学。接受美学的基本理论为：作品的审美内容反映在作品之中，其效果通过接受者的审美反应而表现出来，接受者的自身因素影响作品的接受。作品与接受者的沟通依赖于双方的潜力，作者所提供的审美信息和接受者所获取的审美信息有时大致等同，有时不尽等同，这是作者与接受者个体性的言语经验和审美经验造成的，二者之间可能因此而沟通，也可能因此而存在隔阂，前者导致接收的信息与作者要表达的信息等值，而后者导致接收的信息减值、增值或改值。

（二）接受美学理论与翻译

接受美学的这一理论同样适用于译文（作品）与译文读者（接受者）的审美关系。在翻译过程中，译者作为一个特殊的角色，同时身兼原文的接受者与译文的创作者两职。作为原作接受者的个体性和选择性使得每一个译者对同一篇原作的理解都是独一无二的。而这种独一无二性又体现在译者在另一种语言符号系统中创作的译文之中。所以，通过译者的译文，读者可以反观出译者作为接受者，带着一定的接受目的，在一定的修辞情境中，带着个人因素接受原作的过程中表现出的不同的接受反应。然而，尽管对原作的接受具有个体性，但这并不意味着接受是任意的和无定的。任何接受者都生活于一定社会中，他们的接受无法超越约定俗成的社会文化契约。此外，接受主体还得受原作中接受对象的制约，这种制约集中体现在审美客体中艺术形象或艺术意境对主体的定向导航上。正是这种接受活动的社会性和接受对象的制约性使得译者作为接受主体的再创造并不能带随意性。也就是说，尽管同一原作的每一篇译文都是独一无二的，却是在"大同"基础上的"小异"。这种"小异"体现在译者的接受目的、修辞情境及个人因素对译文的影响。这三个方面体现出翻译过程中的译者心理，反映出对译文的影响。其中的修辞情境分为修辞本节的产生情境和接受情境，这两种情境如果一致，修辞本节的接受效果则佳；反之，接受效果会受到一定的影响。

而这两种情境又可细分为：现实情境、个人情境、时代社会情境。这三者对两个译本来说影响最大的应是个人情境。个人因素则包括人生观、审美观、社会阅历、

生活环境、兴趣爱好、个性气质、身份地位、年龄、职业以及性别等。其中最重要的是文学和语言的修养，它直接影响母语的应用特点。有的译文具有浓浓的诗味，有的译文含有深刻的哲思，这是译者语言功底和文学修养的反映。

人们欣赏艺术，实际上就是欣赏艺术之美。因此，读者是否获得"美"的感受便成了衡量艺术欣赏（接受）的标准。所以关注读者，从读者角度衡量翻译的优劣成败，是翻译研究的必然结果。萨特是最早重视读者的理论家之一，他在其《什么是文学？》中并不关心文学的"内在"本质，而对读者的作用给予异乎寻常的礼赞。他说"作品仅仅存在于读者的理解水平之上"，"只有在阅读之中创作才会完成"，"一切文学作品都是一种呼唤"，"审美客体既不会在书本中出现（其中我们仅仅发现生产此种客体的请求），也不会在作者的头脑中出现"，"艺术作品的出现是一个新的事件，作家呼吁读者的自由，即合作生产他的作品的自由"。当然也不宜过分夸大读者的作用，因为在鉴赏活动中，作者、读者这对矛盾的主导方面还是取决于作者能否创造出鲜明的艺术境界及其物化的程度如何。读者固然可以调动自己的想象对作品的艺术境界进行再创造，但是读者在再创造时使用的生活经验和审美经验还是由物化在词采、声律中的有关信息唤起的。被唤起的读者的生活经验、审美经验的内容和性质也是由物化在作品中的信息的内容、性质所决定的。美在其本质上是美的对象的一种关系型的属性，单一的对象，无所谓美与不美。事物对象有人们认可为好的认可为妙的特性，而正价值的意向有这种指向性，二者高度和合，美便在对象上客观形成了。遵循这些原理，注重读者的反映，能在一定程度上提高译文的质量。关于读者理念，当然读者是多层次的。但贝雷尔曼的"普遍听众"概念很有利于支持这一理论。所谓"普遍听众"就是指"有能力，有理智的人类成员。每一个特定的听众都是在某种程度上带有普通听众的特点"。因此，译者的读者，除特定对象外，便可以这个普通读者为目标。

（三）视野融合

"视野"指由知识和经验构成的理解范围。按照阐释学原理，原文因作者的知识结构和经验内容有其固定的形式结构和较为稳定的思想内容，阐释者的理解必须限定在原作的这一范围之内，否则就是过度阐释或是欠额阐释。但接受者也因自己的知识与经验使得阐释也不是被动的单纯性理解过程，而是一个积极的创造性过程。

按照这一原理来讨论翻译，翻译首先是理解原作。译者理解原作的过程，当然不能脱离原文所提供的基本范围，把自己的知识视野强加于原作，但又往往是一个根据原作的描述，印证自己的直接或间接的生活经验并唤起自己的形象记忆和情绪记忆的过程。也就是说，由于译者长期浸润于自己的母语文化，习惯于自己的语言传统,他是带着一个有自己思想感情的,有自己生活经验的,有自己个性学养的,有自己精神气质的完整的人进入原作中去的。因此在这样一个过程中,译者总是要凭借自己的想象力、联想力、情感和理解力,去领会原作意图和意境,再重新创造出一个不同于原文的新的艺术作品。由此看来,理解既不是译者完全放弃自己的视野,进入原作的视野,也不是简单地把原作的视野纳入自己的视野,而是译者从自己已有的视野出发,不断地扩展自己的视野,与原作的视野互相融合,形成一个新的视野。这样的理解,就包含了原作者和译者的共同视野,是原作者审美经验和译者审美经验的融合,这在接受美学上称为"视野融合"。这样翻译出的译作,既是原作内容与形式的再现,也必然带有译者的精神,因此译文也就是原作者与译者的双重创作。

(四)审美的同等效应

从美学原理上看,美是对象上因有吻合人认可为美的特征而形成的关系属性。美在本质上并不是一种物质,也不是物质对象单方面的属性,而是对象特性与同样也是一种客体存在的人类的正价值指向性二者高度和合而形成的关系属性。在形成美和感受美的过程中,人类起到了一身而二任的作用。可以说,所有的美,都是关系属性。对象形成了美,人审美时这美存在,人不审美时这美也存在。而要形成人类所感受到的客体美,包括自然美和艺术美,人类认可为美的正价值指向性是不可或缺的。

正是由于艺术美是一种关系属性,而关系属性的反映均要反映关系相关的各方,故欣赏艺术美,主体人必须心目中留存或摄入或产生人类意念愿望的指向,这种价值指向必须与艺术品的艺术价值特性高度和合,人们才可判断并感知到艺术作品美。如果创作者融注到作品中的审美特性与鉴赏者的审美倾向不相符合,鉴赏者便反映不到作品之美。如果鉴赏者不具备鉴赏该项艺术的素养(感性感应能力和技巧知识等),即心目中不具备相应的认可为美的正价值意向,那么也不能欣赏到作品的美。同时,在艺术欣赏中,人们的审美倾向具有民族的时代的诸多差别,艺术品所融注的主体审美意识也有诸多差别。因此,不同的民族不同的时代会有不同的艺术之美。但是,人类也有基于生理的、基于地球生存环境的所有共性的共同的审美倾向,艺术作品的特性也能吻合这种倾向形成共同的美。诸如绘画、音乐、舞蹈等艺术,均能形成被不同时代不同民族共同欣赏的艺术之美。所谓人同此心,心同此理。

二、英美文学翻译的笔法与风格

(一) 笔法

"笔法"一词源自"春秋笔法",意谓在看似平常的记事之中加入深刻的褒贬劝惩之意。这种主观意图被人称为"微言大义"。所以,《春秋》记事极为简略,遣词造句十分审慎,往往一字之中尽含褒贬,在力求最简洁的基本构想之中,体现出有繁有简的选择。孔子修《春秋》,又把记史、史评、借史三者统一在一起,更加确立了这种文章写法和使用语言的艺术。这种"春秋笔法"极为深隐犀利,难以索解,极大地增加了文字的信息含量,给人留下了非常广阔的思维空间。这种笔法最显著的特色是其"简而有法"的叙事,即用高简的手笔、平淡的语言,用寥寥几个字把历史的结论表达出来。"简"就是"简洁",如刘知几所言:"《春秋》变体,其言贵于省文。"(《史通·叙事》)"法"即"法度",指在叙事方面有其独有的方法,前人称为"书法"。史载"孔子作春秋,乱臣贼子惧"。《史记·孔子世家》亦云:"孔子在位听讼,文辞有可与人共者,弗独有也。至于为《春秋》,笔则笔,削则削,子夏之徒不能赞一辞。"从文学的角度看,这种行文方法往往要求用词准确,选词谨慎,将深隐的内涵寓于看似平淡的语句之中,所以胡适以来的许多学人甚至认定春秋笔法是我国修辞的最早萌芽。由"春秋笔法"引申出的"散文笔法",已经不再是风格意义的概念了,它是用以区分散文与其他文字产品的概念,以免除由文体、语体、"文"与"笔"、散文与韵文、文学与非文学等区分法带来的不便。这就是说,只要是运用了"散文笔法"写出的文字产品,就是散文作品。散文笔法主要有以下五类:

1. 记叙笔法

记叙笔法写作者本人的所见所闻所感所想所历。翻译时一定要译出原作的笔调和作者的个性。如史蒂文森的《骑驴旅行》,叙述自己一段亲身经历,记叙中流露出自己对世界、对人生以至对政治的看法,描述的虽是细微的事物,却反映了深刻的社会现象。

2. 抒情笔法

抒情笔法重在抒发作者主观情感以打动读者。如欧文的《作者自叙》,就是一篇抒情笔法的文章,写自己从童年时代即怀有的对旅行的喜爱和对航海的向往,这是一种高尚的爱好和雅致的情趣。为了表达这一真实的情感,作者用语优美典雅,笔调工整规范,风格闲适静谧,描绘了一幅田园诗般的意境。尤其在结尾几句,写得情景交融,翻译时需要忠实再现这种感情。

3. 描写笔法

描写笔法以写感受为核心，抒情浓烈，一切被描写的对象都是作者情怀的外在体现。作品写景为的是创造气氛，寄托作者的心境，抒发作者的情怀，写物为的是托物言志，寄寓自己的精神与志趣，写人为的是凸显形象，表达作者对生活的感受和认识。因此描写笔法常常要注意情景交融，意与境浑。

4. 说明笔法

说明笔法就某一主题阐述和发挥，其结构严整，逻辑力强，文字精确。

5. 议论笔法

西方的议论文学起源很早，源于古雅典元老院雄辩的演说，特点是深思熟虑的逻辑推理、真诚客观的事实陈述，而这一切又总是借助于文情并茂的文字。

（二）风格

"风格是诗的灵魂"，这是伐摩那的名言，强调了风格的重要性。作品的风格指的是其所表现的主要的思想和艺术特点，尤其是语言特点的综合表现，是作家的创作个性在文学作品的有机整体和言语结构中所显示出来的、能引起读者持久的审美享受的艺术独创性。《写作大辞典》对风格的定义是："文学创作中从整体上表现出来的一种独特而鲜明的审美特征。它受作家主观因素及作品的题材、体裁、艺术手段、语言表达方式及创作的时代、民族、地域、阶级条件等客观因素的影响而产生，并在一系列作品中作为一个基本特征得以体现。"简言之，风格就是作家创作时的艺术特色，是某一作家的作品之所不同于其他作家的表征和审美个性。艺术的生命在于独创性，作家永恒的艺术生命就在于独具的风格。古今中外，在文坛上闪耀着光芒的，唯有那些独具风格的艺术家。因此，中外文士历来都十分关注风格的论述，中西诗学家都提出了许多很有价值的观点。吕祖谦《古文关键总论·看文字法》说："学文须熟看韩、柳、欧、苏。先见文字体式，然后遍考古人用意下句处。第一看大概主张；第二看文势规模；第三看纲目关键，如何是主意首尾相应，如何一篇铺叙次第，如何是抑扬开合处；第四看警策句法，如何一篇警策，如何是下句下字有力处，如何是抬头换头佳处，如何是缴结有力处，如何是融化屈折、剪裁有力处，如何是实体贴题目处。"这里的"文势规模"，也就是看文章的体裁和风格是否一致。

西方风格论提出较早，古希腊的亚里士多德在《修辞学》里便谈到了风格问题。他说："仅仅知道我们应该说什么还不够，还必须以恰当的方式来表达。这样会大大有助于演说取得应有的效果。"（《论散文风格》）他还把风格特征分为三个方面：清晰、适体和正确。他在《修辞学》中设专章讨论文体风格，诸如遣词用字、句子结构、韵律节奏等。他的《论风格》中将风格分为四个类型：强有力的、高级的、文雅的或中等的、普通的或低等的。古罗马的郎吉弩斯也写出了风格专篇——《论崇高》。西塞罗把演说风格分为三类：朴素的、中间的和华丽的。他说："说小事需朴素无华，论大事需庄重华丽，介乎两者之间者需用中间文体，如是，则能雄辩过人。"

1. 中西风格分类的差异

西方风格论多将风格区分为"主观的风格"与"客观的风格"，如威克纳格在《文学风格论》中指出："风格是语言的表现形态，一部分被表现者的心理特征所决定，一部分则被表现的内容和意图所决定。倘用更简明的话来说，就是风格具有的主观的方面和客观的方面。"而最多的是三分法，如安提西尼的崇高、平庸、低下；黑格尔的严峻、理想、愉快；威克纳格的智力、想象、情感；等等。此外，西方对风格还有着另一些分类法，例如，有的从语言修辞，表述方法来区分。但丁的《论俗语》，将风格分为四种："平板无味的"，陈述非常枯燥；"津津有味的"，文法仅做到正确；"有味而有风韵的"，能见出修辞手段；"有味的，有风韵的而且是崇高的"。这是伟大作家的风格，也是最理想的风格。这种风格分类法，突出地体现了西方风格论注重语言修辞的特色。西方最流行的风格分类，多半是从形式与技巧手法上来看的。例如风靡一时的哥特式风格、巴洛克式风格、罗可可式风格、帝国式风格等等。这与自亚里士多德以来西方风格论偏重于语言修辞与形式技巧的传统是具有内在的一致性的。

2. 对风格的统一性的不同认识

中国的"体"与西方的风格论都讲统一，但西方更多的是强调风格的主客观统一，而中国则更多的是强调风格的多样化统一，这是中西艺术风格论的又一大差异。

西方的风格特别强调风格的主客观统一。威克纳格在区分主观与客观风格的同时，也极力强调主观与客观的统一。他指出："自然，这两方面必然连在一起；它们不能够也不应该被割裂开来。"只不过有时这一方面比较突出，有时另一方面比较突出。但在任何情况下，这两面孰轻孰重都取决于内容，根据内容较多主观因素或较多客观因素的性质而定。外在表现，换言之，风格的主观性或客观性或多或少只是依此为准。如果处理不好主观与客观的辩证关系，就会失调，产生所谓"矫饰作用"(《艺术风格论》)这种"矫饰作用"，黑格尔称之为"坏的作风"。他指出："如果在这个广义的风格上有缺陷，那就是由于没有能力掌握这种本身必要的表现方式，或是由于主观任意，不肯符合规律，只听任个人的癖好，用一种坏的作风来代替了真正的风格。"

而中国古代风格论，似乎从来就不担心作家处理不好主观与客观的关系，似乎这个问题在中国古代作家身上并不存在。中国古代文艺历来以"外师造化，中得心源"为座右铭。而西方文艺却总是在两个极端上跳跃，柏拉图强调主观，亚里士多德强调客观，中世纪强调神灵，文艺复兴强调肉体。这也许应归因于西方民族易偏激，而中华民族好中庸。在风格问题上西方作家同样易走极端，正如威克纳格说："就风格来说，一般作家很少能够在主观性和客观性之间显示一种正确的自然的和艺术的关系。绝大多数人濒于缺乏个性的苍白之境。而另一些人，或出于虚浮，或基于自己无法抑制的欢乐，又趋于相反的极端，从而使主观性占了绝对优势。在风格混杂中的这种失调现象，产生了我们所谓的矫饰作用。"

3. 影响风格的因素

影响和制约的风格因素是多种多样的，可以分为主观和客观两大因素。主观因素就是作者，这也是最主要的因素，因为任何作品都最终是由作者的主观因素决定的，一切外界因素的影响都要经过作者主观主体的过滤才能起作用。客观因素包括文体、时代、诗学、语言、地域等，这些因素直接影响和制约风格的面貌，因为任何作者总是生活在一定的时代背景和特定的地理环境之中，受着特定的文化和意识、哲学思想、美学风尚及创作理论的熏染，作品也总是反映一定时代的思想、特定地域的风情、某一诗学的载体，这便决定了风格不可能完全脱离外界的影响。

4. 翻译应当传达原作风格

风格理论要求译文忠实地传达原作风格，译者不能以自己的风格取代原作者的风格。如果一位译者始终按照自己所喜爱的风格翻译，那么各种不同风格的散文作品都会在译者的笔下变为一个模样，因此中外论者都极为重视翻译中的风格问题。林语堂曾在《论翻译》中说："凡文学有声音之美，有意义之美，有传神之美，有文气文体形式之美，译者或顾其义而忘其神，或得其神而忘其体，绝不能把文义、文神、文体及声音之美完全同时译出。因此，百分之百忠实，只是一种梦想。"茅盾曾说："从译文本质的问题上，从译者对原作理解上，从译本传达原作的精粹、风格的正确性上，译本的语言的运用上，以及译者劳动态度与修养水平上，来做全面的深入的批评。"

不同的作者和作品以其不同的风格见称，如英国散文家史密兹在其《小品文作法论》里，就不仅赞扬了法国散文家蒙田"直言勿讳"的坦白，而且亦称道了他"诡避诸者"的机智，说他"如一有才干的将军，退兵时候放火掩护"。比如："其写荒野，以辉煌的宫殿作结，其写御宴厅，则以狗窠作结""他对于他自己和读者，老是七擒七纵"。这样的散文是很高超的"说话的艺术"。

翻译应当传达原作风格，这是翻译的本质所决定的，也是译者永远要遵守的原则，它决定着翻译的成败。原文朴实，不能译得华丽；原文简洁，不能译得细腻。译者也不能用自己一贯的风格，去翻译各家作品。

早在西方古代翻译史上，人们即十分关注翻译中的风格。翻译希腊戏剧与文献的西塞罗反对作为解释员字当句对的翻译，提出"保留语言的风格和力量"。他说：

"要把另一种语言里极其巧妙而迷人的表达手法仍然保留在译文中是很难的……我要是逐字对译,译下的话必然读起来佶屈聱牙"。通晓希伯来与希腊语的哲罗姆在《致帕马丘书》中说:"在翻译中,很难保留外国语言中特殊而绝妙的措辞风格。每一个词都有它自己的独特意思;我也许找不到适合的词来翻译它……如果逐字对译,译文就会佶屈聱牙、荒谬无稽;如果不得不做些改动或重新安排,则会显得负于译者的职责。"奥古斯丁提出在翻译中必须注意三种风格:朴素、典雅、庄严。三种风格的选用主要取决于读者的要求。

意大利翻译理论家布鲁尼在《论正确的翻译方法》一文中说:"每一位作者都有自己的风格:西塞罗的语言响亮豪放、多姿多彩;萨鲁斯特的语言干净利落,不事渲染;利维的语言粗犷而又富丽堂皇。因此,大凡优秀的译者,在翻译这些作者的作品时都必须在译文中再现他们各自的风格。假如他翻译西塞罗,因为西塞罗的语言丰富多彩,变化无穷,所以他在译文里也必须使用冗长的、词汇丰富的、结构完整的句子,时而堆积辞藻,时而匆匆而过。假如他翻译萨鲁斯特,他几乎每用一个词都必须注意用词是否贴切,是否严谨,因而必须时刻注意省略、节制。假如他翻译利维的作品,他必须模仿利维的表达方式。译者应当被原作风格所吸引而忘掉自我,他如果不能融入原作的词序和句式之中,不能运用贴切的词汇和忠实于原作的风格,他就不可能使原文的意思得到很好保留。"罗斯康芒撰写《论翻译诗》一文,提出为了在思想、语言、风格和灵魂上与作者保持一致,译者与原作者之间应建立起一种"友谊"。所谓友谊,就是指译者在翻译之前,必须首先检查自己的情趣,热忱于哪方面的题材,然后寻找与自己情趣、热忱以及风格相符的诗人,像择友一样地选择原作者。这是因为每个诗人都会用不同的才华和偏爱去写诗的,有写颂歌的,有写教谕诗的,有写讽刺诗的。以写讽刺诗、抒情诗和文艺评论诗著称的贺拉斯绝不可能给他戴上史诗英杰的桂冠;崇高典雅的维吉尔也不可能眼光向下去创作抒情短诗。因此,只有认准了作者,同作者建立了一种和谐的关系,译者才能更加熟悉、亲近、喜爱作者,也只有这样才能像原作者一样提供优秀的译作。17世纪法国翻译评论家于埃说:"以西塞罗的和谐复合句式来翻译亚里士多德,岂不是一幅夸张讽刺的漫画?"法国18世纪的巴特在《论文学原则》中指出:原文句子不论有多长,在译文中都应保持其完整,因为一个句子就是一个思想,在句子里的不同成分彼此关联,它们的相互关联构成一种和谐。如果把句中短语打乱,或把它们拆分开来,我们也许可以得到原文的思想,但却得不到原文思想的彼此连贯。加拿大翻译理论家维纳在《翻译理论是神话还是现实》一文中提出翻译理论的问题应从六个方面加以说明:一是语法结构,二是词汇结构,三是译文效果,四是译文意义,五是译文的笔调和风格,六是原作者的特征。

第四节　英美文学翻译的语境适应及语篇理论

一、英美文学翻译的语境适应论

(一) 适应宏观语境

1. 适应原作社会政治制度

社会政治制度是社会环境的构成因素之一，也是一个社会存在的基本形式之一。语言作为人类最重要的交际工具，为人类服务，也为一个社会的政治经济文化等服务，语言虽然不是上层建筑，但它与上层建筑的各个方面有着千丝万缕的联系，社会政治制度对语言的影响是巨大而深刻的，社会政治制度的变革会使语言发生变化。虽然社会政治制度发生改变并不意味着语言发生改头换面的变化，但它至少会使语言在某些表达方式上产生飞跃，语言使用者在这个"飞跃"中只有适应，才能在语言交际的领域里达到交际目的。如在中国先秦时期，战国纷争，诸侯力政，学术争鸣，语言文字上出现了"言语异声，文字异形"的局面，孔子提倡"雅言"，主张用，至秦始皇实行"车同轨，书同文"，确立了书面语言小篆的正统地位。五四时期，"反对文言文，提倡白话文"改变了中国古代社会"言文不一致"的局面。

不同的社会政治制度，虽然改变不了语言本身，但会给语言的使用带来不同的特点，制约语言的表达习惯，左右语言交际方式，改变语言的构成成分。处于不同社会政治制度下的人，运用语言也会具有不同的特点，为了适应社会政治制度的需要和社会环境的变化制约，必然要采取不同的表达手段。因此语言使用者必须对不同政治制度下所产生的不同的语言现象，特殊语言表达方式认识清楚。

2. 适应原作经济生活方式

从语境学的角度看，社会经济生活本身就构成了制约语言表达的语境。经济生活是与人们最贴近的，它是社会环境中与语言交际者息息相关的方面，它体现在日常生活中。有什么样的经济生活，人们就会创造出与之相适应的能够如实反映其面貌的语言表达方式，包括词、句及各种习惯表达法。因此，当社会经济生活发生变革时，语言表达必然会改变，以最恰当的表达方式适应新的经济生活，一定社会的经济制度是与政治制度相辅相成的，经济制度决定人们的经济生活方式，人们无时无刻不生活在一定的经济生活中，因而在语言表达中必然会有与之相应的一系列表达手段。通过这些手段，恰当地反映经济生活面貌、交流思想。

3. 适应原作时代背景

从翻译的角度看，适应时代背景，有这样几层含义：第一，在翻译过程中，译者对当代的社会应该是了如指掌的，作为现实的人，其语言表达也是现实的。从原作语言表达的内容上看，语言表达者的信息内容应该是当代社会里的活生生的东西，或者是当代社会所熟悉的东西，即与时代相吻合的东西。从语言表达者自身的特点看，必须符合时代的特征，从语言表达的形式看，表达者必须采取现实社会中鲜活的语言表达方式，因此译文也尽量摒弃与时代不合拍的陈旧的表达法，在词汇、语法、修辞等方面保持着与时代同步前进的清醒的头脑。从语言风格特征看，语音成分、语汇成分、语法成分的构成及如何选取、如何表达是形成语言时代风格的条件，因此译文必须符合语言的时代风格，原因是语言的时代风格是与时代背景紧密联系在一起的。第二，对于译者而言，接受当代的语言成品比较容易，将自己所理解的意义与当代社会联系起来综合考虑，就能比较准确地理解语言的意义。困难的是接受非当代的或者说是另一时代背景下的语言成品。在这种情况下，译者对时代背景的适应就体现为他必须具备一定的历史知识，必须对语言成品形成的那一时代的面貌做系统的了解。第三，原作者有时会构拟一个时代背景（虚拟语境），并以这个时代背景为基点，展开语言活动。这种情况对于历史小说家、科幻小说家而言是常有的事。译者对这类语言成品的接受，也表现在对其虚拟的时代背景的接受上。翻译这类作品，也需要译者具有丰富的历史知识，具备较强的语境适应能力。如《格列弗游记》中的大人国，《未来世界》中的科技天地等。

4. 适应原作自然地域环境

地域环境不同，要求语言表达者采用不同的语言表达方式与之相适应，分布在不同地域的人，语言特点不同，在语音上、词汇上以及语法上都会形成一些差别。这种差别要求人们在语言表达中做出恰当的调整，互相适应。对自然地理环境的适应，就是要细心地去体味客观的实际情形，根据特殊的情境去交际。英国四面环海，早期的生活很大程度上依赖于海，他们创造了"海的文化"。而汉民族大多生活在群山陆地间，创造的是"山的文化"。这些文化都会在各自的语言中体现出来，影响语言的表达。当有人在恋爱中失意时，英语可能用 there are plenty of fish in the sea 来表示安慰，而汉语则用"天涯何处无芳草"。地理环境的不同，使语言表达中出现了一些只有熟悉地理环境才能够理解的表达方式。例如李白的"功名富贵若长在，汉水亦应西北流"一句，用汉水不可能向西北流来说明功名富贵不可能长在，这种表达符合中国的地理特征，但如果是在非洲，这种表达则与其地理环境不相符合，这里的尼罗河正是从东南向西北流去，那么这诗句恐怕要改译为"功名富贵若常在，尼罗亦应东南流"，不然其语义内容读者无法理解。

5. 适应原作人文地理环境

人文地理环境是由社会的人文因素构成的地域性环境。文化的形成脱离不了人文环境的影响，特定的人文环境造就了特定的文化，特定的文化又产生特定的表达方式。

6. 适应原作民族文化心理

民族文化心理是一个民族长期以来形成的一种具有区别性特征的心理定式。不同的民族具有不同的文化心理，这种文化心理在一定程度上制约着人们的语言行为，交际过程中的语言交际者往往从字里行间、言谈举止中反映出他们的民族文化心理，因此成功地进行语言交际，就必须适应民族文化心理。如表现在语言上的语言禁忌，就是一个民族的文化心理语言禁忌，它要求用不同的表达方式来表达不同的意义内容。

语言是一种文化载体，语言中的词语往往会富有一定的文化内涵，具有一定的社会文化意义。各个民族在漫长的历史时期形成了不同的文化沉淀，所以某一个表示具体客观事物的词在不同民族语言里会赋予不同的社会文化意义。这种社会文化意义与民族文化心理紧密相连，构成了不同民族语言之间的区别性特征。词语的社会文化意义对不同民族语言之间的语言交际具有一定影响，从翻译等值的观点看，不同民族语言之间在具体的词语上是没有绝对等值的，成功的翻译，往往会寻找具有相对等值的词语。

语言的民族文化心理表现形式很多，有表现于词义的褒贬的。如英语中的"homely"这个词在英国指女子很会管家，是褒义词，而在美国指女子的丑陋。又如西方成语"小虾引出乌龟"，如果直译，会触犯汉民族文化心理，因为"乌龟"有它的负面文化意义，这时不妨译为"抛砖引玉"。有体现在词语联想上的。如对不同的事物，不同民族有不同的认识，在民族文化心理上往往产生不同的联想。如蟋蟀在中国古代文章作品里常以凄凉忧伤的现象出现，因为在汉民族文化心理上，蟋蟀在秋天的夜里鸣叫非常凄凉哀伤，如元好问有"切切秋虫万古情"的诗句。而在英美人心目中，蟋蟀具有愉快心理联想。

民族文化心理的另一表现是由各民族不同的风俗习惯构成的心理特征。风俗习惯对语言有一定制约，可以形成一些特殊的语言表达方式，或使语言具有丰富的内涵。瑞士语言学家索绪尔说："一个民族的风俗习惯常会在它的语言中有所反映，另一方面，在很大程度上，构成民族的也正是语言。"民族文化心理还表现于审美心理，不同的民族具有不同的审美观，这种审美观在某种程度上制约着人们的语言表达。如汉民族在漫长的历史发展中形成均衡、匀称的美学价值观，讲究对称和谐，因此行文习惯于运用整齐、均衡的"偶式"语言表达形式。

讲究有序，遵循一定的有序原则，是汉民族文化心理的又一种表现。反映在语言表达上，就是语言单位铺排的次序。刘勰《文心雕龙·章句》对此有一科学概括："章之在篇，如茧之抽绪。原始要终，体必鳞次。启行之辞，逆萌中篇之意，绝笔之言，追媵前句之旨。是以搜名忌于颠倒，裁章贵于循序。"汉语行文，贵循序，忌颠倒，讲究起承转合，立题、破题、解题、结题。这都是汉语语序原则的体现。

7. 适应原作思维方式

思维方式是一种内在的语境构成因素之一，它对于外在的语言表达方式有一定的制约作用。思维与语言的关系是"体"与"用"的关系，思维是体，语言是用。不同民族的思维方式不同，在某种程度上制约着人们的语言交际活动。汉民族的思维方式主要是整体思维、辩证思维和具象思维。就整体思维看，对于语言表达，作者在写作之前，首先有一种整体布局观，文章的开始一句话，一个词，孤立地看，没有什么好坏，一旦与整体联系起来，其优劣自现，好坏自明。局部与整体是人们思维中经常考虑的一对矛盾。在处理这一对矛盾时，汉民族多从大处着笔，从总体上阐释，注重整体效果。这种"语境通观"思想体现出思维对语言表达的影响。整体思维制约语言表达的另一种表现就是在语言运用中讲求词、句、段、篇的有机联系。讲究前呼后应，首尾一致，前有伏笔，后有交代，前有悬念，后有解释。在大的段落中，多运用各种连词、副词等将全篇连为一体。整体思维还使得汉语多用"意合法"来勾连分句，不拘于严格地用连词联系，这是汉语和形态丰富的语言之间的一大区别。不仅句子内部用"意合法"，句子与句子之间的联系也用"意合法"。这种行文，句子之间并无逻辑形式上必然的因果联系，铺排零散句子向着一核心目标聚集而成，不仅具有言简意赅的修辞特征，而且不依赖关联词语组成的句段，使得每一个句子都具有独特的语义内容，同时还将预设的语义内容演绎成各种不同特点的句子，提高句子的思想张力。这种预设，实际上是语言的一种潜表现形式，它依赖于语言表达者精密、深邃的思维能力和对整体语义内容的把握能力。在预设之后，语言表达者将整体语义内容演绎转换为语言的外在表现形式即各种句子。这又依赖于语言表达者高超的语言表达能力。就辩证思维言，这种思维方式把天地万物都看作对立的具有美感性质的统一体，对立互补，互相渗透，互相影响，相辅相成。体现在语言上就是用正反互证、词义互训的方法来解释外界客观事物，善于将相对的表面上是矛盾的而内在本质上又是和谐统一的语言形式巧妙地用于语言作品之中。而具象思维的一个特点是在语言中大量地运用具体客观事物造词，构成形象逼真、具有描绘特点的词语。体现在音译外来词上，往往是习惯以直觉形象，在表音字上加上意符。在篇章营构中，多通过意象的并置，表达意境深远的语义内容。

英语是形态丰富的语言，往往用"形合法"。其常规的句子组合，依靠语义内容、关联词语、结构层次以及逻辑联系来构成，从语言线性序列看，大多是沿着语言线性序列延伸的，各个句子具有相同的基本相同的性质、句式、句型乃至句子长短差别不是很大，通过加合集中表达语义内容，语义内容随着句群的扩展而丰满。这是在英汉互译需要译者认真注意的。

（二）适应微观语境

微观语境主要指语言表达中属于篇内的上下文和前后语。它是由作者精心选用的与作品特定内容相联系的特定话语方式、结构方式以及文体风格等因素所营造出的氛围，同时它也代表了作者独特的文学趣味以及读者领悟这种氛围时特定的审美感受。适应微观语境表现在对语言结构的各个要素（语音、词汇、语法、语义、语体、语篇等）的基本情况的了解，对篇章范围内的各级单位（词、句子、段落、语篇）的构成，对依赖篇内上下文的制约形成的词的语音形式、复杂的词义内容和词义关系、特殊的句式和特殊的表达方法都应十分清楚。相对于宏观语境，微观语境具有如下几个特点：第一，具体性。微观语境中的各种语言的"变体"都是具体的，语言表达形式是具体的，所以表达的语义内容也是具体的，它依赖于具体的语境而存在，不同的语境决定了它们的不同。第二，可操作性。微观语境中的各种语言变体都是可操作的，都可以通过一定的形式描写出来。可以把微观语境当作一个人为设置的阐释框架，进入了这个框架的语言单位都可以操作，从而使适应微观语境成为可能。第三，明确性。明确性是指微观语境中的各个语言单位从形式到内容都是明确的，可感知的，它不像宏观语境那样，有广阔的社会背景和复杂的潜在的因素，即使是与宏观联系紧密的一些语言单位，只要进入微观语境，语用者就可以判明其性质，明确其语义所指。

1. 适应语音语境

语音是语言的物质外壳，它载负着一定的语义内容。语音形式的不同，直接影响着语义内容的表达，直接关系到翻译的优劣。语流音变的发生，是由语音的上下文语境造成的。所谓语音的"上下文"，即相邻的语音形式构成的语境。语流音变是建立在相邻两个音的相互关系的基础之上的。音节与音节的配合，也受制于语音的上下文语境。音节的数目、音节的响度等都依赖于语境条件。从音节数目上讲，音节内容有一种相互牵制的内动力，这种内动力使音节在数目的配合上一般以整齐、匀称的平衡形式出现。它们在具体的语言表达中就体现为一种单对单、双对双、多对多的平衡分布状态（包括连词前后的结构、动宾搭配），显得和谐，富有韵律，如果在配合上失去这种规律，就会影响译语的美感。

2. 适应词汇语境

词是在语境中运用的，一方面词的运用与宏观语境有联系，另一方面它又与微观语境密切相关。词语组合在一起，可以形成词的上下文语境。在词的上下文语境中，我们可以看到词究竟以什么样的目的出现，词的不同选择的客观依据是什么，词语与词语组合的一般规律是什么，不同的语境中的词语交叉渗透使用的情况等，利用语境可以判断词语运用是否得当。语言体系中的词语一旦进入言语，也就进入了语境。在词汇的上下文语境中，某一被使用着的词本身就是构成语境的因素之一。当一个词与另一个词或更多词组合之后，它们相互便形成了语境的参照系，透过它们自己建构起来的参照系，我们可以判断词在语境中的面目的作用。词的上下文语境可以改变词语在词典中的面貌，改变句子在语言意义上的解释，可以使语言单位在言语之际中获得各种各样错综复杂的关系。

3. 适应语义语境

上下文语境形成的词语之间的又一种关系是转化关系，从词语的语义的感情色彩看，上下文语境可以改变词语的语义的感情色彩，使词语的语言意义与语用意义处于逆转或旁转的状态之中。

4. 适应语法语境

上下文语境可以帮助译者正确地认识词的语法性质和功能，认识词语的各种变化形式所受的条件制约，认识各种语法单位的功能变换。

5. 适应语体语境

语体即运用民族共同语的功能变体，是适应不同交际领域的需要所形成的语言运用特点的体系，散文依照"笔法"作为与其他文字成品的区分标准，同时也很注意语体的运用。因为语体既与笔法有关，又与散文艺术有关。奈达在《关于社会语言学》中认为有五种语体：礼仪的（或刻板的）；正式的；非正式的；随便的；亲切的。他对这五种语体的简要界定是："礼仪的语体一般是固定的说法，主要用于各种典礼"；"正式的语体一般用于跟不相识的人谈话。对社会地位高或权威人士说话时用这种语体也是适宜的"；"非正式的语体通常用于跟相识的人谈平常事"；"随便的语体是在非正式场合中使用的语体……在交谊会上几乎无例外地都使用随便的语体"；"亲切的语体在家庭成员或非常亲密的小团体成员之间使用是很得体的"。这些划分有助于散文翻译时正确选择语体类型。

二、英美文学翻译的语篇理论

(一) 语篇理论的内容

语篇研究主要有三类课题:一是对语篇中的单位的研究,包括这些单位内部各要素之间以及它们与其他单位之间是如何联系的,各个单位是如何组织成为连贯话语的等等;二是与语篇类型有关的考虑,因为不同的语篇在功能目的、使用语言手段、所传达信息的性质等方面都相差很大;三是关于语篇的语义和语用内容,即话语内容方面的,包括各个语句之间的语义接应,各个单位如何在意义上相互配合以实现某个主题,甚至形成全篇的完整意思以及语篇所包含的不同类型信息及其相互关系,语篇的目的性、情景性等等。

(二) 语篇理论的基本观点

1. 在篇章结构上注重从文章的整体构思着眼

李渔在《闲情偶寄》中说:"至于结构二字,则在引商刻羽之先,拈韵抽毫之始,如造物之赋形,当其精血初凝,胞胎未就,先为制定全形,使点血而具五官百骸之势,倘先无成局,而由顶及踵,逐段滋生,则一人之身,当有无数断续之痕,而血气为之中阻矣。工师之建宅亦然,基址初平,间架未定,先筹何处建厅,何方开户,栋需何木,梁用何材,必俟成局了然,始可挥斤运斧。"托尔斯泰在《艺术论》中说:"在真正的艺术作品—诗、戏剧、图画、歌曲、交响乐,我们不可能从一个位置上抽出一句诗、一场戏、一个图形、一小节音乐,把它放在另一个位置上,而不致损害整个作品的意义,正像我们不可能从生物的某一部位取出一个器官来放在另一个部位而不致毁灭该生物的生命一样。"这都是强调整体构思的重要性。从全局的角度考察,句子的意义可能或强化或削弱,甚至获得新的阐释,因而也可能不同程度地丧失其原有的独立自主性。

2. 把篇章的分析落实到词句

讲篇章并不意味着忽视字句。"因字而成句,积句而成篇,积章而成篇"(刘勰《文心雕龙》)谋篇布局的过程,也就是作者从表达中心思想的需要出发,按照思路的发展,把语言材料组缀成文的过程。文章的结构是通过语言体现出来的。分析篇章,就得抓住这些关键的词句。离开了语言分析篇章,那就无异于不用砖瓦盖房子,是不可捉摸的类似空中楼阁的东西。对整体性的强调和整合,不能忽视细节,因为文学翻译的细节,往往是翻译成败的决定因素,哪怕是一字一词的斟酌和选择。实际上，即使是统一完整的思想，相关联的信息，依然要在篇幅、行文、意义等单位上做出分割，通过离散的单位，分割的局部来体现。

3.注重完整性

所谓完整性，指的是在认知方面、审美方面充分实现了作家的意图。可见，完整性是语篇的本质性特征，它与话语的意图有关，当说话人认为其意图已经实现时，连贯话语才获得这一特性。这种完整性不同于完结性，完结性在于事实、事件、过程是否完结。

(三) 语篇理论的特点

语篇理论具有两大特点：关联性和整体性。

1.关联性

语篇各单位之间的关联性是语篇的基本属性。关联性不仅仅是各个语句或其他话语单位之间形式上的联系，这种联系往往要反映内容上的关系。否则即使有形式上的联系，也不能构成连贯话语。语篇的关联性依靠的是形式上的衔接和意义上的连贯来实现的，即衔接和连贯。

衔接是将语句聚合在一起的语法及词汇手段的统称，是形式上的联系。语篇的各级组成单位可以传达大小不等的意义内容，衔接就是这各级单位的黏合剂。如果没有衔接，句子永远只是句子，层次永远只是层次，而形成不了语篇。对语篇衔接的认识和把握，不论是对原文的理解还是对译文的表达，都很重要。分析和识别原文的衔接手段不仅有助于正确理解原文，也有助于选择合适的翻译方法建构译文。语篇的衔接可分为外部衔接和内部衔接。外部衔接即通过有形衔接手段，它属于语篇的表层结构，是语篇的外部形式联系。外部衔接有语法衔接和词汇衔接两大类。其中语法衔接有照应、替代、省略和连接等四种。这些衔接手段的运用，最终的目的就是达到整个语篇的语义上的连贯。因为英语和汉语的衔接手段不一样，所以在翻译过程中要能识别原文的衔接手段，然后根据译语的行文规范，进行必要的、准确的转换。翻译时，把握好这些线索和衔接形式，极有利于传达原文的意味和风格。

连贯是将词语、小句、句群合理、恰当地连成更大的语义结构的一种逻辑机制，是语义上的联系。翻译过程实际上是一个对原语进行语内或语际阐释的活动，因此，正确地解读原语语篇是翻译很重要的第一步。而语义连贯是语篇理解的必要条件。内部衔接是语义衔接，没有外部标志，只能由读者根据作者所表述的思想、感情发展脉络去体会。内部衔接和外部衔接都是语篇结构的重要手段，但内部衔接更为重要，因为只有语篇的深层语义连贯，整个语篇才具有真正的黏合力，只有这种语义联系具有逻辑关系，才可以通过外部衔接手段使语篇结构各部分的联系明确显现出来。

2. 整体性

整体性体现出与各组成部分相关的完整而共同的思想，它具有这样几个特点：一是这种整体性是在全篇各个部分的基础上形成的，有些对局部单位形成整体重要的内容，可能对整个篇章并不重要，也有相反的情况。二是它与作者写作意图充分实现有关。三是语篇的整体性意味着它获得了完整性。根据系统论的观点，复杂现象是由不同部分、不同层次要素组成的整体。这些要素互相联系、互相制约，在整体内部它们获得一些原来没有的特性，并在不同程度上失去了独立自主的性质。而作为整体，它并不等于部分的加合，并产生新的特点和功能，有了后者就可以说具备整体性。语篇及其结构单位的整体性主要体现在有了共同的意思上。

整体性是体现出与各组成部分相关的完整共同思想。但这一共同思想在许多场合下并没有通过某一局部单位明确集中地表现出来，它可能分散地、隐蔽地存在语篇各个部分，因此需要经过分析综合，才能找到语篇及组成单位要说什么，整合出共同的完整思想。而整合是一个心理过程，是把无形的、隐藏在语篇内（外）的相关意义纵向地聚合为有着许多维联系的"共同意思"。语篇整合过程之所以是心理的，是因为它处理的是意义、主题、观念信息一类无形的现象，由不同局部单位的意义经过分析综合、求同去异、保主舍此所形成的"共同意思"，超越原来的局部意义，形成纵向上更高层次的总体思想，这种聚合而成的思想与各个单位，甚至与其他语篇有着辐射状的多重性质的多维联系。

语篇的整体性原理要求译者注意"整合"。如果说在非文学作品中，各个单位之间逻辑关系比较单一明确，各种接应比较清楚，作者意图比较明确，因此通过分析各种单位的关联性，就接近把握整体思想。那么在文学作品中，整合的作用就比接应要大。因为作者的意图复杂隐蔽，它往往通过叙事、描写间接地表示出来，作品经常出现与主观思想无关的描写、描述或议论，发出不同的声音，各部分之间的联系不仅有逻辑的，还可能有联想的、形象的。这一切都加强了整合的作用，不借助整合，就很难把握其整体思想。比如在理解公文或科技语篇中的这类整体思想，主要借助有形的接应手段，比较容易取得共识。而对文艺作品的理解（指思想而非情节），则往往具有相当的伸缩性，有时产生分歧。语篇的长度越大，所要考虑的因素就越多，为了把握整体性，不论是在作者展现自己的意图时，还是读者理解文章思想时，都需要不时地回顾上文，整合的作用也就越大。尤其是在复杂的文艺作品中，那里往往有多重声音、广泛联想、曲折的暗示、形象的联系，要把握作品精神、作者意图，仅仅靠语言学方面的知识恐怕很难做到，尽管语言上的整合能力是理解语篇不可或缺的。因此，对这一整合过程归纳了四项宏观规则：删除、选择、概括、归总。前两条是删略规则,后两条是替换规则。这些规则事实上就实施整合,以压缩信息、概括出客观信息单元并建立高一级语义单位。运用这些规则也体现出对把握语篇的语言理解能力。

第七章 英美文学教学实践

第一节 多元智能理论与英美文学教学

一、多元智能理论概述

(一) 多元智能理论的含义

美国发展心理学家霍华德·加德纳在研究了不同对象的脑与智能的基础上，修正了传统概念，把智力界定为：①智力是在单元或多元文化环境中解决问题并创造一定价值的能力；②智力是一整套使人们能够在生活中解决各种问题的能力；③智力是人们在发现难题或寻求解决难题的方法时不断积累新知识的能力。

他先后提了语言智能、数理逻辑智能、视觉空间智能、身体运动智能、音乐智能、人际交往智能、自我认识智能和自然智能等多种不同的智能。根据加德纳的观点，人的智能具有以下特征：智能的普遍性——每个人都拥有多种智能，只是某些智能的发达程度和智能组合的情况不同而已，且智能经过组合或整合可以在某个方面表现得很突出；智能的发展观——人的智能可以通过后天的教育和学习得到开发和进一步加强；智能的差异性——既有个体间差异，也有个体内部的差异；智能的组合观——智能之间并非彼此绝对孤立，毫不相干，而是相互作用，以组合的形式发挥作用。

(二) 多元智能的构成

加德纳认为"智能是解决某一问题或制造某种产品的能力，这些能力对于特定文化或社会环境是有价值的"。传统的智能观过于狭窄，把智能局限于语言和数理逻辑方面，忽视对人的发展具有同等重要作用的其他方面。他认为，人的智能是多元的，人所共有的八种智能是：

语言文字智能是指用语言思维、用语言表达和欣赏语言深层内涵的能力，即创造性地使用口头和书面语言的能力。语言文字智能较强的学生用词语进行思考，他们极善于通过阅读、写作和讨论来学习。他们一般掌握大量的词汇，能进行言语和书面交流。民间故事家、演说家、诗人、小说家、著名节目主持人等都属于语言文字智能发达的人。

数理逻辑智能是指人能够使用数字和推理进行计算、思考命题和假设，以及进行复杂数学运算的能力。逻辑数学智能较强的学生喜欢运用数学和抽象模式进行思维，他们往往清晰地考虑问题，借助逻辑和抽象的符号进行学习，具有强烈的探索欲望，敢于接受解决问题的挑战。科学家、数学家、物理学家、天文学家、统计学家等具有较高的数理逻辑智能。

视觉空间智能是指人们对色彩、形状和空间位置等准确感受和表达的能力，包括用视觉手段和空间概念来表达情感和思想的能力。空间智能使人能够感觉、知觉到外在和内在的图像，喜欢图形思维，善于运用想象力，能够重现、转变或修饰心理图像。空间视觉智能较强的学生以形象进行思维，他们善于把握空间关系，有很好的结构感觉、色彩感觉，能敏锐地捕捉细节和色彩，善于通过视像来学习。像建筑师、摄影师、画家、雕塑家等都是空间智能较强的人。

身体运动智能是指人能巧妙地操纵物体和调整身体的技能。身体运动智能较强的学生通过运动和亲身实践来学习汲取知识，善于用身体来表达内心的感受，他们喜爱表演和扮演角色，喜爱舞蹈和运动，动手能力强，喜欢动手操作。在身体的平衡、协调、力量、速度、灵活性等方面比一般人强，如演员、舞蹈家、运动员、服装设计师等都属于身体运动智能较强的人。

音乐韵律智能是指人敏锐地感知音调、旋律、节奏和音色等的能力，以及通过音乐表达思想和感情的能力。音乐旋律智能较强的学生对于节奏和旋律极为敏感，他们擅长通过乐曲和歌词进行学习，喜爱唱、哼、吟、说。他们不仅爱听音乐，而且善于读谱、写歌和作曲。演唱家、作曲家、指挥家以及音乐爱好者都具有较强的音乐韵律智能。

人际关系智能是指能够有效地理解别人和与人交往的能力。人际关系智能较强的学生善解人意，对他人的心思、动作领会很快，能站在别人的立场上思考并理解问题，能够辨别不同的人际关系暗示，能够对这些暗示做出适当的反应，他们喜欢以小组形式活动，能理解和尊重他人，往往具有很强的领导和组织才能。人际关系智能发达的人包括政治家、外交家、心理咨询专家等。

自我认识智能是指关于了解自己、约束自己以及辨认自己与他人不同和相同之处的能力，能意识到自己的内在情绪、意向动机、脾气和欲求，善于用这种知识指引自己的人生。自我认识智能较强的学生在充分的时间内安静地独立工作时最为有效。他们善于分辨自己的心理状态，了解自己，知道自己的长处与短处，富有主见，遇事能深思熟虑，常常坚持自己的信念。这类人包括神职人员、自传体小说家和对自己内心世界有深刻感知的人等。

自然观察者智能是指观察自然界中的各种形态，对物体进行辨认和分类，能够洞察自然或人造系统的能力。自然观察者智能既包括对动植物的辨识能力，也包括对艺术风格与生活模式的察觉等能力。自然观察者智能较强的学生对于自然和环境具有强烈的意识，他们具有敏锐的观察力，能理解与环境相关的种种现象，长于分门别类，整理排列，他们喜欢阅读和写作有关自然界的作品，他们主要为自然观察者，如植物学家、生态学家、猎人和庭院设计师等。

（三）多元智能理论的特征

多元性特征：多元智能理论认为，这八种智能因素是多方面相对独立地表现出来的，它们同等重要，不能将语言智能和逻辑数学智能置于最重要的位置，学生是否有良好的表现，往往在很大程度上取决于学生是否拥有运用语言和逻辑数学之外的智能。

整体性特征：多元智能理论认为，每个人都同时拥有相对独立的八种智力潜能，它们以多元方式组合。这八种智力因素在现实生活中并非绝对孤立存在，毫不相关，而是以不同方式、不同程度组合在一起，共同构成为一组完整的智力。它们同等重要，应平衡发展。

实践性特征：加德纳认为智力是人们在生产和社会实践中进行产品加工和创造的过程，是不断发现新事物，提高个体生存能力的过程，特别强调了智力的本质是个体解决实际问题或生产出社会需要的产品的能力。

差异性特征：多元智能理论承认尽管每个人都具有相对独立的八种智能，但它们在每个学生身上以不同方式、不同程度组合使其智能各具特点。由于个体生活环境及所受教育不同，组合和利用它们的方式也各有特色，其发展方向和程度因环境和教育条件不同而表现出差异，造成人们的智能在表现方法和表现程度上各不相同。

开发性特征：加德纳认为智力是一种生物潜能，人的多元智能发展水平高低在于开发的程度。在一个充满教育性的环境下智力是可以被提升的，只要能得到适当的刺激，几乎所有智力在任何年龄段都是可以发展的。开发程度越高，发展水平越明显，相应智力水平也越高。

（四）多元智能理论的意义

加德纳的多元智能理论至少取得了三个方面的突破。

智能观方面：多元智能理论阐述了每个人的智能是多元的，虽然并非每个方面都能达到最高水平，但有一方面是最佳的，并且每个人的最佳智能单元是平等的；智力不再是传统意义上的逻辑数理智力或以逻辑数理智力为核心的智力而是素质教育所强调的实践能力和创造能力。这促使教师走出片面的、单一的标准评价学生的误区，开始以多元的角度分析、理解学生，以宽容的心态接纳和信任每一个学生。

智能整合方面：智力不是一种能力或以某一种能力为中心的能力，而是"独立自主和平共处"的多种智力。加德纳认为，人至少有八种具有相对独立的智能，而这八种智能（或其中某几种智能）往往是通过不同形式的组合，以某种综合的方式在某个人的行为、生活中体现，即人的智能经常以整合的形式实现其价值。不同水平智能，不同形式的组合，将构成学生之间的差异。因此，我们要采用多种教育手段，提供丰富的教学内容，为学生拓宽运用自己知识的方式，主动建构知识经验与能力空间，拓宽展现自我、实现自我的渠道。

学生观方面：多元智能理论指出每个人都有自己的学习方式，每个人都不同程度地拥有相对独立的八种智能，每个学生都有自己的优势智力领域，有自己的学习类型和方法。学校不存在差生，全体学生都是具有自己的学习特点、学习类型和发展方向的可造就人才。学生的问题不再是聪明与否的问题，而是在哪些方面聪明和怎样聪明的问题。因此，教育应该在全面开发每个人的各种智能的基础上，为学生创造多种多样的展现智能的情景，给每个人以多样化的选择，使其扬长避短，从而激发每个人潜在的智能，充分发展每个人的个性。人们在八种智能方面所拥有的量各不相同，八种智能的组合与操作方式各具特色。与传统的智能理论相比，加德纳的研究不仅揭示了一个更为宽泛的智能体系，而且提出了新颖实用的智能概念。

二、基于多元智能理论的英美文学教学设计

（一）多元智能理论指导英美文学教学的必要性、可行性与优越性

1. 必要性

我国教育长期以来一直受斯皮尔曼的智力因素说的影响，只注重学生的语言智能和逻辑数学智能的培养，忽视了其他智能的发展，教学评估也侧重这两项智能。这样的教育理论不利于学生的全面发展。具体到大学英美文学教学上，由于缺乏对多元智能理论的掌握，大部分老师仍然采用单一的教学模式及策略，只重视传授语言知识，讲授语篇，忽略了语言综合运用能力的培养，更忽略了多元智能的培养。教学评价形式单一，没有注意其整体性、情景性、发展性、多元性和开发性。

多元智能的开发过程，就是学生素质的培养过程。英美文学教学是素质教育的

一块主阵地，它注重学生多方面能力的培养。借助多元智能丰富的活动形式可以激发学生兴趣，提高教学效果，从而在英语教学实践过程中，培养学生智能。因此，多元智能理论与英美文学教学整合是可能的。

2. 可行性

加德纳的研究成果表明：每一个孩子都是潜在的天才儿童，只不过表现为不同的方式而已。每个人都有自己所倾向的学习类型、工作方式和气质性格。因此，在学校教育中，不应把所有的人都当作完全相同的人来看待，他们的智能也不是固定不变的。在英美文学教学中，教师清楚地认识到学习语言的天赋低下并不意味着智能低下。人的各种智能是以复杂的方式在人脑中运作的，没有一种智能会单独存在，只有当各种智能被积极地运用时，学习语言才能取得最好的效果。多元智能理论带给新课程改革的最大功绩在于更新了教育观念。以人为本，尊重人，重视人，发展人。这与20世纪末我国提出的素质教育目标相吻合。

在我国，多元智能理论被有些专家称为"素质教育的理论基础"，不少中小学在新课程改革实验和实践过程中，也把多元智能当成了理论基础和指导思想。

随着我国外语教学改革的进一步发展和提高，英语专业教学出现了显著变化，新大纲在原大纲的基础上重新调整了基础阶段和提高阶段的有关要求，使其更加客观、科学地反映了英语专业教学的培养目标。为了深化教学改革，提高教学质量，满足新时期国家和社会对人才培养的需要，我们要适时调整教学策略，比如，把大学英语教学要求分为三个层次，即一般要求、较高要求和更高要求。

3. 优越性

第一，多元智能理论是一套较完整的理论体系。目前，美国有关多元智能理论的研究著作（包括加德纳本人的作品）迄今为止已有40多本，它们从各个层面、各个角度构筑起多元智能的理论大厦。从另一个层面说，一个较完备的理论体系可以保证教学研究从一开始就站在比较高的起点上，使其更有实践的价值和意义。

第二，多元智能理论与我国所推行的素质教育理念非常吻合。素质教育提倡培养学生的综合素质，多元智能理论倡导开发学生的多元智能，它们的内涵几近相同。同时，多元智能理论在一定程度上为我国推行的素质教育提供了理论基础。

第三，多元智能理论较强的可操作性保证了其在英美文学教学中实践的可能性。迄今为止，国内外的多元智能理论研究早已进入课堂的实践层面，并总结出在教学中培养学生智能的各种方法。这些具体应用该理论的方法为大学英语教师提供了借鉴、参考和指导。

多元智能理论对课堂教学的改革提出了新的思路。这一理论对教学最大的意义就在于：教学不但需要走出以往的以传授知识为最终目的的阴影，将教学目的定位在学生智能的培养和开发上，而且应该改变传统的单一智能观，以开发学生的多种智力潜能为根本目的。外语教学由填鸭式向自主式的理念转变，后者强调以学习者为中心，发展"人本主义外语教学"，这恰与多元智能理论的精神内涵相契合。学生个性千差万别，都有与生俱来的个性潜能，应培养他们发明创造、发现或创造性地解决问题的能力，使其成为不断获取新知并全面发展的终身学习者。将多元智能与英美文学教学相整合，就是将各种智能的核心能力嵌入现在的英美文学课程之中，或者将它们与英美文学课程"编织"在一起，使学生在学习英美文学的过程中，发展、加强和提高自己的多种智能。多元智能理论较传统的智力二因素论及认知理论更具有教学的指导意义，它有助于转变教学观念，树立正确的学生观，为多种教学策略的实施提供了理论依据。为此，需要探索一种在实际教学情境中可以用的、将多元智能与英美文学教学相结合的新的课堂教学模式和策略。

（二）基于多元智能理论的英美文学教学原则

1. 以人为本原则

以人为本是现代政治理念，它的实质含义就是相信人、尊重人、依靠人、发展人，让人积极愉快地进行学习、工作，取得更好的效益，实现更大的发展。以人为本，表现在教学上，就是以学生为本。以学生为本就是相信学生、尊重学生、依靠学生、发展学生，尊重学生成长的规律和合理需要。以人为本的实质是突出人的主体地位，贯彻"以学生为本"的思想，即要突出学生的主体地位，真心实意地为学生提供服务多元智能理论指出，每个学生都有自己的优势智能领域，只是其组合和发挥程度不同，学校里人人都是可育之才。我们应当关注的不是哪一个学生更聪明，而是一个学生在哪些方面更聪明。传统智能理论仅以人的语言智能和数学逻辑智能为依据；多元智能则不同，关注的是"你的智能类型是什么"。学生的智能无所谓高低之分，只有智能倾向的不同和结构的差别。在借鉴多元智能理论开展实践研究的同时，要树立"正视差异，善待差异""以生为本"的学生观。

我们的教育必须真正做到面向全体学生，努力发展每个学生的优势智能，提升每个学生的弱势智能，为学生创造各种各样的智能情景，激发个人潜能，充分发展每个人的个性，从而为每个学生取得最终成功打好基础。

2. 因材施教原则

多元智能理论认为世界上没有两个相同的人，追求以"个人为中心"，开发适应不同智能结构的有效的课程方案，最大限度地为每个学生的个性发展创造机会，即要使每个学生都有"独创"和"成功"。该理论为课堂教学设计提供了理论基础，为教师设计教学环节和创设教学情景提供了重要依据。

多元智能理论所倡导的是一种"对症下药"的教学理念，在可能的范围内，教师应根据不同学生的智力特点进行教学。多元智能理论推翻了以语言能力和数理逻辑能力为核心的传统智力观，该理论认为"每个人都有自己优势的智力领域，有自己的学习类型和方法，学校里不存在差生，全体学生都是具有自己智力特点、学习类型和发展方向的可造就人才。无论何时都要树立这样一种信念：每个学生都具有在某一方面或几方面的发展潜力，只要为他们提供合适的教育，每个学生都能成才"。依据这一理论，英语教师要树立"人人有才，人无全才，扬长避短，个个成才"的学生观，去发现传统理念中"差生"的长处，为在传统教学中失败的学生提供成功的机会。

加德纳提出的"为多元智能而教"，就是要求教师根据教学内容以及学生智能结构的不同特点，选择和创设多种多样适宜的、能够促进每个学生充分发展的教学方法和手段。

3. 协调发展原则

教师要在教学中发现学生的差异，了解学生的智能结构特点，并且对各种智能要一视同仁、协调发展，不能厚此薄彼。积极发现学生的强势智能并对其进行引导，从而扬长补短。所谓"补短"，不是所有的缺点、短处都要补，而是那些有开发潜力、关系人的生存发展的短处必须补。教师应确实考查学生解决实际问题的能力，做出评价，从而进一步分析学生的优点、缺点，并以此为依据选择和设计适宜的教学内容和教学方法。

正因为每个学生有多项智能，真正的教学目标就应该是全面的、协调的，并且在全面的基础上突出每个人的优势智能，进行深入创造性学习。同时，学生是学习的主体，其主体能动性在智能发展方面也是不可忽视的。从多元智能的角度，教会一个学生在遇到问题时如何思考和解决问题，如何协调地处理问题，才是教学真正意义上的功能，才是真正的智力发展，也是教学本质所在。

4. 多元多维评价原则

评价是教育和教学活动中的一个重要环节，对于促进和提高学生的学习积极性和效果起着重要的作用。多元智能理论的发展需要一种在有意义的文化活动中进行的新评价体系。我们在评价学生时，要从多元的角度，发现学生的智能特长，采用恰当的评价方式，强化学生的长处，促进各项智能协调发展。单一的评价方式容易忽视学生的个体差异，我们应树立积极乐观的学生观，只有采用多元化的评价方式，才能公正地评价具有不同智能强项的学生。

根据多元智能理论，动态评价与静态评价相结合。对于学生智能的多元发展，教师要以一种动态和静态相结合的眼光看待，只要学生相对于已有的基础有了发展，那就应该表扬鼓励。同时，过程评价和结果评价相结合。通过评价要让学生在学习过程中了解自己的学习状况和效果，促成最终学习目标的实现。

评价内容的多元性与评价方式的灵活性相结合。为了真正挖掘学生潜在的智能类型，可以尝试开卷考试，考题可以是灵活多样的，学生可以自由选择。

发展性评价与形成性评价相结合。发展性评价强调评价主体多元化，尤其强调自我和同伴的评价，不仅关注结果，更关注过程，特别重视评价在过程中的激励与导向作用。形成性评价是基于对学生学习过程的持续观察、记录、反思而做出的发展性评价。其目的是激励学生学习，帮助学生有效调控自己的学习过程使学生获得成就，增强自信心。

（三）基于多元智能理论的英美文学教学方法

教学方法是完成教学任务所使用的方法，包括教师教的方法和学生学的方法，是在一定教学思想和教学理论指导下建立起来的，较为稳定的教学活动的结构框架和活动程序，它既是教学理论的运用，又是教学实践的概括。目前的英语教学方法多沿用苏联教育家凯洛夫的教学模式，其程序为复习旧课—导入新课讲解新课—巩固新课—布置作业。这一模式主要从教师如何"教"探讨教学，它忽视了学生学习的心理、学习活动的规律等。而以学生为中心、从学生的角度来研究教学模式，把教师放在无足轻重的地位，这种教学模式，充其量只能称为"学"的模式。不论是"教"的模式，还是"学"的模式，都不能成为"教学模式"，因此，更完善、更可取的教学模式，应是以教师为主导、学生为主体、师生双边活动的教学模式。

根据学生基础差异的不同，以及每个学生所具备的智能强弱不同，英美文学教师在授课时应采取灵活多样的授课方法，以满足不同学生的需求。结合多元智能理论，介绍以下几种教学方法以供参考。

1. 交际教学法

所谓交际教学法就是把语言作为一种交际工具进行教学，着重培养学生的交际能力。交际教学法倡导交往或合作学习策略，强调以角色扮演、小组或合作学习活动为主的交际教学活动或交往活动，比如，把文学作品中某个场景表演出来，不仅帮助学生更好地理解文学作品，加深了学生对文学作品的印象，而且给学生提供了大量运用英语的语言环境。

与其他教学法相比，交际教学法侧重发挥和发掘学生先天具有的学习和使用语言的能力，以学生为中心，它的最终目的是培养学生运用语言的交际能力。它改革了传统的教学模式，极大地调动学生学习的积极性；更新了教师的教学观念，在英美文学教学过程中更注重语言应用能力的培养。这种教学方法通过培养学生兴趣、钻研精神和自学能力，激发学生的主动性和相互作用，提高学生的语言运用能力和学以致用的意识，最终培养学生运用语言的交际能力。

在英美文学教学中，教师可以根据教学内容和学生的具体情况来设计各种教学活动，要有意识地把培养学生交际能力放在较重要的位置上。多想方法创造较真实的语言环境，引导学生用英语进行交际活动；可在课上或课后，采用扮演角色、复述课文、口头作文、对话、讨论等多种形式教学，从而达到、提高表达能力和训练综合素质的最终目的。

2. "自主学习"教学法

"自主学习"源自20世纪60年代，西方教育界掀起了关于培养学习者"终身学习技能"和"独立思考"的大讨论。20世纪80年代，这一方面的理论性研究取得了丰硕的成果。"自主学习"成为近20年来外语教学的热门话题。许多学者从不同的角度和层面给"自主"下定义。霍莱克（Holec）认为自主学习是对自己学习负责的一种能力。这种能力不是先天就有的，而是要经过后天的培养。自主学习包括五个方面：确定学习目标、确定学习内容和学习进度、选择学习方法、监控学习过程及评价学习效果。即学习者自愿承担自己的学习责任，能够管理自己的学习行为，根据自己的实际情况确定学习目标（包括短期、中期和长期目标），制订学习计划，选择适合自己的学习策略和方法，监控学习过程和计划进展情况，自我评估学习效果和目标实现程度。由此可见，自主学习的过程就是学习者自我管理和自我负责的过程。

自主学习教学法在英美文学教学中的实施要求转变教学观念，转换教师角色。传统的外语教学，是以"教师主体"为原则，学生的自主性受到抑制，因此，营造自主学习的课堂氛围，关键在于教师。教师首先要彻底转变观念，下放"权力"，给学生以充分使用语言的自由和机会。其次，转换角色，变英语知识的灌输者、教导者为课堂教学的组织者、管理者、促进者和英语学习上的顾问。在自主学习的模式中，教师不仅是语言知识的传授者，其更多的责任是培养学生独立学习的良好习惯和信心，挖掘他们自主学习的潜能，激发学生的动机。

英美文学教学不仅要在课堂上营造一个自主学习的气氛，而且在课下要给学生提供一个自愿、自主、独立学习的机会，创造一个良好的学习环境。这就要求教师布置一些课后作业，让学生通过探讨英美文学作品、英语沙龙等活动自主学习英语。同时，英语教师要采用新的学习成绩评估方式，改变学生成绩取决于纸试卷的旧做法，将课堂参与、课外活动、动手动口应用语言做事的表现等都记入成绩。

3. 任务型（也称小组合作学习）教学法

任务型教学是交际法教学和第二语言研究两大领域结合的产物，代表了真实语境下学习语言的现代语言教学理念，它与英语专业改革的方向不谋而合，它强调学生要在真实情景中的任务驱动下，在完成任务或解决问题的过程中，在自主和协作的环境中，在讨论和会话的氛围中进行学习活动。这种方法催化了学生有意义的语言运用，创造了有利于学习语言、习得内化的支持环境，也培养了他们交际、管理、协作、创新等能力和意识，以及团结友爱的合作精神。因此，在英美文学教学中实施任务教学法，对推进英语专业教学改革和培养学生的英语运用能力具有很好的现实意义。

随着人本主义成为现代教育的主题，任务教学法开始受到众多教育实践者关注。这种方法能使学习者获得接近自然的语言习得方式，使潜在的语言系统得到拓展，通过建立并实施以小组合作学习行动为主题的教学模式，其行动价值将会体现在：①使学生具有参与的意识，激发学习兴趣；②增强学与教的策略性；③学习过程的互动性，有利于教学交际的充分发展，体现了教学活动的社会性；④有利于建立和谐、民主、合作的师生关系；⑤培养学生合作精神，培养学生的自主学习能力、实践能力，在合作中加深对自身的了解，解决自身问题。

任务教学法是我国外语界所倡导的"以人为本""以学习为本"，注重培养应用能力和创新能力的一种新型教学法。在我国，这是一种新的教学模式，在应用过程中受到来自各方面的批判和质疑。任务教学法不断得到发展，还要做许多的努力和尝试。

（四）基于多元智能理论的英美文学课堂教学要求

1. 寻找最恰当的切入点

多元智能的课程设计，应该以学习者的学习风格作为课程设计的依据。

让学生以自己独特的方式进行学习活动，才能达到预期的课程目标。教师应先仔细审视将要教授的内容，并确认该内容以哪些智能切入较为恰当。一般而言，学生最喜爱的学习方式就是最直接、最有效的切入点。教师应该了解学生的多元智能光谱，确认有效的引导方向，要体现分层教学的思想，从而引导学生充满信心地选择适合自己的学习方式。

2. 教学设计必须有系统性

多元教学使用的智能数量并不是决定活动设计优劣的必要条件。以多元智能作为教学架构时，我们不能期望单单一个活动就能包罗所有的智能，否则，活动会显得过度延伸而造成学习者反感。因此，在根据多元智能设计课堂活动时，必须有系统性，最好以学期为时间单位来进行，以便涵盖八项智能。唯有如此才能达到所有学生都能适应发展的目标。

3. 创设一个多元化的教学环境

教师设计英美文学课程时，应多提供多元智能的材料、充分的交互空间，帮助学生获得各种形式的资源，如书籍、杂志、布告栏、海报、电脑、网络等，还要提供让学生思考、学习和解决问题的工具，如教具、纸笔、日记、笔记、计算机文字处理等，以利于学生利用多感官学习。这样，才能构成一个多元化的教学环境，促进学生不同智能的发展。

（五）基于多元智能理论指的英美文学教学策略

研究表明，每个学习者都蕴藏着极大的学习潜能，都有自己丰富而独特的内心世界。而成功的英语学习在于教师引导学习者充分发挥他们的潜能，开发他们的多元智力，调动他们的学习动机，以进行主动学习和合作学习。因此，在学习英美文学课程时，学习者应充分考虑将所接收的信息由一种智力转化为另一种智力，例如，擅长演讲的同学可以模仿伟人的演讲词和演讲风格来进行学习；擅长数理的人就应侧重于从数学符号和形式逻辑的角度开展学习；擅长身体动作的人适合于通过演剧目和伴随身体语言来学习；擅长音乐节奏的人可以通过歌曲歌谣的形式或伴随背景音乐来学习；擅长视觉绘画的人应着重于通过造型图像等来学习；擅长人际交往的人更适合于通过小组或与别人一起活动来学习；擅长自我认知的人通过写日记、总结来学习；擅长自然观察的人通过接触和了解大自然的奥秘来学习。每个人都能从自己最擅长和最喜欢的智能或智能组合来自主学习英语。

1. 利用语言智能，培养能力

语言智能是对所学语言进行有效听、说、读、写、译等活动，包括把文法音韵学、语义学、语用学结合在一起并运用自如的能力，完成表达思想、与人沟通、了解他人的能力。它有助于学生学习和掌握语言的结构、发音、意义、修辞等，并进而加以结合做实际的应用。语言智能的发展对学生取得任何学科学习成功都有显著的影响。语言智能强的人常在谈话时引用他处获取的信息，喜欢阅读、讨论及写作，他们在学习时多用语言及文字来思考。理想的学习环境要有下列教学材料及活动：阅读材料、录音带、写作工具、对话、讨论、辩论及故事等。

在英美文学教学中，教师应有意识地为这些学生设计一些教学活动，尽可能为学生创造有利于培养语言智能的理想的学习环境，并鼓励学生涉猎教材以外的资源（如词典、英文报刊、图书馆资源、互联网信息等），通过训练学生的认知能力促进他们发展语言智能。

英美文学课程的教学不涉及听力方面。在口语方面，要鼓励学生用英文复述和讲述故事；模拟真实情景，要求学生运用英语描述文学作品并表述自己的想法等。

在阅读方面，教师可给学生推荐课外阅读材料，阅读材料必须是学生感兴趣的并且难度适中。在泛读中词的复现可以促进语言的学习和掌握。在阅读过程中学习猜测词义，既能提高阅读能力，又能扩大词汇量，还能获取大量信息。在写作方面，教师除了课堂布置的写作任务外，还可以鼓励学生写英文日记，既可提高他们对所学英文知识的产出性的运用能力，还可在潜移默化中锻炼他们的自省智力。总之通过训练学生在语言各方面的认知能力，能够促进他们发展和强化语言智能。

2. 利用逻辑数理智能，增强逻辑思维能力

逻辑数理智能主要指使用数字和推理、抽象思维、分析与归纳问题的能力。逻辑数理智能较强的学生喜欢抽象思维，以逻辑思维的方式解决问题。他们喜欢提出问题并执行实验以寻求答案；喜欢寻找事物的规律及逻辑顺序；对科学的新发展有浓厚的兴趣，对可被测量、归类、分析的事物比较容易接受；他们在学习时靠推理来思考。理想的学习环境必须提供下列教学材料及活动：可探索和思考的事物、科学资料、参观博物馆、人文馆、动物园、植物园等科学方面的社教机构。外语属于文科，似乎与逻辑数理没有联系。其实不然，外语学科同样拥有某些数学概念，如排列、组合、编码、对称等，掌握这些概念可以促进外语习得。

在设计一堂英语阅读课时，教师可指导学生根据语篇线索猜测生词词义，理清句子基本结构，整合文本的意义；根据语篇中已知的信息推理故事情节的发展；根据字面意思、语篇的逻辑关系以及细节的暗示，分析作者的态度和语气，深层理解文章的寓意。阅读训练中，教师可以采用不同的提问策略、提出开放性问题、让学生预测和改变逻辑结果等能够增强他们的逻辑思维能力，使逻辑数理智能在思考和学习中发挥更大的作用。

3. 利用视觉空间智能，培育创造力与想象力

随着现代科技的进步，语言学习也不再是一种简单、枯燥的记忆过程，通过利用各种图像手段，如电影、电视、投影、图片、图表及多媒体网络视频资源等，或利用实物、现场进行直观性的教学，使教学内容视觉化，以增强学生对语言的感悟能力。

视觉空间智能指立体化思维的能力，包括用视觉手段和空间概念来表达情感和思想的能力。视觉空间智能较强的学生喜欢图形思维，善于运用想象力，有很好的结构感觉，色彩感觉，而且喜爱艺术。因此，在英美文学课堂设计中，采用电影、电视、投影片、多媒体、挂图、图解、图表等形象化工具辅助教学，有助于激活视觉空间智能。在呈现文章的主体结构时，可设计流程图或层次结构图有助于理清课文脉络和要点。此外，在讲解句子结构时，利用图解法可使复杂的句子结构一目了然。利用真实空间、借助现实物理空间进行直观教学是培养空间智能最直接的手段。

利用二维平面内的空间关系，创设人造图表空间，可以把教学内容视觉化，达到空间表征。处理以说明文为主的课文，可设计流程图、矩阵图或层次结构图来呈现文章的主题和主要概念；处理叙事体课文，可以采用视图化大纲或网络图，有助于理清课文脉络和要点。图表还能用于分析或解释词汇的语义关系、句法关系、文本的篇章结构等非空间问题。把原本不是空间的问题用空间图表方式来处理，使学习的对象形象化，有利于问题解决。建构这样的空间也要求创造性的智能活动。这不仅可以培养学生将视觉和空间的想法具体在大脑中呈现出来，以及利用空间图示找出方向的能力，还能强化学生用意象及图像来思考的视觉空间智能，从而启发了学生的创造力和想象力。

4. 利用音乐智能，增强语感和语言文化的熏陶

音乐智能主要指对于节奏、音调和旋律的感悟和直觉能力，以及用音乐表达思想感情的能力。音乐智能较强的学生通常对音乐的力量和结构很敏感，有音乐的灵性。研究表明，听歌会促进输入、内化和习得目的语。大学生大多已有多年的外语学习经历，并且具备了比中小学生更为丰富的语音和词汇知识。通过演唱英文歌曲，既可以提高学生对音乐的理解力，增强其节奏感，又可以学习和巩固语音、语法和词汇知识，同时激发学生学习英语的兴趣。利用教材或课外的音乐资源，把音乐与教学内容有机地结合是培养学生音乐智能的主渠道。

5. 结合身体运动智能，在英美文学教学中体现"在做中学"

语言学习的过程实际上是一个包括读、听、看、说、写、思等多种行为的动态过程，有资料显示，人类知识的百分之七十是通过与肢体动作相关的活动获得的。身体运动智能指个体控制自身的肢体、运用动作和表情来表达思想感情和解决问题的能力。身体运动智能较强的学生具有较好的反应能力，喜欢参加体育活动，动手能力强，擅长手工操作。

6. 利用人际关系智能，开展合作学习

人类心智最具创意的运用是有效地维系人类社会，并成功地处理周围的各种人际关系问题。人际关系智能主要指人的交往和与他人合作共事的能力。人际关系智能较强的学生善于与人相处，喜欢群体活动。在英美文学课上，教师可以将学生分成不同的小组，根据课文内容设计一些讨论题，先让每个小组分别讨论，然后选出各组代表阐述观点。这种合作学习能营造轻松自如的学习气氛、降低学生的焦虑感。学生之间愿意沟通，愿意表达自己真实的思想感情。教师可以对小组指导或提供帮助，与学生面对面地交流，有利于形成师生之间的合作关系。

创设积极的人际交往环境最好的办法就是开展小组合作学习。引导学生在小组合作学习中运用所学语言，使语言的形式和意义相结合，使语言学习更有交际意义，

符合语言学习和运用的规律。在英美文学教学中，教师不仅要培养学生听、说、读、写、译各方面的英语技能，还应传授交际策略，因为语言学习的最终目的就是交际。根据多元智能理论，教师应培养和加强学生在人际交往方面的智能，使学生的各项智能得到全面开发和发展。这要求教师为学生创造需要运用语言去沟通才能完成的任务，可大量采用情景教学法和任务教学法。

7. 发展自我认知智能，积极开展自主外语学习

自我认知智能是了解自己、约束自己以及辨认自己与他人相同和不同之处的能力。自我认知智能较强的学生善于自我激励，不盲目从众，自觉能力强。英语的教学目标是培养学生英语综合应用能力，增强其自主学习能力，提高综合文化素质，以适应我国经济发展和国际交流的需要。为实现这一目标，英语专业教学改革的措施之一就是改革现行的教学模式，将教师讲、学生听的被动模式转变为以计算机、网络、教学软件、课堂综合运用为主的个性化、主动式教学模式。为此，通过对元认知和认知策略的培养，开发学生学习自主性，使其具有管理自己并对自己的学习负责任的能力。自我认知智能是关于建构正确的自我知觉的能力。自我认知智能强的人具有自我认知、自我反省的能力，并善于用这种能力计划和引导自己的人生。心理学研究表明，元认知是智能的核心，元认知意识能鼓励学生做出成功的选择，并有效地修正自己的行为。学习者是否成功在很大程度上取决于自己元认知水平的高低。英美文学教学应积极培养学生自主学习能力，启发学生对自身认知资源的认识，引导他们了解任务类型、学习某些策略知识。

教学实践证明，多元智能理论中智能多元化、个性化和情景化的教学理念与当前英语专业教学中所提倡的自主性、探究性、协作性和交际情景化的教学理念相辅相成。以多元智能理论为依据的英美文学课堂设计更加注重学生的独特性和强调情景化教学，因而成为外语专业教学中充满希望备受欢迎的教学法。正如加德纳所说，多元智能理论是激发想法的教学模式，它是英语专业教师教学探索和推陈出新的理论基础。

此种模式对于英美文学教学是一种创新、一种探索，无论对于英美文学教学的理论还是实践，都有很大的研究价值与意义。

第二节 建构主义与英美文学教学

一、建构主义教学的实践指导功能

目前，建构主义教学理论在我国教育界成了一种强势理论，似乎不谈建构主义就没有新意，人们要尽量避免盲目崇拜的态度。对于建构主义教学理论，要辩证地看待它，要客观地分析它是否具有理论价值和实践价值，是否能促进和提高我国教学水平，理论存在哪些局限性等问题。

(一)建构主义教学理论为英美文学课堂教学实践提供了先进的理念和观点

建构主义教学理论之所以能成为世界各国课程改革的理论基础，并被广泛实践于课堂教学中，是因为建构主义站在批判传统死板教学的立场上提出了先进教学理念。建构主义教学理论从教学目的、教学主体、教学条件、教学原则、教学方法、教学内容、教学评价七个方面对课堂教学进行了全面的诠释，为指导实践提供了理论依据。

在教学目的上，最直接的目标就是通过教学来提高学生自主探究的能动性和主动性，最终目的是使学生对知识进行"意义建构"，把学生培养成善于探究和思考的学习者和实践者；在教学主体观上，建构主义提出学生是教学活动中的主体，对知识展开积极的建构，而教师在教学活动中是主导者，引导学生进行知识建构，指导和推进整个教学活动；在教学环境观上，建构主义提出要构建生动活泼、轻松愉快又能激起学生认知冲突的问题情境，学生在这样的教学情境中不断地思考与探究，通过师生和生生之间的互动和展示，共同进行意义建构；在教学原则上，建构主义提倡建构性的、活动性的和主体性的原则；在教学评价上，建构主义者提出了创新性的评价标准，包括目标自由的评价标准，即克服特定单一的目标对评价的束缚，看重真实问题解决的评价标准，同时还要注重多元化评价。

(二)建构主义教学理论为英美文学课堂教学提供了三种实践参考模式

建构主义教学理论不仅对课堂教学有指导价值，还为英美文学课堂教学提供了三种实践模式，这对实践建构主义教学理论有很大的参考和借鉴价值。

第一种，情境性教学模式。情境性教学是指教师要尽量为学生创设含有现实问题和真实事件的教学情境，使学生在不断探究问题、解决问题的过程中主动地完成意义建构。将真实事件或问题称作"锚",教师与学生共同围绕"锚"来展开探究、合作和交流,最终构建起对问题或事件的理解并解决问题,因此,这种方法也叫"抛锚式"教学。情境性教学模式主要包括五个环节:第一,要创设情境,根据学生的经验背景和发展需要,建构起学生感兴趣的教学情景。第二,要确定问题,选出学生感兴趣的并与目前学习材料紧密相连的现实问题和事件,如果学生自己能发现并提出问题,学习效果更好,这一环节就是所谓的"抛锚"。第三,学生展开自主学习,独立探究解决问题的方法,提高自主学习的能力在这一过程中,教师的任务是为学生提供解决问题的相关帮助,如专家在解决此类问题是怎样探索的、应该收集哪些资料、从哪些方面去分析和整理资料等。第四,进行交流。学生将自己对当前问题的理解和想法向同伴和教师展示,通过谈论与交流,不断深化每一位学生对问题的理解,最终形成对问题较为一致的、相对确定的认识。最后,进行效果评价,学生解决问题的过程是对学习效果最直接的反馈。第五,总结提高。教师引导学生对问题进行回答与总结,对学习成果进行分析归纳,并可联系实际,对当前知识点进行深化、迁移与提高。

情境性教学模式不仅可以较深入地达到对知识技能的理解与掌握,更有利于创新思维与创新能力的形成与发展,即有利于创新人才的培养。在此过程中,能否取得成就的关键是,学生在学习过程中的主体地位是否能得到比较充分的体现,同时还需要有教师方面的引导、帮助与支持。换句话说,情境性教学模式的成功实施涉及两个方面:既要充分体现学生在学习过程中的主体地位,又要重视发挥教师在教学过程中的主导作用。离开其中的任何一方,情境性学习都不可能有良好效果。

第二种,支架式教学模式。在教育中,概念框架被"支架",教师通过搭建概念框架不断提高学生的认知水平,学生沿着观念框架一步步攀升。维果茨基的"最近发展区"是支架式教学模式的理论基础,教师的责任是尽量打造完整的概念框架,学生们沿着概念框架不断进行建构,从而将学生的认知水平从已有高度提高到潜在高度。支架式教学模式主要包括五个步骤:第一,搭建支架,在确定了研究问题的基础上,根据"最近发展区"的思想构建概念框架。第二,进入支架,将学生带入到概念框架中某一个点,并以此为根据点展开建构过程。第三,独立探索,学生们在概念框架的引领下独立探索问题解决的方法。第四,协作学习小组之间谈论商议,尽可能地使学生达成一致的理解。第五,评价,包括自评和他评。

第三种,随机进入教学模式。这种模式比较复杂和灵活,它要求在英美文学教学过程中将同样的学习材料,放在不同的情景中,不同的时期、为达到不同目标、采用不同方法来建构。学生通过多种途径去理解和建构知识,从而获得对知识的不同方面的认识,学习者每次"进入"同样的学习材料,都会有不同的收获。随机进入教学模式同样有五个步骤：第一，设计问题情境，确立与目前学习材料相关联的情景。第二，随机进入学习，展示与目前学习材料有密切联系的情景可以从不同角度和不同侧面来展示。第三，思维发展训练，因为随机进入教学模式所涵盖的内容非常全面和繁杂，所以在应用这种模式时，教师要注重对学生思维能力的培训。一方面，提高学生元认知能力水平，使学生能不断反省和调整自身的认知过程和结果。另一方面，教师要掌握学生的思维发展特点，帮助学生构建思维模型。第四，展开合作学习，针对同一个事件或问题展开小组间的谈论交流。第五，评价，包括自评和他评价。

(三) 建构主义教学理论为英美文学课堂教学改革和发展指明了道路

我国一直不间断的开展英语教学改革的目，就是为了变革传统教育中存在的弊端和不足，而建构主义教学理论作为新课程改革的理论基础，为我国教育改革指明了发展的方向和前进的道路。

首先，建构主义指出了"树立学生的主体地位"的发展道路。以往的一些教学理论虽然提出了"教师主导、学生主体"的思想，但并没有在具体操作中详细指出怎样体现学生的主体地位，因此，教学中依然延续着教师统治学生的现象建构主义教学理论的出现，弥补了这一缺陷，建构主义教学理论对教学目标、条件、环境、模式、评价等方面展开了详细的阐述，在理论和实践上都对如何发挥学生的主体地位提供了具体的操作措施，建构主义教学理论不仅是一种思想，更是一个实践的蓝图。建构主义以人为本、尊重学生、关注个性发展的理念是教育工作者学习和努力的方向。

其次，建构主义表明了"赋予学习和教学以工具性和发展性"的发展方向。建构主义教学理论特别强调对真实问题情境的创设，主张在问题情境中进行学习，使学习具有工具性意义和价值，为处理真实的问题提供帮助和指导。同时，建构主义认为学生的学习过程是一个连续不断的动态发展过程，学生的学习是不受时间、空间和其他因素限制，教师不可能将所有知识都传授给学生，所以，建构主义主张教师在不断帮助和引导学生建构过程中培养学生自主学习能力。

最后，建构主义教学理论指出了"要实现与现代信息技术相互促进与共同发展"的道路。一方面，由于信息技术的普及，为建构主义的英美文学教学实践提供了必要基础，建构主义教学理论在信息技术的支持下将理论转变为教学产品被广泛应用；另一方面，信息技术依据建构主义的思想设计教学软件，使发明的教学软件效率更高，对学生帮助更大，同样也使信息技术不断繁荣。

二、建构主义教学理论在课堂教学中的实践标准

随着基础教育课程改革的推进,建构主义教学理论被教育界广泛关注,许多学校和教师都很欣赏建构主义教学理论,试图将其理论实践在课堂上。然而,即使教师全面地了解和掌握了建构主义教学理论的观点和主张,在真正地将建构主义教学理论实践于课堂教学时,也会存在很多疑惑和不知所措。比如,建构主义教学到底是一种教育哲学还是一种教学策略?怎样实践建构主义教学理论?教学设计和实践过程是否达到了标准等。由此可见,建构主义面临的最大困境是如何确立实践标准。

(一)建构主义教学理论实践的模式标准

建构主义的实践模式归纳为七点:主题、情景、小组、桥梁、任务、展示、反思。在将建构主义教学理论实践于英美文学课堂教学的过程中就是要紧紧围绕任务确定主题、设计学习情景、组织学习小组、选定学习、搭建学习桥梁、对学习结果进行展示、共同反思学习过程这七大标准展开的,这七个标准是根据课堂教学顺序依次排列的,教师可适当地改变这七个步骤的实践顺序以适应他们的教学风格。

1. 在分析教学目标基础上确定研究主题

建构主义的教学是围绕整体概念展开的,只有当教师围绕整体概念(主题),将知识整体地、全面地展示,而不是单个孤立地被拿出来时,学生才能看到整个知识背景,从而对学习材料有更加深入的理解,同时也能促进学生知识间迁移建构主义教学是从整体到部分的过程,当老师将学习材料以整体的形式展现给学生的时候,学生会自觉将整体分为能够驾驭的各个部分,探究每一部分内容,从而建构每一部分知识,在完成部分的过程中,学生的学习是积极的、主动的、有意义的建构过程,而不是教师的灌输。教师围绕整体概念组织教学,使学生能自主选择解决问题方式方法,学生有自主探究、自己寻求理解的机会。比如,可以给每一个学生创造自己作品的机会,然后将作品印刷成册,全班同学互相欣赏彼此作品,这样,在围绕整体目标(学生们为完成自己的作品)的背景指导下,学生们独立地收集信息、学习技能、建构完成整体目标的各种知识,学生在创造过程中遇到问题就去学习,在解决了所有疑惑之后,也就完成了创作,这样远比让教师在课堂上讲授枯燥的语法和常规拼写规则更有意义和效果。

2. 创设问题情境

建构主义认为,学习发生在一定的社会文化背景下,与真实的问题情景相关联,学生从教科书上学习了人类积累了几千年的知识,这些知识无疑是抽象的、提炼的、

难以理解的，而创设问题情境就是还原知识的背景，只有在特定背景的知识才是真实的、丰富的、生动的。因此，建构主义教学理论实践于课堂教学的另一个重要标准就是为学生的创设一个真实的、完整的问题情境，以此为出发点，探究对知识本身的理解。在建构主义的指导下，英语教师创设问题情境时要遵循以下标准。

首先，情境能调动学生们的学习动机，吸引他们的注意力。并非每一个学生都对名词结构、运动、重力和历史年代等感兴趣，但教师可以通过创设真实生动的情境吸引学生们的关注点，调动他们的积极性，帮助学生理解这些问题，教师起着沟通连接作用。

其次，情境要不断完善以满足大部分学生。开放性的问题情境给学生们更多进入情境的机会，精益求精的学生可以选择更复杂的探究，得出更精准的答案；不太熟练的学生也可以得到让自己满意的答案。不同的学生在不同的水平上创造自己的理解和价值。

最后，情境要使目前的学习材料与现实生活背景进行连接。教师创设的问题情境要与学生们的生活经验背景连接起来，这样才能激发学生学习的欲望，同时也减少理论与实践之间的距离。比如，大部分学生们都乐意上音乐课的原因是，有些音乐能表达他们的情感，描述他们的生活，所以，学生喜欢上音乐课。英美文学的课堂教学也应如此，有时学习并不能与现实的生活经验直接联系起来，教师要发挥媒介作用，通过创造一些条件，使学习材料与学生的生活相关。

3. 组织学习小组

建构主义认为，当学生与所处的环境进行相互作用时，真正意义上建构才有可能发生。建构主义于课堂实践的第三个重要标准就是组织学习小组。通常已经确定的学习主题、可利用的学习材料、学习的时间和空间等因素制约着学生的分组。一个理想的小组应该允许不同思维类型的学生展开对话，允许不同的能力和各种各样的观点，教师应该慎重地对待学生分组，是随机分组还是根据兴趣、文化、民族、性别进行分组，值得深思。无论教师依据什么进行分组，始终都应本着促进学生共同思考、对知识进行有意义的建构的目的。

4. 搭建学习桥梁

建构主义教学理论实践于英美文学课堂教学的第四个重要的标准就是搭建桥梁，这是在课堂中实践建构主义教学理论的关键步骤。如果教师想要组织有效的英语教学，必须找出学生现有的知识、理解和观念是什么，这是揭示错误观念，树立清晰正确观念的重要步骤。建构主义教学非常重视学生们的观点，学生以前的经验中积累有关新主题的某些信息，一些零碎的词语也有可能是精确的定义，每个学生都对新主题有着或多或少、或对或错的原始理解，所以教师要掌握学生的观点，这能帮助教师提出更适合学生们的要求,将学生们的知识和经验先后联系起来。同时,了解学生的观点也是对学生开展个性化教育的有效途径。

5. 策划学习任务

建构主义教学理论在英美文学课堂教学中实践的第五个标准就是策划任务。策划任务是实践建构主义教学理论的核心,策划一个吸引人的任务是非常有价值的,而如何选择和开展一个有意义的学习任务对于建构主义教师来说是一个挑战学习任务是由一个接着一个的问题构成,在问题支撑下,任务才得以开展。这里的问题来源于两个方面;一是学生的问题,二是教师的提问。

首先,学生的问题。建构主义教学理论在策划任务时强调学生的提问,教师要预测学生在执行任务中将会遇到的问题,教师要仔细斟酌怎么更好地回答学生,并由这一问题引导学生更进一步地思考。因此,一个能较好地将建构主义教学理论在课堂中实践的教师,一定是在正式教学之前,做好了充足的准备工作,思考如何更完善地回答学生有可能提出的问题,使能引导学生继续思考。

其次,教师的提问:学生在完成一件任务时,教师的任务就是能提出有意义有价值的问题,教师的提问不仅揭示学生的想法,更重要的是还要理清、引导和综合他们的思维活动。因此,教师要经常使用具有引导性、阐述性、融合性的问题,在向下一个学习任务过渡时,教师的提问应由引导学生思维活动的问题转向阐述学生思维的问题,然后,提出能贯通融合学生思维活动的问题。所以,教师的问题是策划英语学习任务和开展英语学习任务的关键,教师的提问决定了参与的任务的目标及风格。

6. 安排作品展示

建构主义教学理论在英美文学课堂教学实践的第六个重要标准就是安排展示。展示就是要求学生在大量收集资料和报告的基础上,向其他同学和老师阐述他们的思维过程并解释他们的理解。对学生而言,展示可以使他们的思维活动公开化对教师而言,可以评估学生的理解水平。在教学中,教师经常要求学生展示成果。比如,学生要交作业、完成论文,或参加测试等,教师对学生展示的成果进行打分。但建构主义倡导的展示与以往的评估截然不同,这种区别表现为两点。

首先,展示会连续不断地出现,完成一个任务就会有一个展示机会,教师会根据学生展示的思维活动来设计以后的教学。因此,展示并不代表着学习的结束而是向下一个任务过渡的基础。

其次,小组学习要求展示有更加开放和公开的环境,对学生要求也更高。学生要学会表达、与组员沟通和对他人观点有批判性思维等技巧,这些都是展示所要求的,而传统的独立学习将会限制学生这些能力的发展。

教师要做的有两点：一是为学生创建积极的气氛，重视和鼓励学生的发散思维，引导学生做更完善的展示；二是教师根据学生的展示，评估学生的理解和如何设计后续的教学。教师要对学生的展示进行认真的聆听和思考，判断多少学生已经掌握基本概念，判断一个复杂学习任务哪些部分应该重视，哪些部分可以舍弃，反思什么类型的任务更能支持新的学习等，在对展示成果反思的基础上，选择一个适合衔接点，过渡到下一个学习任务。

7. 引导学生反思

引导反思，让教师有机会重新审视设计的教学活动并为下一个教学情节提供设计策略。学生有机会重新自己思考的思维活动，有机会整合新旧知识，有机会思考如何应用知识。在建构主义教学理论指导下，英语教师在开展引导反思这环节时要完成四项任务。首先，教师会引导学生对学习进行集体描述，检查学生建构了什么知识、建构的程度等。其次，教师要收集资料，了解学生的个人想法和观点，教师可以根据学生们的不同情况背景展开个性化教育。最后，教师要指出重要观点和普遍存在的错误观点。教师以为学生可能会掌握的知识或许被学生误解了，或许学生没有全面掌握，所以，教师要更有效地设计下一个教学情节，让学生能有一个更正错误和重新建构的机会。最后，教师要引导学生在学习情节之后重新审视自己的思维活动，并让学生写一份反思报告，鼓励学生在课下继续思考。

（二）建构主义教学理论实践的价值标准

大部分教育者认为"建构主义的这些思想是与时代发展相适应的教育学的正确目标"，建构主义教学理论具有推动学生全面发展、提高教师专业发展、变革课程和教学方面的价值。

1. 学生得到全面发展

建构主义强调学生的能动参与、小组合作和意义建构，要以一个积极的建构者的角色参与英美文学课堂教学中。因此，建构主义对培养学生的全面发展具有重要作用。

首先，建构主义注重发展学生们的合作意向和开放态度。由于不同的生活背景、经验背景、思维习惯、性别、年龄等差异，对知识建构的过程、方法和结果都不相同，教师和学生可以在多种思维的碰撞中进行建构。在平等合作的气氛下每个学生都毫无保留地阐述自己的建构，使学生的小组合作能力和拓展发散思维的能力得到提高。

其次，在建构主义教学情境下学习，学生们会提高自信心、意志力、独立等人格品质。建构主义教师关注的不是"标准"答案，而是每个学生不同的、有价值的建构过程，学生不会担心答案错误而不敢发言，教师根据学生的发言，帮助他找出继续学习的突破口，这样，能帮助学习能力稍弱的学生树立自信，让他们参与课堂教学中。同时，建构主义倡导学生们主动地建构，学生在接受"问题"之后，需要独立收集资料、整理资料、分析资料和最终形成一份作品进行展示，学生在没有教师的帮助下独立学习，大大提高了学生们的探究和思维能力。

最后，建构主义对学生们更深层和长远的建构有很大帮助。学生们对学习材料展开意义建构时，能更加深入地掌握知识的内涵和用途。学生带着问题和强烈的好奇心对新知识进行建构，将头脑中的新旧知识进行整合，形成一个更加完善的认知结构，这样，对知识的记忆更深更长。

2. 教师的专业发展不断提高

建构主义教学理论非常注重发展教师专业素质。一种教学理论能发挥多大价值，最终取决于实施者，而建构主义教学理论的直接实施者就是教师。建构主义教学理论为教师专业提供了先进的理论基础，对发展和提高教师专业水平有重要的价值和意义。建构主义教学理论对提高英语教师专业发展水平的价值体现三个方面。

首先，英语教师角色培养的转变。传统英语教师扮演的角色是学生的领导者知识的给予者、课堂的权威，而建构主义英语教师的角色是学生建构的促进者。建构主义教师会在课堂上告诉学生"学什么"，在学生学习过程中，指导和帮助学生"怎么学"，"像课堂上的北极星。虽然没有告诉我们答案，但却帮我们找到了解决的途径"。

其次，教师专业发展的模式转变。目前，我国培养建构主义教师的模式基本有两种：一种是教给教师们建构主义教学理论以及如何实践该理论，这一模式主要指导教师如何将理论实践于现实教学，比较直接和有效。另一种模式就是让师范生与教师一起工作，教师可以帮助师范生理解其认知的发展，以及认知对他们的行为如何产生影响。这两种建构主义教师教育形式对提前让师范生思索教学方式以及对在职教师反思教学方式有重要的价值。

最后，教师专业发展中的重心转变。在过去的几十年中，对英语教师专业发展的重心放在教师的实践方面，认为英语教师教育的重点在于成立一些"建构主义教师教育的项目"，这些项目以培养建构主义教师为目的。目前，随着项目的开展和进行，学者们逐渐发现反思在英语教师教育中的重要作用，反思也成为建构主义教师所具备的基本素质和重要能力。

3. 课程和教学设计发生新变化

建构主义建立了"以学生为中心"的课程与教学设计，对课程和英语教学设有了新变革、新发展。

(1) 促进了英语课程发展中的新变革

当把建构主义引入英语课程时,课堂环境和课程设计都有了新变化。首先,在课堂环境上,学生与学生之间、教师与学生是平等合作关系,整个课堂充满了民主开放的气氛,学生在英语课堂中可以畅所欲言,教师是学生们建构的支持者和指引者。其次,英语课程设计也有了新变化,建构主义教学理论主张整合课程,展现给学生的是知识的整体,不是零散的部分,学生围绕"问题"进行合作探究。所以,建构主义的英语课程设计更加趋向融合化和整体化,与以往的分科教学有着截然不同的设计理念。

(2) 形成了英语教学设计中的新变化

在建构主义的指导下,英语教学设计发生了新变革。

首先,英语教学设计的重点由、"教"的设计转向"学"的设计。目前,在西方的课堂教学明显看出,专家和教师在设计教学活动时,考虑如何为学生们提供更多的参与机会,怎么设计英语教学能让学生们更加积极和主动,关注学生们的学习体验,倡导学生间的合作探究。

其次,英语教学设计内容重点从初级学习转向高级学习。其他的教学理论在设计教学时大多数都是针对结构良好的问题,结构良好的问题一般都有明确的条件和明确的答案。比如,教科书上大部分都是结构良好的问题,在设计时追求系统化、序列化的教学设计程序,教师操作起来很容易也很好评价,教学设计的重心还停留在初级学习。但是建构主义更加关注一些结构不良的问题,建构主义教学理论提出,结构不良问题对学生知识的形成非常重要,结构不良的问题通常有多种解决途径,也可以有多种成果,因此,建构主义提出多种对结构不良问题的教学设计,如抛锚式教学、随机进入教学等。这些教学设计强调学生在解决问题时的中心地位,强调创新思维和开放气氛,接受不同的声音、矛盾和个性,这些教学设计能提高学生解决问题的能力,教学设计从设计书本知识转向设计让学生解决更有价值、有意义的问题,英语教学设计的重心逐步转向高级学习。

再次,英语教学设计方法的新变化,表现为从"自下而上"转向"自上而下"。建构主义教学理论极力反对"自下而上"的教学设计,这种教学设计会阻碍学生们对知识间的迁移,割裂了知识之间的联系。建构主义教学理论主张"自上而下"的教学设计,能使学生在全局和整体的视野下进行部分的学习,教学先向学生呈现整体问题,学生再通过探究尝试完成每一个部分的学习,这种教学设计更有利于学生的独立探究和学生间的合作交流。

最后,开辟了对英语学习环境的设计,这是英语教学设计的一个创新点。建构主义教学理论突破了传统英语教学设计的领域,创新性地提出对学习环境进行设计。

目前，西方教育者非常重视对学习环境的设计，设计学习环境成为一个学者关注和探讨的热点。在我国，随着新课改的推进，越来越多的学者认识到学习环境的重要性，学校和教师在设计教学时也对学习环境给予更多的关注。

（三）建构主义教学理论实践的主体标准

1. 何为主体标准

建构主义教学理论的实践主体包括教师和学生。教师对建构主义教学理论的态度、理解程度及操作能力直接影响理论的实施效果，而作为另一主体的学生，也有重要的影响作用，学生要有进行建构主义学习的意向和能力。建构主义教学理论要求教师转变以往的教学风格，学生转变以往的学习风格，这种转变并不像想象的那样困难。

2. 英语教师要成为一名建构主义教师

（1）建构主义英语教师鼓励和接纳学生的自主性和创造性

目前，大多数学校的管理模式和组织形式极大地限制了学生的自主性和创造性，那么，建构主义英语教师应该充分利用英语课堂教学的机会，培养学生的自主性和创造性。学生对自己的学习负责，在新任务的指引下，自主建构，成为问题的解决者，这时学生要有思考问题、自主探究和发现新信息的自由，所以，建构主义教师要适当"放手"，给学生发挥自主性和创造性的空间和时间。

比如，在英美文学课堂教学中，教师设置任务的方式将很大程度影响学生自主性和创造性的发挥，建构主义教师在布置任务时经常使用"预测""思考""分析"等术语。传统英语教师会让学生概括文章的中心思想，而建构主义的教师让学生尝试分析文章中几个主人公之间的人物关系，或者预测事故的未来，为故事写一个续集。两种教师对学生布置的任务不同，学生探究的方向和方法就不同，预测、分析、整合等属于高级思维活动，学生只有在掌握了故事的背景材料和对故事有深刻理解的基础上才能进行创建联系和完成预测，这样的任务更有利于激发学生的自主性和创造性。

（2）建构主义英语教师鼓励学生参与到与学生和教师的对话中

与同伴和教师之间进行互动，使学生们有表达自己想法的机会，同时，也能倾听和思考其他同学和教师的观点，这是非常有意义的经验，将推动学生的意义建构。在传统教育培养下，大部分学生习惯于教师在正确与错误的观点上做出区分，并且明确地指出哪些是正确的答案，哪些是错误答案，学生把教师当成是知识的权威，他们期望教师直截了当地传授新知识，而不喜欢师生间平等交流和讨论问题。在英美文学课堂上，学生只有确信自己的答案正确才肯开口说话，这样的教学局面不能帮助学生反思旧的理解和建构新的理解。而建构主义式的教师积极鼓励学生参与发言和讨论。比如，建构主义教师将为学生组织一次读书讨论会，学生利用三周的课余时间进行阅读，然后，学生和教师坐到一起共同讨论，学生们各抒己见，在对话与讨论中碰撞出思想的火花，教师重点关注平时沉默寡言的学生，鼓励他们表达头脑中的想法并给予积极反馈。学生之间的讨论交流不但能改变原本有隔膜的人际关系，而且还能促进不同类型学生之间互相借鉴和互相学习。

(3) 建构主义英语教师会根据学生的反应推动课堂，调整教学策略和内容

教师是否开展某个主题并不是完全取决于学生的兴趣，更不是指如果学生对其他话题感兴趣，教师就可以抛弃现有英美文学教学内容。建构主义教师根据学生的兴趣和知识背景组织一个恰当学习主题，当学生的积极性和已有知识与当前学习材料融为一体的时候，学生才是进行意义建构的时候，教学也是发挥最大效果的时候，这在教育中被称为"教育时机"。在传统英语教学活动中，很少能遇到这样的教育时机，教师讲授的内容大多是建立在成人观点基础上，由成人来决定学什么，这样导致学生对教师讲授的内容提不起兴趣。所以，建构主义教师要根据学生的需要和反应去组织教学活动，改变一成不变的教学程序，创造更多的教育时机。比如，一场大雪突如其来，每个学生都会被飘落的雪花和眼前的美景所吸引，如果英语老师还想继续讲语法，物理老师还想继续讲公式，那么，所有的老师都会发现，学生已经被这场大雪搞得心不在焉。因此，作为一名建构主义教师要懂得灵活应变，会根据学生的兴趣和反应来不断调整教学内容和策略。

第三节 信息化背景下英美文学多模态教学

一、多模态化英美文学教学理论基础

在一个交流活动或者交流成品中不同种类符号模态所组成的混合体被称为多模态化，另外还可以表示调动各种符号模态来构成一个特定文本中某个意义的方式。多模态教学运用的教学手段多样，主张采用图片、视频、音乐、网络和角色扮演等来激发学生的学习兴趣，调动学生尽可能多的感官来进行语言的学习，提倡在教学活动中鼓励师生之间、生生之间进行互动。在教学条件允许的时候，主张将文本教材、文学作品、互联网音乐和互联网结合，创造出融合了文字、色彩、声音和图片的多模态组合。计算机网络的出现，为多模态化英美文学的教学提供了便利的条件。

众所周知，计算机网络有着海量的资源，这为教学提供了丰富的教学资源，教师可以利用计算机网络对教学内容进行开发。同时丰富的教学资源能够为学生提供多种学习英语和运用英语的途径，这种贴近学生日常生活的课程资源能够帮助学生在学习中了解时代，丰富学生的见闻。所以基于计算机网络的多模态教学是能够利用网络所提供的资源来实现对单模态教学的改变的。

二、信息时代多模态教学模式的意义

多模态教学是指教师在多媒体教学环境下，借助语言、图像、声音、动作等多种模态协同意义表达，并指导学生利用多种话语模态构建意义，进行交际，由此师生共同实现教学目标。

很长时间以来，英美文学课程仅为英语专业学开设，课程内容一般包括文学导论、文学概况和文学批评。面向英语专业学生的英美文学课程的教学方式长期以文本阅读、理论学习和阐释分析为主，该课程要求学生投入大量时间阅读原文，在教师的指导下了解时代背景、作者生平、作品概要、风格技巧，要求学生熟记文学常识、熟知文学流派和文学理论，并能深入理解和分析作品内涵。总之，作为专业课程的英美文学教学以教师讲授为主，以学生文本阅读为基础，教师是知识输出者，学生是信息接收者。实证教学研究发现，传统灌输型教学模式往往效果不理想，尤其是在当前新媒体主导的阅读背景下，纯文本阅读对学生的吸引力变弱，严肃的文学理论学习无法引起学生的阅读兴趣，更何谈感受经典文学的魅力。而在新课程要求颁布之后，大学英语教学不再单一化，英美文学走入了非英语专业学生的课堂。英美文学授课对象是非英语专业学生，大部分学生的英语学习水平还达不到能阅读和理解英文原著的能力要求，对英语的学习兴趣和阅读广度深度都远不及专业英语学生，因此，课程教学的模式也应进行改革。

三、构建和实践英美文学多模态教学模式

（一）搭建支架，拓展知识层面

支架式教学是建构主义的一种教学模式。"支架"应根据学生的"最近发展区"来建立，通过支架作用不断地将学生的智力从一个水平引导到另一个更高的水平。在多数高校，文学课内容丰富，课时量有限，多数学生迫于考试的压力不得不学，真正喜欢该课的学生为数不多。此外，大多数学生的英语水平有限，文学功底薄弱，不能完全理解作品内容，难以领悟其魅力所在。面对此种状况，在实际教学中，教

师应运用多模态符号(声音、图画、图表、文本等)激活和引导他们整合已有的经验或知识，把它们作为新知识的生长点，使学生多渠道获取知识信息，并建立新旧知识之间的联系，依靠自己的认知能力，学会思考和分析，形成新观点。

(二)创设真实情景，协作学习，提高思辨能力

建构主义认为，创设情境，尤其是真实情境，是"意义建构"的前提。利用多媒体、计算机和网络技术，借助多媒体课件或网上资源，创设"界面直观形象"的学习环境，有效组织各种信息资源和学科知识，努力为学生创造超越时空的学习平台，使师生进行多向信息交流，促使多模态教学的实现。文学课上，教师根据教学内容，有选择地侧重运用不同的模态。通过呈现音频、视频、图像、动画、文字等，形象直观地创造真实情境，使学生身临其境，激发其想象力和联想，使枯燥的文字内容形象化、立体化、具体化。

(三)组织好第二课堂，培养学生的文学兴趣，提升人文素养

建构主义认为，学习是一个积极主动的建构过程，学习者的建构是多元化的。在学习中，应充分发挥学生的主动性，激发其创新精神；在不同的情境下创造多种机会，鼓励学生灵活运用所学知识，能根据自身行动的反馈信息形成对客观事物的认识和解决实际问题的方案。当前，覆盖面相当广的网络为学生自主学习提供了良好的平台。电脑、手机的使用，让学生可以随时随地方便地查找资料或欣赏影视作品。课内教学重在启发和引导，第二课堂是课内知识的延伸，是学生思索、实践和创新的过程。教师应根据教学内容，有意识地给学生布置一些有深度的问题，督促他们研讨、得出结论。

(四)借助文学名著改编的电影实施多模态教学

符号资源是用来创造意义的认知资源，交际和再现意义经常需要多种符号资源编码，即多模式，任何由一种以上符号资源构建意义的文本即为多模态语篇。文学改编电影基于文本意义和技术融合，利用语言、图像、声音等多种符号资源构成复合话语，构建整体意义，传递多层次信息，其本质就是多模态语片。电影相较于纯文学文本，模态更丰富，其视觉的直观性和多种资源组合达到交际目的优势相当突出，弥补了读者经验不足以致无法完成文本意义解读的缺陷，降低了读者理解原著的难度。同时，电影可以在短时间内以全方位的视角展现作品的整体意义，给予学生强烈的感官冲击，以生动活泼的姿态抓住学生的兴趣，进而提高学生的学习能力。虽然文学名著与电影并不能等同，但运用文学名著改编电影实施多模态教学对非英

语专业学生的英美文学类课程教学依然有不可取代的意义。改编电影的多模态特征为其应用于文学教学提供了可行性，因为电影本身是语言、声音、影像的多元符号结合体。

多模态教学作为教学理论，主张利用多种教学手段来调动学生的感官协同运作参与英语学习，有利于提高英语教学效率，优化教学效果和推进大学教学改革进程。相比传统教学，多符号多模态的教学方式能构建真实的语言环境，优势明显。教师在多媒体环境下充分利用多种模态获取、加工和传递信息，学生则调用感官接受、处理及输出信息。英美文学教学的每次课程准备都离不开多种模态的有效融合，教师可采用视频、电影剪辑、录音、图片等传递信息，充分展开教学活动，实现教学过程的最优化，使现代多媒体技术服务于外语教学。

英美文学采用多模态教学有其现实与理论基础。英美文学经典作品一直以来就是语言学习的核心素材，在现代信息技术飞速发展的背景下，文学与文化、文学与影视相互交融，彼此影响。越来越多的经典文学作品跃上荧屏，语言的习得不再仅仅依靠书本阅读，技术创新和艺术创新使得经典文学作品展示在全世界读者眼前。电影本身就是多元识读的最佳素材，是最好的语言文化载体。而在理论基础方面，提出外语教学是整体的、立体的、综合的、全息的，主张多种技能的综合。教师必须根据英美文学课程的学习目标科学使用各种模态合理安排教学设计，具体包括教学目标、教学程序、教学任务、教学方法和教学模态的设计。教师教学中采用文本、照片、电影剪辑、音乐等模态进行信息传递，并充分利用角色扮演、文本朗读、小组讨论、阅读报告、电影影评等多种方式服务于课堂教学。

把电影作品作为文学学习的手段并不是简单地利用原始素材。英美文学多模态教学的学习过程包括教师的多模态教学和学生的多模态学习两个方面。英美文学的多模态教学，具体是指教师在新媒体英语教学环境中转变角色，辅助学生辨识各种符号并构建意义。教师虽不是学习的主导，但其指导作用不可忽视。首先，教师在教学设计中必须熟悉多模态素材，通过选择合适的多模态材料如PPT、海报、报纸评论、网络平台、电影剪辑等，引导学生接触多模态语篇，使学生在阅读文本这种语言模态之外，辨识各种资源，熟知非语言成分的模态，如图像、音频、视频、颜色等。同时，教师需要利用PPT、电影等现代教学媒体来协助教学。教学的主要模态是听觉模态，学生通过教师口语来了解作品，辅以教师形体语言，将学生的焦点集中在知识点上。文学文本、教师口语、教学PPT和电影剪辑的综合选择，构成了英美文学教学的主要模态。对这些模态的合理选择和有效利用，依赖于教师自身教学素质的提高和对教学理论的学习和实践。各模态的选择取决于该模态对英美文学教学目标的完成是否有益，是否发挥了协同作用，及是否强化了作品理解。教师应把握好教学原则做出合理安排。多模态学习也要求学生借助多模态手段并经由多种感官多模态地认识、处理、接收和运用语篇信息和非语篇信息。学生首先通过视觉模态进行文本识读和语篇认知，同时，要认真观察教师演示的教学模态，获取并处理和输出信息，如回答问题、展开讨论、角色扮演、影片赏评等多种方式，以听说等多种模态带动感官参与学习，从而训练自身的语言、思维和操作能力。

（五）完善考核方式，提高测试信度与效度

每门课程结束时，教师会对所讲授的内容和相关知识进行测试，这是检验和评价教与学的效果，调整和影响教与学的方法、态度等方面的一种基本手段。测试涉及信度与效度两方面，前者的目标是"这个考试是可靠的"，后者的目标是"这个考试是有效的"，力求公平、公正，真实反映教与学的状况，为今后的教学改革提供有力的帮助。文学课考核方式多以终结性学业测试为主，主要检验学生的整体文学知识与阅读、赏析能力以及课程的教学方法、效果等各项指标的合理性与有效性，对学生各项能力的评估存在不足，不能全面反馈教学所需信息，信度与效度较低。该课程的目的是提高学生的英语语言水平，使其掌握基本的文学常识，具有一定的赏析与评价能力。终结性评估手段难以完成这些任务。基于建构主义学习理论的形成性评估，要求评估信息及时反馈给学生，及时调整教学内容、改进教学方法，积极开展以意义建构为导向的自主学习。文学课形成性评估涉及一些终结性评估试卷中难以完成的测试内容（例如作业、PPT课件、小论文、小组讨论、角色表演等），它可以监督、引导学生自我知识的建构，培养学生发现问题、解决问题及批评性思维等能力；同时，教师做到实时评估，及时了解学生和调整计划。形成性评估弥补和完善了终结性评估中对教学过程的管理和适时调整的不足，这两种评估手段在培养学生思辨和创新能力方面，相得益彰。在评分比例方面，终结性评估是对整体教学效果的总结性评价，在学业总成绩中的比例可设定在60%左右；形成性评估是对学生学习过程进展的评价，分值比例可设在40%左右，目的是对学生参与教学、自主学习、第二课堂活动以及创新能力培养过程的肯定和鼓励。两种评估手段结合使用，便于完善教学过程，提高教学质量。

实践证明，多模态话语分析理论为基础的"英美文学"多模态教学模式，可以使学生从被动学习的状态变为学习的主体，有助于学生对已积累的知识和经验进行科学的加工和再创造，从而产生新观点、新知识。

四、多模态教学模式的反思

与传统的单一教材文字模态相比，基于计算机网络资源和多媒体辅助教学平台的多模态教学模式，使文字、图片、音频、视频等多模态资源相互共存，较好地刺激了学生的听觉、视觉、触觉等多种感官，弥补了枯燥文字所缺乏的画面感和学生感官的空白，使原著更加形象化和立体化，变静态为动态，变抽象为具体，极大地激发了学生的学习兴趣，很大程度上消解了学生对纯文本的理解困难。同时，学生有较多机会参与新知识的构建过程，使以前积累的知识或经验与获取的新知识相互联系，实现多模态信息处理和解码，完成知识内化。这种教学模式对教师和学生提出了更高的要求。

一方面，教师应适时转变教学理念，不断学习计算机和多媒体教学技术，提高信息素养和应用信息的能力，处理好多模态与教学设计的关系。多模态教学信息量大，模态变换快，但它只是手段，不是教学目的。教师应根据讲授内容，有侧重、有选择地使用合适的模态，切忌滥用模态，生搬硬套，致使学生视觉、听觉或触觉疲劳，变"填鸭式"为"机灌加人灌"式，或课堂热热闹闹，学生收获甚微。此外，教师应博学、敬业，主动监督学生第二课堂活动和自主性学习的进展，多采用启发、引导、鼓励、探究式教学，给学生留有足够的参与和思维空间，树立学生是教学主体的意识，重视学生独立学习能力和创新精神的培养。另一方面，学生应从加强英语语言修养、提高文学鉴赏力、开阔视野等视角以正确的态度对待文学课。改变学习方法，克服畏难和懒惰情绪，课前、课后以"任务"为中心，以学习小组为形式，开展有效阅读、讨论、PPT课件制作等活动，积极参与教学，逐渐从被动接受信息者变为主动知识的建构者。同时，学会独立思考，具备获取信息、选择信息、分析和处理信息的能力，勤于整合各种有利于学习的资源，不断从知识和技能等方面充实和提高自身素质。

第四节　英美文学教学改革

一、英美文学课程改革的重要性

《高等学校英语专业英语教学大纲》把英美文学课重新确立为必修课，提出"文学课程的目的在于培养学生阅读、欣赏、理解英语文学原著的能力，掌握文学批评的基本知识和方法，开阔思维，拓宽知识结构。通过阅读和分析一定数量的英美文学作品，促进学生语言基本功和人文素质的提高，增强学生对西方文学及文化的了解"。这一指导思想指出，开设本课程不仅仅要使学生学习英美文学知识，更重要的是培养学生的语言基本功及文化素养、文化敏感性。

（一）基于英美文学的课程目标来看

学生通过阅读、欣赏、理解英语文学原著，可以培养学生独特的文化品位鉴赏能力，在阅读过程中也可能提升学生的英语语言功底。让学生了解英美文学发展过程中的文学现象、作者、作品。学习文学批评的基本方法和知识，通过对经典片段的仔细阅读分析可以帮助学生提升其自我思考及文化思辨能力。通过英美文学认识英美文化，学生可以深入了解英美的经济、政治、文化等，进而使个人视野得到进一步拓展。

（二）基于社会及学生个人需求的实用性

随着经济文化全球化的发展，社会对多样化人才的需求与日俱增，市场对过去那种单纯的语言型毕业生的需求量逐步减少。而英美文学课程一方面提升了学生的英语语言能力，使学生的听、说、读、写能力、语言表达能力都有所提升，为个人日后就业奠定了基础；另一方面也培养了学生对文化和文学的敏锐的感受能力，通过英美文学课程的学习，提高了学生的跨文化意识，也提高了学生在就业中的竞争意识。

二、英美文学课程改革的建议

（一）加强英美文学学科建设与发展

首先，成立完善的领导体系。人才队伍建设是英美文学学科建设的关键环节。目前我国英美文学学科建设在人才队伍方面凸显出一些问题：高级人才总量不足，高校拔尖人才缺乏，高级人才脱颖而出和充分发挥作用的政策和机制方面存在障碍，这是导致高校学科发展缓慢、学术研究水平低的一个重要因素。应该改革和完善高校工作机制，加强建立科技创新机制，为高层次人才的聚集创造良好的制度环境。另外，青年教师素质亟待提高。青年教师在知识方面的欠缺是导致高质量的高校专业教师队伍难以建立的主要原因。青年教师就地培训、校外培训、出国进修、在职或脱产攻读相关的硕士和博士学位等手段成为解决这一问题的多方面途径。

其次，制定好规划。英美文学学科建设急需构建一支由学科带头人、骨干教师和青年教师组成的学科梯队。其中学科带头人是梯队形成的关键部分，他们是学科教学和科学研究的顶尖人物，具有丰富的教学和科研经验，时刻掌握新课程改革的进程，造就出一支强大的团队，成为学术研究的核心。学科带头人能起到传承、引导和带领的作用，这对于一个科研梯队来说是至关重要的。广大骨干教师、学者是梯队的中坚力量，是英美文学建设的主力军，他们是理论水平高、师德高尚、思想活跃、业务能力强，是充满创造力的群体，是培养带动新人的主要力量。另外，一支成熟、优秀的学科团队需要吸纳一定比例的青年教师，他们是学科建设的重要资源，精力充沛、思维活跃、积极进取的青年教师对学科的发展起着非常重要的作用，其素质水平及潜在能力的发展状况关系着学科队伍的未来前景。

再次，明确任务和目标。英美文学学科建设的任务是要打造高素质、拥有全面知识体系的英美文学教师团队，为国家培养高素质、全面发展的栋梁之材。教师在教育事业中起关键作用，能否培养出身心全面发展、德智体全面发展、符合社会需求的人才，关键是充分发挥教师的作用。作为英美文学教师除应具备扎实的英语语言教学功底外，还应该具备个性化教学的能力。这就要求教师要充分发挥自己多方面的素质。教师应当有目的、有计划、有组织地引导学生掌握系统的科学文化知识，在教学过程中发现学生的爱好、性格特点，并以此采取有针对性的教学方法，激发他们的学习兴趣和创造潜能。同时，教师也要了解自身特长，善于在教学中利用自身优势，使教学得到充分发挥，激发对工作的热情。教师一定要有广博的知识，及时跟踪学科和社会发展的最新状态，了解新思想、新观点，站在学科前沿，吸收最新的教育成果并创造性地应用到教学过程中，进而提高整个教学质量。

最后，深入开展科学研究工作。科学研究是学科建设的重要内容，也是提升学科水平的重要手段。应当以科研"养"学科，以学科"促"科研。有人认为教学与科研不能同步，我们必须坚持把两者有机结合起来，相辅相成，相得益彰。不但要教学有层次，科研更要有层次，在教学中搞科研，以科研促进教学。教师要用自己的科研方向和研究兴趣激励学生，不仅培养学生的学习能力，更要激发学生的研究兴趣。

(二) 现代教育手段与人才培养

为了适应现代化潮流的趋势，各高校的教学条件、手段不断得到改善，很多高校都使用多媒体技术来辅助英美文学教学。这有利于扩大课堂容量，丰富课堂内容，提高课堂效率，有利于提高学生在英美文学学习上的积极性，进而推动教学质量的迅速提高。制作多媒体文学课件必须遵循以下原则：以学生为中心的原则。课件的统筹和设计要让学生既有接受的兴趣，又有参与的主动性。不能把学生当成是接受影像和文字的被动者，从而压抑学生接受知识的积极性和创造性。课件设计所遵循的原则应该是充分调动学生的自主性、能动性和创造性等个人主体性，使学习者主动积极参与到具体的教学活动中，真正成为学习的主人。

1. 增强互动的原则

课件制作目的之一是为了增进教师与学生之间、学生与学生之间、小组与小组之间进行的交流和讨论，方便学生自由选择学习方式、支配学习过程，给予教师及时的反馈和提示等。教师可以选择相关的教学资源，如图片和背景分析等资料，通过课件植入与学习内容相关的导入性讨论，并由教师或学生对这一过程和结果进行总结和评价，实现师生之间、同学之间最大限度的互动。

2. 科学指导的原则

在制作多媒体课件时，既要坚持以理论为指导，又要将先进的技术与实际教学结合起来，针对英美文学学科的特点，根据教学目的和教学目标，突出重点和难点，尊重学习者的认知规律。对逻辑性和条理性把握强的教师，其教学会事半功倍，能够使学生直观地、形象地、系统地、深入地理解和建构文学知识。

3. 加强艺术性的原则

声音、色彩、图像、音乐、动画等因素的组合和运用，能够增强教学的直观性、形象性、感染性、识记性。因此，综合运用多种媒体精心设计个性鲜明、文字简洁、画面精美、声音动听、图文并茂的优质课件，能使学生享受审美的愉悦，愉快地学习文学知识，同时调动学生的积极性，提高学生对文学作品的理解和分析能力。

为了使英美文学教学满足新时代对外语人才的需求，高校要在对传统教学模式重新思考和认识的基础上进行一系列改革，在对学科含义充分理解的基础上加强英美文学学科建设并组建优秀的学科梯队。教师要不断提升教育理念、更新教育观念、改善教育行为，在教学实践中不断探索、研究和反思，并善于利用现代教育技术，有效地提高学生学习自主能力，激发学习潜能，促进其全面发展以适应新形势对外语人才的需求。

参考文献

[1] 郝彦桦，李媛．当代英语翻译与文学语言研究 [M]．成都：电子科技大学出版社，2017．

[2] 吕兴玉．语言学视阈下的英语文学理论研究 [M]．长春：东北师范大学出版社，2017．

[3] 王丽波，张玲，窦晶．英语翻译与文学语言 [M]．长春：吉林文史出版社，2017．

[4] 郭晓斌，解丽，雷志平．英语语言文学与文化研究 [M]．郑州：郑州大学出版社，2017．

[5] 陈修铭，袁瑞姣．外语教学与语言艺术 [M]．长春：吉林大学出版社，2017．

[6] 陈雪松，李艳梅，刘清明．英语文学翻译教学与文化差异处理研究 [M]．西安：西安交通大学出版社，2017．

[7] 梅明玉．英汉语言对比分析与翻译 [M]．杭州：浙江大学出版社，2017．

[8] 曾剑平．文化认同和语言变异视角下的中国英语研究 [M]．南昌：江西高校出版社，2017．

[9] 马予华，陈梅影，林桂红．英语翻译与文化交融 [M]．长春：吉林人民出版社，2017．

[10] 李春辉．英语翻译与文学语言研究 [M]．长春：东北师范大学出版社，2017．

[11] 朱飞．英语语言教学与英美文学 [M]．江苏凤凰美术出版社，2018．

[12] 杨胡宏．英语语言文学与文化研究 [M]．延古：延边大学出版社，2018．

[13] 周晓红．文化与英语语言文学研究 [M]．哈尔滨：北方文艺出版社，2018．

[14] 楚军．语言·文学·翻译研究 [M]．成都：电子科技大学出版社，2018．

[15] 朱潘欣灵．基于多体裁的英语文学翻译 [M]．长沙：湖南师范大学出版社，2018．

[16] 张忠喜．英美文学与翻译研究 [M]．长春：吉林出版集团股份有限公司，2018．

[17] 骆洪．文学研究方法 [M]．重庆：重庆大学出版社，2018．

[18] 朱晓映，周小勇．语言教学研究的多样性 [M]．上海：上海交通大学出版社，

2018.

[19] 林桂红.英语翻译与文学语言研究[M].长春：东北师范大学出版社，2018.

[20] 孔祥娜，李云仙.英语翻译方法与技巧演练[M].长春：吉林美术出版社，2018.

[21] 王程辉.英语双关语研究[M].苏州：苏州大学出版社，2018.

[22] 张赛.英语语言文学教学研究[M].长春：吉林出版集团股份有限公司，2019.

[23] 潘超.文化对比下的英语语言文学综合研究[M].长春：东北师范大学出版社，2019.

[24] 李佳楠.英语翻译与文学语言研究[M].延吉：延边大学出版社，2019.

[25] 刘士聪.文学翻译与语言审美[M].天津：南开大学出版社，2019.

[26] 余玲.文学翻译与大学英语教学[M].北京：原子能出版社，2019.

[27] 史小兰.英语语言文学与文化理论研究[M].西安：西北工业大学出版社，2020.

[28] 吴晶.英语语言文学研究方法论[M].西安：陕西旅游出版社，2020.

[29] 刘爱玲，魏冰，吴继琴.英语语言学与英语翻译理论研究[M].长春：吉林出版集团股份有限公司，2020.